西南民族大学中国西部民族经济研究中心
郑长德　单德朋◎著

减贫与发展
2/0/1/7

POVERTY REDUCTION AND DEVELOPMENT

中国经济出版社
CHINA ECONOMIC PUBLISHING HOUSE
北京

图书在版编目（CIP）数据

减贫与发展．2017／郑长德，单德朋著．

北京：中国经济出版社，2017.11

ISBN 978-7-5136-4931-5

Ⅰ.①减… Ⅱ.①郑…②单… Ⅲ.①贫困问题—研究—中国 Ⅳ.①F126

中国版本图书馆 CIP 数据核字（2017）第 261047 号

责任编辑　李煜萍

责任印制　马小宾

出版发行　中国经济出版社

印 刷 者　北京九州迅驰传媒文化有限公司

经 销 者　各地新华书店

开　　本　710mm×100mm 1/16

印　　张　15.5

字　　数　380 千字

版　　次　2017 年 11 月第 1 版

印　　次　2017 年 11 月第 1 次

定　　价　68.00 元

广告经营许可证　京西工商广字第 8179 号

中国经济出版社 **网址** www.economyph.com **社址** 北京市西城区百万庄北街 3 号 **邮编** 100037

本版图书如存在印装质量问题，请与本社发行中心联系调换（联系电话：010-68330607）

PREFACE 前　言

富裕中的贫困是我们这个世界中最大的挑战。消除贫困、实现发展是发展中国家和欠发达地区所着力追求的。贫困是一个包括经济、社会、文化、政治和环境等多维度的综合现象：既是一种结果状态，也是一个过程；既有收入方面的原因，更有机会、能力方面的原因；既是个人（不）努力的结果，更多的是机会分配不公所致；既表现为收入、能力、财富等的绝对低下（绝对贫困），又在绝对贫困消除后主要表现为社会等级排序中站位的低下，即相对贫困。

对于贫困问题，学者们把它称为经济发展中的"哥德巴赫猜想"，或称为"经济王国的沼泽地"。说明贫困问题的理论探索是一项复杂而艰巨的历史任务。国家民族事务委员会重点人文社科研究基地（培育）——西南民族大学中国西部民族经济研究中心近年来致力于从经济学角度研究贫困，旨在给出贫困现象的经济学解释，并提出治理贫困的经济手段及这些手段的限制。《减贫与发展（2017）》是对最近研究的总结，也是"贫困经济学"项目的阶段性成果。本书研究的主要空间范围是我国的集中连片特困地区，特别是特困民族地区和深度贫困地区，涉及的主题包括：多维贫困的测度、产业结构与减贫、集聚与减贫、教育与减贫、经济发展方式与贫困减缓、旅游与减贫、金融与减贫、减贫政策设计、精准扶贫实践、深度贫困地区的减贫等。

本书部分内容的简化版本曾公开发表于《中国人口科学》、《中国人口·资源与环境》、《南开学报》、《广东社会科学》、《西南民族大学学报》（人文社科版）、《中南民族大学学报》（人文社科版）等刊物，感谢这些刊物的匿名审稿人提出的十分中肯的修改意见。部分内容曾在“全国贫困地区精准脱贫学术研讨会（2016年）”“中国·空间经济学2016年年会”“中国·空间经济学国际学术年会（2017年）”“中国区域科学协会年会（2016年）”等国际和全国性学术年会宣读，作者感谢这些会议主办方的邀请和会议评论人提出的很有价值的修改建议。本书的出版得到了四川省高等学校创新团队项目——民族地区经济发展问题研究（14TD0048）的资助。

作者

2017年11月

CONTENTS 目 录

CONTENTS 表目录

CONTENTS 图目录

第1章　集中连片特困地区多维贫困测度与时空演进

郑长德　单德朋

摘　要　基于风险与机会视角构建了集中连片特困地区多维贫困指数,使用2001—2013年县级数据,对集中连片特困地区663个贫困县的多维贫困进行了量化测度,分析了集中连片特困地区多维贫困和各贫困维度的时空演化和结构变迁特征。测度结果表明:经济新常态背景下,集中连片特困地区无法依托既往同质化的经济增长手段应对差异化的减贫事实。同等能力之下的经济机会差异,以及风险冲击之下的行为差异是集中连片特困地区的关键致贫原因,但各片区的贫困维度构成不同,扶贫政策的设定应体现因地施策,并尤为强调非农发展机会的改善和有效的风险管理。

关键词　多维贫困;风险与机会;时空演化;集中连片特困地区

1.1　问题的提出

精准扶贫、精准脱贫是集中连片特困地区在"十三五"规划阶段扶贫攻坚的基本方略,为了进一步提升扶贫绩效,需要对集中连片特困地区的贫困现状和致贫原因进行细致考察。在大规模减贫阶段,涉及集中连片特困地区的研究主要盯住收入贫困。过去的政策认为经济增长是贫困减缓的主要动力来源,将减贫问题近似等同于贫困地区的经济发展问题,在减贫政策设计上倾向于通过"大水漫灌"引导资本向贫困地区的集聚,通过经济增长实现间接减贫。该种政策极大契合了当时中国贫困主体的致贫原因,取得了全世界最大规模的减贫成效,并实现了经济增长和贫困减缓的双向促进作用。但在新一轮扶贫攻坚阶段,贫困人口的空间分布和致贫原因体现出结构性变迁,体现为贫困在集中连片特困地区的空间集聚以及经济增长减贫弹性的趋减。新阶段,集中连片特困地区贫困问题体现出与贫困地区经济发展问题的几点显著不同:第一,从宏观视角来看,经济新常态背景下同质化供给亟须转向有效供给,既往盯住需求侧的大规模投资策略并不能有效转化为贫困地区生产力,因此"减贫政策—经济增长—贫困减缓"链条的第一环无法实现有效转化。第二,在空间上,贫困的空间集聚和各连片特困地区的离散分布,使得贫困地区的致贫原因体现出更为现实的多样化特征,难以依托同质化的经济增长政策应对差异化的减贫事实。第三,从微观视角来看,贫困人口禀赋和行为方式也体现出与一般意义上低收入人口的显著差异,经济增长中的低收入人口主要体现为生产函数中的要素投入能力和产出效率较低,通过放松资本约束即可参与经济活动,分享经济增长对其收入提升的正向溢出。但当前的贫困人口却面临着信贷需求不足的现象,并且在引入经济波动和外部风险的情况下,贫困人口并非根据利润最大化进行减贫参与的决策,而是根据"极大化极小策略"在所有选项中选择使其损失最小的选项。当面临风险冲击时,风险冲击对贫困人口的影响是非均质的,负向风险冲击对贫困人口的影响大于正向风险冲击,因此贫困人口倾向属于风险规避者,贫困人口并非基于利润最大化进行决策,这是贫困人口贫困减缓和一般意义上的收入提升存在的根本性不同。因此,新一轮扶贫攻坚阶段,不应将集中连片特困地区的贫困问题等同于收入贫困问题和贫困地区的经济发展问题,而应从多维贫困的视角对集中连片特困地区的致贫原因和贫困现状进行更有针对性的分析,并通过差异性的扶贫政策设定对不同贫困地区和贫困主体进行精准"滴灌",提升减贫政策绩效。

由于多维贫困能够更为全面地反映贫困内涵和致贫原因的差异,具有良好的指标可分性和丰富的政策内涵,国内学者对于中国的多维贫困问题也进行了密切关注。涉及的主题包括:多维贫困的测度与分解方法,特殊群体和特定区域的多维贫困测度,针对中国贫困的特性对多维贫困的内涵延展。但就目前国内多维贫困的研究而言,还存在如下几点值得进一步拓展的地方:第一,多维贫困测度以中国整体层面的研究为主,缺乏对集中连片特困地区的关照。国内学者对多维贫困的测度沿用了 OPHI（Oxford Poverty& Human Development Initiative）的 Alkire 和 Foster（2011）给出的多维贫困指数（MPI）测度方法，该方法对于家庭或者个体层面微观数据有着较高的要求，为此国内学者通常使用中国健康与营养调查数据库（CHNS）、中国家庭追踪调查（CFPS）等微观数据库以匹配多维贫困测度的数据要求。这些针对中国总体的多维贫困研究很好地拓展了贫困内涵，使得减贫成为社会发展的长期目标。但就目前新一轮脱贫攻坚的适用性而言，该类测度理论价值尚不能较好地指导"十三五"规划期间的减贫实践。目前中国减贫的主要矛盾是7000多万绝对贫困人口的脱贫问题，而非使用多维贫困理念大幅扩展扶贫政策的盯住人群。当前时间点上研究多维贫困的主要目的是在目前7000多万绝对贫困人口如期脱贫的既定目标下，如何细分识别不同地区、不同贫困群体的致贫原因。本章将对不同集中连片特困地区的多维贫困情况以及集中连片特困地区不同维度的贫困情况进行细分量化研究，对当前主要盯住中国总体的多维贫困研究形成有益补充。第二，受限于多维贫困指标和测度方法的选择，研究以横截面的静态研究为主，缺乏对不同地区、不同贫困维度的动态考察。出现该现象的主要原因同样在于现有多维贫困测度的数据来源，但针对集中连片特困地区多维贫困结构变迁的动态分析能够更好地识别当前减贫政策的盯住目标和位序。为此，本章将通过2001—2013年集中连片特困地区县级多维贫困结构变迁的动态分析，判断多维贫困的重点地区以及各地区多维贫困的重点维度。第三，多维贫困的内涵也值得进一步拓展。目前针对多维贫困内涵的界定主要沿着两条线展开：一是从人的基本权利入手，在贫困指标中体现更多人类发展的维度；二是从致贫原因入手，在贫困指标中体现更多与贫困成因有关的维度。基于中国当前的减贫任务，本章更为关注多维致贫因素的分析。相关研究主要从个体能力视角（高帅，2015）进行多维贫困维度的选择，该视角假定个体能力和贫困减缓线性相关，但劳动力乡城流动体现出显著的"人挪活"现象，这表明个体能力并非是集中连片特困地区贫困集聚的核心制约因素。并且从集中连片特困地区的现实情况来看，各地区人口的个体能力在统计分布上也并未体现出显著区别。当前影响个体能力和减贫关联的关键在于同等能力之下的经济机会差异,以及风险冲击之下的行为差异。

1.2 集中连片特困地区多维贫困的动态识别

1.2.1 多维贫困的识别方法

本章使用的多维贫困测度原理和方法源于 Alkire 和 Foster(Alkire,Sabina,et al.,2015),但对各贫困维度的指标选择以及各贫困维度的权重设定方式进行了适应性修改。其主要原理为:首先,在县级行政单元层面判断各贫困维度是否超过某一临界值(单维度贫困线);其次,对各县在各贫困维度上的贫困状况进行加权处理,得到总体多维贫困值;最后,比较各县总体多维贫困值和总体临界值(多维贫困线),从而得到多维贫困指数,并利用多维贫困指数良好的可分解性,分析多维贫困的动态演化和结构变迁。

考虑 n 个县和 d 个贫困维度,g_{ij} 为该 $n \times d$ 维矩阵的元素,表示贫困县 i 在贫困维度 j 上的取值。如果 $g_{ij} < z_j$,$g_{ij} = w_j$,否则 $g_{ij} = 0$ 。其中,z_j 和 w_j 分别为贫困维度 j 的单维度贫困线和该贫困维度在总体多维贫困中的权重,且 $\sum w_j = 1$ 。该矩阵中的第 i 行表示贫困县 i 在各贫困维度上的贫困向量,第 j 列表示贫困维度 j 在各贫困县的分布情况。根据各单维度贫困线得到各地区各贫困维度的贫困状况之后,可以对各贫困县的多维贫困状况进行进一步识别。令 $c_i = \sum_j c_{ij}$,且 ρ_i 表示贫困县 i 的多维贫困指数,如果 $c_i > k$,则 $\rho_i = 1$,否则 $\rho_i = 0$ 。其中,k 为总体临界值(多维贫困线),总体临界值的不同设定能够反映多维贫困的深度。如果 $k = 1$,表示只有贫困县 i 在所有贫困维度上均贫困时,才定义为多维贫困;如果 $k \le \min(w_j)$,则意味着只要贫困县 i 在任何一个贫困维度上贫困,即可定义为多维贫困。基于同一总体多维贫困线,ρ 越大表示多维贫困越严重。

1.2.2 贫困维度和对应指标的选择

本章从机会与风险视角选择各贫困维度,基于该视角展开多维贫困分析的原因和逻辑为:首先,经济机会是当前阶段继续获得大规模减贫绩效的关键。减贫不同于社会救济,减贫政策盯住的贫困主体具有一定的先天能力，而非无参与经济活动的能力，该能力随机分布且在劳动适龄阶段持续存在。在贫困人口的就业结构以低技能就业为主的当前背景下，该随机分布的先天能力是最为核心的禀赋资源，受扶贫政策影响的短期弹性较小。也就是说，在当前阶段，扶贫政策无法寄希望于在短时间内通过政策冲击实现贫困人口发展能力的显著改善。因此，新一轮扶贫攻坚阶段，减贫政策应强化贫困人口核心能力的收入转化效率，即在接受贫困人口当前能力的约束条件下，通过改善经济机会提升贫困人口现有能力下的减贫绩效。其次，风险管理和经济机会的匹配，能够在扶贫资源财务约束的背景下，获得额外减贫红利空间，且有效规避贫困脆弱性，体现 2020 年减贫目标和更长期人类发展目标的耦合。自然灾害、农产品价格波动、经济周期以及人力资本的匮乏，使得贫困人口在参与经济活动时，始终面临着内外部的风险冲击。在风险抵御能力较差时，风险冲击的负面影响带来的效用损失大于风险收益带来的效用增加，因此贫困人口更倾向于成为风险规避者（World Bank，2013）。贫困人口由于意识到负面冲击会使他们陷入赤贫、破产或危机，可能就会坚持使用那些看起来比较保险，但实际上落后的生产技术和谋生手段，从而陷入“稳妥的贫困”。尤其是对于有一定经济机会和自我发展能力的贫困主体而言，风险冲击成为他们对减贫政策主动参与不足的最大约束。因此，在改善贫困地区和贫困人口经济机会的同时，妥善的风险管理将放大经济机会的减贫效果。从县级行政单元贫困人口经济机会和风险管理的现实情况出发，我们从农业发展机会、非农产业发展机会和潜在发展机会三个方面描绘贫困县的经济机会，从内部风险和外部风险两个方面反映贫困县的风险情况。各维度的解释和对应指标选择如下：

第一，农业发展机会。现有研究表明农业依然是农村地区贫困减缓的主要动力来源（单德朋，2012），农业发展机会的提升不仅能够通过农产品产量提升和质量改善体现直接减贫，而且能够通过农业发展机会增加非农劳动力的供给，改善贫困人口收入结构。本章使用单位农村人口第一产业增加值、农林牧渔业从业人员单位农产品产量和人均农业机械动力三个指标，分别反映农业发展机会，各指标的计算方法详见表 1 - 1 所示。

第二，非农产业发展机会。农村劳动力从农业生产方式向非农生产方式的转换能够体现生产效率的改进,并发挥农村劳动力最大的劳动潜力。本章使用乡村从业人员中非农林牧渔业从业人员比重、人均固定电话用户以及经济结构三个指标正向反映非农产业发展机会。其中,经济结构为第二产业增加值与第一产业增加值之比。

第三,潜在发展机会。在个体能力和外部经济机会相同的情况下,人力资本和物质资本的提升,能够促使贫困人口获得额外发展机会。本章使用中小学在校学生占年末总人口的比重以及人均贷款余额分别表征人力资本和物质资本能够带来的教育机会和金融机会等潜在发展机会。

第四,内部风险。贫困主体面临风险冲击时,平滑风险成本收益在不同风险状态的能力能够有效反映贫困主体的内部风险情况。内部风险的刻画可以从风险本身、风险应对手段两个方面进行。本章着重从个体的风险应对手段方面选择了人均居民储蓄存款余额、人均医院和卫生院床位数,以及人均各种福利收养性单位床位数作为反映贫困主体应对风险冲击的内部应对手段。人均居民储蓄存款余额能够使得贫困人口在面临物价波动、经济周期和经营性风险时,利用自我储蓄实现平滑消费。人均医院、卫生院床位数反映了贫困人口因病致贫的风险,而人均各种福利收养性单位床位数则能够反映因家庭结构带来的贫困和劳动力供给受约束的风险。

第五,外部风险。县域经济的波动性是贫困人口系统性风险的重要来源,而集中连片特困地区当前的经济增长模式以投资驱动为主,因此县级行政单元稳健投资的能力构成了贫困主要的外部风险。政府债务风险和固定资产投资的可持续性能够有效反映政府稳健投资的能力,这两个风险来源分别使用预算收入占预算支出之比和人均固定资产投资来反映。

表1－1　多维贫困的贫困维度和指标选择

贫困维度	指标	指标计算方法
农业发展机会	单位农村人口第一产业增加值	第一产业增加值/乡村人口
	农林牧渔业从业人员单位农产品产量	(粮食产量＋油料产量＋肉类产量×6＋棉花产量×8)/农林牧渔业从业人员数①
	人均农业机械动力	农业机械总动力/农林牧渔业从业人员数
非农产业发展机会	农村劳动力转移机会	(乡村从业人员数－农林牧渔业从业人员)/乡村从业人员数
	信息获取机会	固定电话用户/年末总人口
	产业关联机会	第二产业增加值/第一产业增加值
潜在发展机会	教育机会	(小学在校学生数＋中学在校学生数)/年末总人口
	金融机会	年末金融机构各项贷款余额/年末总人口
内部风险	消费、投资平滑风险	居民储蓄存款余额/年末总人口
	因病致贫风险	医院、卫生院床位数/年末总人口
	养老风险	各种福利收养性单位床位数/年末总人口
外部风险	政府债务风险	公共财政收入/公共财政支出
	均衡投资风险	当年固定资产投资/年末总人口

资料来源：作者整理。

1.2.3　各贫困维度和细分指标的权重和贫困线设定

(1)各贫困维度和细分指标的权重设定。一旦设定了多维贫困的贫困维度和相应的贫困指标，接下来要考虑的问题是各贫困维度和贫困指标的权重设定，以及各贫困指标的门槛值。现有研究主要采取等权重(equal weights)方法，认为不同贫困维度对多维贫困的贡献度相同，并且在同一贫困维度内部，各贫困指标也赋予同等权重。本章给出的多维贫困指标体系在等权重方法下，五个贫困维度的权重均为0.2，以外部风险为例，外部风险维度有两个贫困指标，则政府债务风险和均衡投资风险在总体多维贫困中

①　在将各类农林牧渔产品进行综合产量计算时，本章根据《国务院关于促进生猪生产发展稳定市场供应的意见》(国发〔2007〕22号)以及《防止生猪价格过度下跌调控预案(暂行)》，将粮食和肉类转换比定为6。根据国家发展改革委价格监测中心《2016年2月国际市场大宗商品价格情况》中的棉花期货价格(1311美元/吨)和小麦期货价格(169美元/吨)，粮食和棉花的转换比定为8。将粮食作物和油料作物的产品赋予同等权重。

的权重均为0.1。

然而,现有研究表明不同贫困维度与收入贫困的相关系数存在较大差异,因此等权重方法确实面临着理论解释上的缺陷。为此,一个变通的方法是频率加权法(frequency - based weighting approach),该方法采用平方贫困距理念,针对贫困主体不同贫困维度分布情况的差异,进行差别化的权重赋予,越贫困的群体赋予的权重越大(Figari,2012)。该方法认为在某个贫困指标上非贫困样本比重越大,则贫困样本认识到自己贫困的感受越强烈,即“不患寡,而患不均”。该理念体现了主观贫困的内涵,即便某主体客观贫困状况没有任何变化,随着其他主体贫困状况的缓解,其主观贫困情况也会加深。本章综合了等权重法和频率加权法两种方法,并与等权重法的测度结果进行稳健性对比。技术处理过程为:首先,对五个贫困维度进行等权重赋值;其次,在各贫困维度对应贫困指标的权重赋予上采用频率加权法。以内部风险为例,该贫困维度的总权重为0.2,所有样本在消费、投资平滑风险和养老风险三个指标上定义为非贫困的样本比重为 x_1 、x_2 和 x_3 ,则各指标在总体多维贫困指数中的权重为 $w_m = \frac{0.2{x_i}^2}{\sum {x_i}^2}$,其中 $m(=1,2,3)$ 为当前贫困维度中的贫困指标数。同理我们可以得到其他贫困维度各贫困指标在总体多维贫困中的权重。

(2)贫困线设定。多维贫困识别和测度过程中既需要设定各贫困指标的单一贫困门槛值,也需要设定总体多维贫困的总体门槛值。由于本章是现有研究中首次针对集中连片特困地区从县级层面进行长时间序列的多维贫困测度,故而无法从同类研究中获得各贫困指标的公允门槛值。在操作中,本章借鉴了相对贫困的理念,取同一时间点上所有样本某指标均值的70%作为该指标的相对贫困线,即 $z_j = \frac{n}{2\sum_i x_{ij}}$,其中 $i(=1,2,\ldots,n)$ 为所有样本数。该种贫困线设定方法的优点在于体现了贫困线的动态变化和相对贫困内涵。在贫困识别过程中,为了进行多维贫困的横向比较,我们还使用了2013年的相对贫困线作为统一贫困线,对各年的绝对贫困状况进行测度。本章使用数据均来源于历年《中国县域统计年鉴》,因行政区划调整和数据可得的原因,我们从集中连片特困地区 680 个贫困县中筛选出了 663 个贫困县作为本章研究的样本①。

1.3　集中连片特困地区多维贫困的统计描述和动态演化

1.3.1　集中连片特困地区多维贫困的统计描述

表 1－2 给出了多维贫困指标体系各贫困维度的 Kendall Tau b 相关系数,除了农业机会和非农机会之外,其他贫困维度的相关系数均为正值。同时,除了潜在机会与非农机会之外,其他贫困维度之间的相关系数也均统计显著,各不同贫困维度之间的相关系数也均小于 0.5,这表明各贫困维度能够反映总体贫困的不同侧面,但仅使用单一维度无法有效展现总体贫困状况。值得注意的是,各指标间相关系数的大小也存在较大差异,其中外部风险与非农机会以及潜在机会的相关系数最大,分别为 0.430 和 0.381,体现出非农机会和宏观经济稳定的有力关联,减贫政策制定应体现一体化设计。

表 1－2　各贫困维度 Kendall Tau b 相关系数

贫困维度	农业机会	非农机会	潜在机会	内部风险	外部风险
农业机会	1 (0.000)	－0.073 * * (0.03)	0.04 (0.15)	0.247 * * * (0.000)	0.06 * (0.062)
非农机会	－0.073 * * (0.03)	1 (0.000)	0.29 * * * (0.000)	0.348 * * * (0.000)	0.430 * * * (0.000)
潜在机会	0.04 (0.15)	0.29 * * * (0.000)	1 (0.000)	0.275 * * * (0.000)	0.381 * * * (0.000)
内部风险	0.247 * * * (0.000)	0.348 * * * (0.000)	0.275 * * * (0.000)	1 (0.000)	0.332 * * * (0.000)
外部风险	0.06 * (0.062)	0.430 * * * (0.000)	0.381 * * * (0.000)	0.332 * * * (0.000)	1 (0.000)

数据来源:作者计算得到,其中 *、* *、* * * 分别表示相关系数在 10%、5% 和 1% 的显著性水平上统计显著。

① 未列入本章研究的 17 个贫困县分别为:六盘山片区的麦积区、原州区;秦巴山区的元坝区、朝天区、巴州区和汉滨区;武陵山区的铜仁市;乌蒙山区的毕节市;滇桂黔石漠化区的龙胜各族自治县、西秀区;滇西边境山区的潞西市;西藏自治区的城关区和双湖办事处;四省藏区的冷湖行委、大柴旦行委和茫崖行委。

表1-3给出了2001—2013年部分年份各贫困指标的贫困状况和绝对贫困测度的贫困线,还给出了各贫困指标低于不变贫困线的贫困县个数占总体的比重。就2013年的情况来看,低于各指标2013年集中连片特困地区总体水平70%的贫困县的比重依然较多,有10.26%的贫困县至少在某个贫困指标上处于贫困状况。从时间序列的纵向比较来看,各贫困指标均体现了明显的贫困减缓,各指标的平均改善速度为5.55%。但横向比较来看,不同指标的贫困现状和贫困改善速度则体现出了显著的差异。受益于义务教育制度,2013年有10.26%的贫困县在教育机会指标上低于绝对贫困线,而同期则有47.51%和44.19%的贫困县分别在养老风险和债务风险指标上低于2013年总体平均水平的70%。另外,历年五个贫困维度的贫困状况也存在着显著区别。多维贫困测度结果的上述统计描述体现出:不同贫困维度和贫困指标的贫困现状和贫困演化历程有所不同,但存在相关性,在精准扶贫政策设定时应体现出重点难点的区别。后续我们将对集中连片特困地区当前的减贫重点难点指标、区域进行更为细致的考察。

表1-3　各贫困指标贫困状况(%)

	单位	贫困线	2013年	2011年	2009年	2007年	2005年	2003年	2001年
单位一产产值	元	2888.05	24.28	41.03	63.05	78.88	89.29	94.57	95.78
单位农产品产量	吨/人	1.538394	36.20	39.37	43.29	43.29	44.95	52.64	55.66
人均机械动力	千瓦特/人	1.03935	30.92	39.52	47.36	57.92	63.95	72.85	74.96
劳动力转移机会	%	0.281188	38.61	40.27	46.30	48.72	55.66	68.33	76.92
信息机会	户/万人	484.3954	32.43	21.87	13.42	12.97	18.25	30.62	54.00
产业关联机会	%	1.23646	38.61	44.80	57.77	66.37	76.32	79.19	84.62
教育机会	%	903.2138	10.26	6.79	4.37	3.92	2.71	5.13	5.43
金融机会	元/人	5876.707	35.60	71.19	84.31	90.50	95.93	97.74	98.49
平滑风险	元/人	7443.709	28.66	58.37	82.50	94.72	97.89	99.10	99.70
因病风险	床/万人	19.8847	18.70	37.56	51.89	63.95	73.45	71.34	71.19
养老风险	床/万人	14.78756	47.51	57.92	68.02	78.28	87.33	91.40	92.01
债务风险	%	0.136447	44.19	52.49	57.62	49.02	40.27	28.66	26.09
投资风险	元/人	10279.45	25.79	67.27	87.63	96.53	98.19	99.10	99.85

数据来源:作者计算得到,各贫困指标贫困状况是指某指标低于贫困线的贫困县比重。

1.3.2　集中连片特困地区多维贫困的动态演化

在反映集中连片特困地区多维贫困状况时，我们首先计算了各地区在各贫困指标上的贫困状况，然后使用等权重法和频度加权法分别加权得到了各贫困县 2001—2013 年的总体客观多维贫困和主观多维贫困状况。最后根据多维贫困指数对各贫困县总体多维贫困状况进行了细分，如果多维贫困指数小于 1/3 则为轻度多维贫困，多维贫困指数介于 1/3 ~ 2/3 则为中度多维贫困，多维贫困指数大于 2/3 的贫困县为重度多维贫困地区。测度结果详见图 1 – 1 和表 1 – 4 所示。从图 1 – 1 可以看出，2001—2013 年集中连片特困地区的总体多维贫困和各贫困维度均体现出显著的贫困减缓，总体多维贫困从 2001 年的 0.70 下降到 2013 年的 0.31，年均变动率为 – 6.48%。农业机会、非农机会、潜在机会、内部风险和外部风险五个贫困维度贫困减缓的年均变动率分别为 – 7.28%、– 5.48%、– 6.59%、– 8.14% 和 – 4.78%。横向比较，集中连片特困地区农业机会和内部风险两个贫困维度体现出了最为显著的贫困减缓，而外部风险和潜在机会则依然是贫困指数最高的两个贫困维度，也是未来减贫政策应该着力盯住的贫困维度。

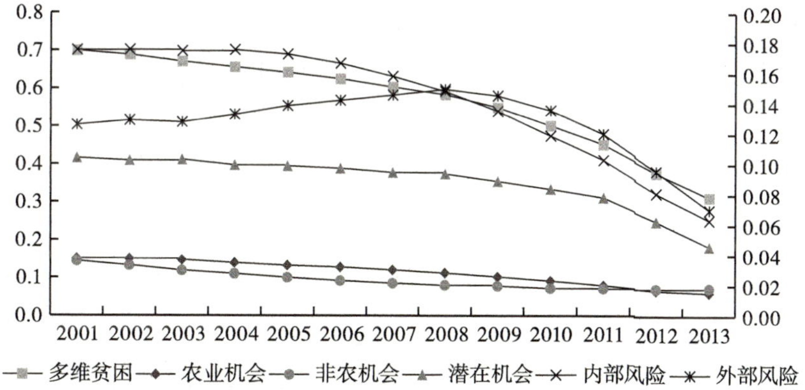

图 1 – 1　多维贫困及各维度演化情况（2001—2013 年）

数据来源：作者根据等权重法计算的多维贫困结果绘制，其中总体多维贫困适用左侧纵轴，五个贫困维度的贫困状况则适用右侧纵轴。

从历年多维贫困严重程度的细分来看，按照等权重计算得到的多维贫困指数，集中连片特困地区重度多维贫困县的比重从 2001 年的 53.54% 下降到2013年的4.86%;按照频率加权法得到的主观多维贫困指数,重度贫困县也从2001年的69个下降到2013年的20个。值得注意的是,使用频率加权法得到的主观多维贫困具有显著更高的重度贫困县比重。对比不同贫困指标在等权重法和频率加权法中的权重发现,单位农产品产量、信息机会、教育机会、因病风险和债务风险五个贫困指标体现出了较高的离散程度,在频率加权法中赋予了更大的权重,分别为:0.151、0.147、0.200、0.186和0.200,并且这五个指标贫困线以下的县数量较少,从而使得频率加权法得到了多维贫困指数低于等权重法的测度结果。客观多维贫困和主观多维贫困的比较意味着重度贫困县在单位农产品产量、信息机会、教育机会、因病风险和债务风险五个方面体现出了更大的贫困距,是重度贫困县的难点任务所在。

表1-4　集中连片特困地区历年客观多维贫困和主观多维贫困情况(2001—2013年,%)

	客观贫困			主观贫困		
	轻度贫困	中度贫困	重度贫困	轻度贫困	中度贫困	重度贫困
2001	0.60	45.85	53.54	30.17	59.43	10.41
2002	0.60	50.38	49.02	35.14	55.96	8.90
2003	0.45	57.47	42.08	36.95	55.35	7.69
2004	1.06	61.69	37.25	41.63	51.13	7.24
2005	1.66	63.35	34.99	40.12	53.39	6.49
2006	3.32	63.05	33.63	44.04	51.28	4.68
2007	4.83	65.01	30.17	38.16	54.30	7.54
2008	6.79	65.16	28.05	33.63	58.67	7.69
2009	13.12	63.20	23.68	34.69	57.77	7.54
2010	22.32	58.52	19.16	37.86	56.86	5.28
2011	33.33	51.89	14.78	42.23	53.85	3.92
2012	48.11	42.84	9.05	52.79	42.23	4.98
2013	62.44	32.88	4.68	64.71	32.28	3.02

数据来源:作者计算得到,其中客观多维贫困根据各贫困维度和贫困指标等权重计算得到,而主观多维贫困则根据频率加权法得到。

1.4　集中连片特困地区多维贫困的结构变迁

在总体多维贫困显著改善的同时,不同的贫困维度和不同集中连片特困地区在减贫路径上体现出了不同的演化特征。分析不同贫困维度以及不同集中连片特困地区减贫的结构变迁,有助于识别新一轮扶贫攻坚阶段的重点区域和难点贫困维度。接下来,本章将从贫困维度的结构变迁和多维贫困的空间结构变迁两个方面,对 2001—2013 年的多维贫困减贫历程进行具体分析。

1.4.1　贫困维度的结构变迁

集中连片特困地区的多维贫困在不同贫困维度上体现了显著差异性,图 1 - 2 给出了 2001—2013 年不同贫困维度对总体多维贫困的贡献度。结合图 1 - 1 和图 1 - 2 可以看出,在大规模减贫阶段,内部风险和农业机会体现出了最为快速的减贫,而外部风险和非农机会的减贫速度则最为缓慢。从各贫困维度的贡献度来看,非农机会贫困在总体多维贫困中的份额趋于增加,尤其是 2008 年以来体现出了更为显著的份额提升。这除了表明集中连片特困地区非农发展机会确实增长缓慢之外,也体现出集中连片特困地区与外部经济发展的潜在关联。随着 2008 年以来经济核心区投资力度的加大,集中连片特困地区的非农产业要素流入速度放缓,集中连片特困地区的非农产业发展机会体现出与中国总体经济发展的顺周期变动现象。如果将与非农机会有关的要素流动分为追求利润最大化的市场动机和追求区际公平的道义动机,那么集中连片特困地区非农发展机会的要素流动则体现出更为显著的道义动机,当更上层政府有足够能力进行政府主导的道义性资本转移时,集中连片特困地区的非农发展机会才会体现出实质改善。但该种道义性资本转移具有较强的波动性,对政府的财务压力和稳定经济的压力较为敏感。与之相关,集中连片特困地区的外部风险在总体多维贫困中的份额也较大,2013 年外部风险和非农机会占总体多维贫困的份额分别为 22.35% 和 23.35%。上述分析一方面意味着集中连片特困地区非农发展机会和外部风险是当前多维贫困减缓的难点维度,另一方面也体现出既往减贫策略对这两个贫困维度无法体现出显著的减贫效果。这对于减贫政策制定的启示是:集中连片特困地区的非农产业发展是实现多维贫困减缓的最关键盯住目标,但就既往的发展情况来看,集中连片特困地区的非农产业发展与外部风险具有较强关联,两者的相关系数是所有贫困维度中最高的,达到0.43(详见表1-2)。因此,在谋求集中连片特困地区非农发展机会提升的同时,还应通过外部风险的管理改善减贫政策绩效。

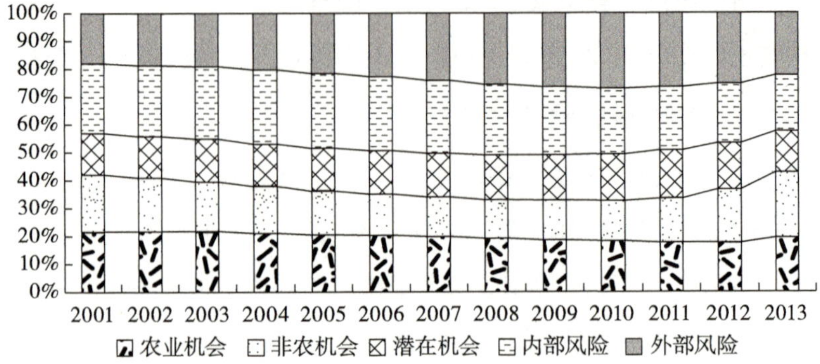

图1-2 集中连片特困地区多维贫困结构变迁(2001—2013年)

资料来源:作者根据等权重法测度结果绘制。

1.4.2 多维贫困的空间结构变迁

集中连片特困地区的多维贫困演化体现出了显著的空间差异,使得多维贫困在集中连片特困地区内部进一步呈现出空间集聚特征。表1-5给出了代表性年份14个片区多维贫困的比较,从重度贫困县的绝对数量来看,2010年无重度多维贫困县的片区包括罗霄山区和燕山太行山区,重度贫困县最多的片区则包括西藏、六盘山区和滇桂黔石漠化区等。从各自片区多维贫困程度的结构来看,2010年所有片区有19.16%的贫困县属于重度多维贫困县,同期西藏、乌蒙山区、六盘山区和滇桂黔石漠化区的重度贫困县在相应片区的比重最高,分别为36.11%、37.84%、33.90%和24.05%。从各片区重度贫困县的变动情况来看,六盘山区和乌蒙山区重度多维贫困县占集中连片特困地区总体重度贫困县的比重上升最为显著,分别从2001年的10.14%和9.30%上升到2013年的19.35%。滇桂黔石漠化区、武陵山区和西藏重度贫困县的比重则下降最为明显,占14个片区总体重度多维贫困县的比重分别从2001年的17.75%、7.04%和16.34%下降到2013年的9.68%、0%和9.68%,详见图1-3所示。

此外,各片区在多维贫困各贫困维度的构成上也体现出空间差异。

图1－4给出了2013年各片区不同贫困维度的构成情况。从农业发展机会维度来看，大兴安岭南麓山区、新疆南疆三地州和西藏分别依托粮食作物、棉花和畜牧产品得到良好的农业发展机会，但罗霄山区的农业发展机会显著低于其他四个贫困维度，如何应对罗霄山区复杂的地质结构，实现生态脆弱性约束下的农业发展是该片区扶贫的重要盯住目标。从非农产业发展机会来看，新疆南疆三地州和大兴安岭南麓山区的非农产业发展机会相对不足，如何依托优势农业资源，构建农业与非农产业发展的关联是这些片区新一轮扶贫攻坚应重点盯住的减贫链接。从潜在发展机会来看，大别山区、大兴安岭南麓山区、吕梁山区和燕山—太行山区应在五个贫困维度中更为关注教育机会和金融机会的改善。除了罗霄山区之外，其他各片区的内部风险和外部风险均为多维贫困的重要来源，在扶贫政策中辅以风险管理将有效提升扶贫绩效。

表1－5 各集中连片特困地区多维贫困程度比较 单位：个

	2013年			2010年			2006年		
	轻度贫困	中度贫困	重度贫困	轻度贫困	中度贫困	重度贫困	轻度贫困	中度贫困	重度贫困
大别山区	30	5	1	9	26	1	0	35	1
滇桂黔石漠化区	41	35	3	4	56	19	1	60	18
大兴安岭南麓山区	11	8	0	3	13	3	2	11	6
滇西边境山区	39	13	2	5	39	10	0	33	21
吕梁山区	11	7	2	3	14	3	0	11	9
六盘山区	34	19	6	11	28	20	1	23	35
罗霄山区	23	0	0	15	8	0	1	22	0
秦巴山区	64	6	1	29	36	6	3	45	23
四省藏区	47	22	5	23	42	9	9	33	32
武陵山区	43	19	0	13	37	12	1	52	9
乌蒙山区	14	17	6	4	19	14	0	18	19
新疆南疆三地州	9	13	2	2	18	4	1	12	11
西藏	20	49	3	6	40	26	0	39	33
燕山太行山区	28	5	0	21	12	0	3	24	6
总体	414	218	31	148	388	127	22	418	223

数据来源：作者使用等权重法计算得到。

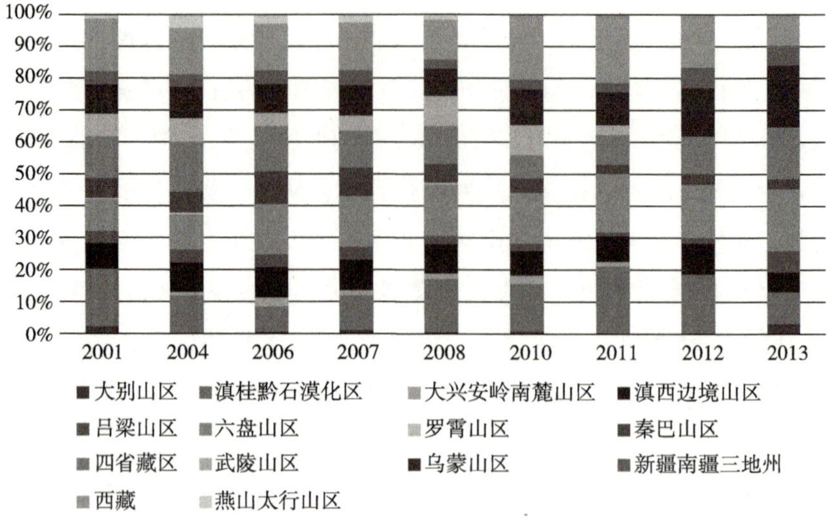

图1-3　各片区重度贫困县占总体重度贫困县的比重(%)

数据来源:作者根据计算结果绘制。

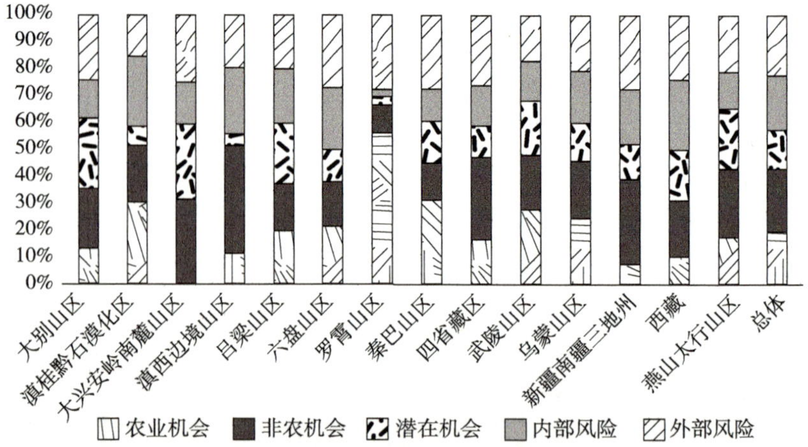

图1-4　集中连片特困地区分片区贫困维度构成(2013年,%)

资料来源:作者根据计算结果绘制。

1.5　结论与政策启示

集中连片特困地区是新一轮扶贫攻坚的重点区域,但与之前大规模减贫阶段不同，集中连片特困地区的贫困在新时期体现出新的空间集聚特征，致贫原因也与以往不同。基于提升集中连片特困地区减贫效率的目的，本章从风险与机会视角构建了多维贫困指标体系，并对2001—2013年集中连片特困地区的多维指数从客观贫困、主观贫困等不同侧面进行了测度，对集中连片特困地区多维贫困的时空演化、贫困维度变迁等问题进行了量化分析，本章的主要结论和相应政策启示为：

第一，经济新常态背景下同质化供给亟须转向有效供给，既往盯住需求侧的大规模投资策略并不能有效转化为贫困地区生产力，贫困的空间集聚和各连片特困地区的离散分布，使得贫困地区的致贫原因体现出更为现实的多样化特征，并且贫困人口禀赋和行为方式也体现出与一般意义上低收入人口的显著差异。因此，"十三五"规划期内，集中连片特困地区难以继续延续既往同质化的经济增长政策应对差异化的减贫事实。

第二，个体能力并非是集中连片特困地区绝对贫困的核心致贫因素，同等能力之下的经济机会差异，以及风险冲击之下的行为差异是集中连片特困地区实现新一轮减贫目标的关键。因此，本章从风险和机会视角构建了集中连片特困地区的多维贫困指数，认为农业发展机会、非农产业发展机会、潜在发展机会、内部风险和外部风险是减贫政策干预的重要盯住目标，但不同贫困片区盯住这五个贫困维度的位序应体现出多维贫困结构的差异。

第三，集中连片特困地区农业机会和内部风险两个贫困维度体现出了最为显著的贫困减缓，而外部风险和非农发展机会则依然是贫困指数最高的两个贫困维度，也是未来减贫政策应该着力盯住的贫困维度。同时，外部风险和非农发展机会体现出了显著的正相关特征，在谋求集中连片特困地区非农发展机会提升的同时，还应通过外部风险的管理改善减贫政策绩效。

第四，集中连片特困地区的多维贫困演化体现出了显著的空间差异，使得多维贫困在集中连片特困地区内部进一步呈现出空间集聚特征。六盘山区和乌蒙山区重度多维贫困县占集中连片特困地区总体重度贫困县的比重上升最为显著。此外，各片区在多维贫困各贫困维度的构成上也体现出空间差异。罗霄山区的农业发展机会、新疆南疆三地州和大兴安岭南麓山区的非农产业发展机会，以及大别山区、大兴安岭南麓山区、吕梁山区和燕山—太行山区的教育机会和金融机会是这些片区尤为凸显的多维贫困维度。同时,除了罗霄山区之外,其他各片区的内部风险和外部风险均为多维贫困的重要来源,在扶贫政策中辅以风险管理将有效提升扶贫绩效。

本章参考文献

[1]张全红,周强.中国多维贫困的测度及分解:1989—2009年[J].数量经济技术经济研究,2014(6).

[2]单德朋.产业结构、劳动密集度与西部地区贫困减缓——基于动态面板系统广义距方法的分析[J].中南财经政法大学学报,2012(6).

[3]高帅.社会地位、收入与多维贫困的动态演变——基于能力剥夺视角的分析[J].上海财经大学学报:哲学社会科学版,2015(3).

[4]解垩.公共转移支付与老年人的多维贫困[J].中国工业经济,2015(11).

[5]Alkire, Sabina, and J. Foster. "Counting and multidimensional poverty measurement." [J]. Journal of Public Economics, 95,7 -8(2010):476 -487.

[6]Alkire, Sabina, et al. Multidimensional Poverty Measurement and Analysis: Chapter 10 - Some Regression Models for AF Measures. [M]. Social Science Electronic Publishing ,2015.

[7]Figari, Francesco. "Cross - national differences in determinants of multiple deprivation in Europe." [J]. Journal of Economic Inequality,10,3(2012):397 -418.

[8]Rippin, Nicole. "Multidimensional Poverty in Germany: A Capability Approach." [J]. Forum for Social Economics (2015):1 -26.

[9]World Bank. World Development Report 2014: Risk and Opportunity—Managing Risk for Development[R]. The World Bank,2013.

第2章　集中连片特困民族地区包容性绿色减贫政策研究

郑长德

摘　要　文章基于增长—贫困—不平等—环境的发展“四角”关系，分析了集中连片特困民族地区的发展特点，认为集中连片特困民族地区经济发展水平低，是我国欠发达地区中的欠发达地区；贫困人口多，贫困程度深；在地理上，这些地区均处于所在省区的边缘地区，发展的地理条件不利，且多为生态功能重要地区和生态脆弱地区；在经济增长过程中，由于县域内地表结构复杂，城乡之间、地区之间增长不平衡，导致发展差距大，不平等问题突出。基于这些分析，文章提出集中连片特困民族地区的区域发展和扶贫开发应走包容性绿色发展之路，强调在减贫政策设计中特别注意机会均等化。

关键词　包容性绿色发展；集中连片特困民族地区；精准扶贫；减贫政策

2.1　问题的提出

截至2014年底，我国仍有贫困标准以下贫困人口7017万人（国家民委，2015），这7000多万人主要分布于14个连片特困地区680个县。14个片区中除吕梁山区、大别山区和罗霄山区之外的11个均涉及少数民族地区。据统计，11个片区中属民族自治地方的贫困县373个，占集中连片特困地区贫困县总数的54.85%，在分布上，这373个贫困县，西部地区有348个，占93.3%，中部地区（湖北、湖南）23个，东部地区（河北）2个（表2－1）。集中连片特困民族地区面积大,行政区面积198.5万平方公里,占集中连片特困地区面积的75.3%,占全国陆地总面积的20.7%。党的十八届五中全会从实现全面建成小康社会奋斗目标出发,明确到2020年我国现行标准下农村贫困人口实现脱贫,贫困县全部摘帽,解决区域性整体贫困(习近平,2015)。可以看出,连片集中特困民族地区是我国脱贫攻坚的重点和难点地区所在。

集中连片特困民族地区具有特殊的生态位和发展位,经济发展水平低,是欠发达地区中的欠发达地区,贫困问题严重,发展面临多重不平衡性,生态功能重要且自身生态极其脆弱。因此在区域发展和扶贫开发中,要特别注意处理好经济增长—贫困减缓—不平等缩小—环境质量稳定与提升的发展关系。本章对集中连片特困民族地区的发展“四角”关系进行了深入分析,基于这些分析,提出了集中连片特困民族地区的区域发展和扶贫开发要走包容性绿色发展之路,文章最后基于包容性绿色发展视角对几个相关的减贫政策方面的问题进行了讨论。

表2-1 集中连片特困民族地区的行政区域

分区	省(区、市)名	地市名	县名
六盘山区(20)	甘肃(9)	天水市	张家川回族自治县
		临夏回族自治州	临夏市、临夏县、康乐县、永靖县、广河县、和政县、东乡族自治县、积石山自治县
	青海(4)	海东地区	民和回族土族自治县、互助土族自治县、化隆回族自治县、循化撒拉族自治县
	宁夏(7)	吴忠市	同心县
		固原市	原州区、西吉县、隆德县、泾源县、彭阳县
		中卫市	海原县
秦巴山区(1)	四川(1)	绵阳市	北川羌族自治县

续表

分区	省(区、市)名	地市名	县名
武陵山区(34)	湖北(10)	宜昌	长阳土家族自治县、五峰土家族自治县
		恩施土家族苗族自治州	恩施市、利川市、建始县、巴东县、宣恩县、咸丰县、来凤县、鹤峰县
	湖南(13)	邵阳市	城步苗族自治县
		怀化市	麻阳苗族自治县、新晃侗族自治县、芷江侗族自治县、靖州苗族侗族自治县、通道侗族自治县
		湘西土家族苗族自治州	泸溪县、凤凰县、保靖县、古丈县、永顺县、龙山县、花垣县
	重庆(4)	重庆市	石柱土家族自治县、秀山土家族苗族自治县、酉阳土家族苗族自治县、彭水苗族土家族自治县
	贵州(7)	遵义市	道真仡佬族苗族自治县、务川仡佬族苗族自治县
		铜仁地区	玉屏侗族自治县、印江土家族苗族自治县、沿河土家族自治县、松桃苗族自治县、万山特区
乌蒙山区(14)	四川(10)	乐山市	马边彝族自治县
		凉山彝族自治州	普格县、布拖县、金阳县、昭觉县、喜德县、越西县、美姑县、雷波县
	贵州(1)	毕节地区	威宁彝族回族苗族自治县
	云南(3)	昆明市	禄劝彝族苗族自治县、寻甸回族彝族自治县
		楚雄彝族自治州	武定县
滇桂黔石漠化区(73)	广西(29)	柳州市	融安县、融水苗族自治县、三江侗族自治县
		桂林市	龙胜各族自治县、资源县
		南宁市	隆安县、马山县、上林县
		百色市	田阳县、德保县、靖西县、那坡县、凌云县、乐业县、田林县、西林县、隆林各族自治县
		河池市	凤山县、东兰县、罗城仫佬族自治县、环江毛南族自治县、巴马瑶族自治县、都安瑶族自治县、大化瑶族自治县
		来宾市	忻城县
		崇左市	宁明县、龙州县、大新县、天等县

续表

分区	省(区、市)名	地市名	县名
滇桂黔石漠化区(73)	贵州(35)	安顺市	镇宁布依族苗族自治县、关岭布依族苗族自治县、紫云苗族布依族自治县
		黔西南布依族苗族自治州	兴仁县、普安县、晴隆县、贞丰县、望谟县、册亨县、安龙县
		黔东南苗族侗族自治州	黄平县、施秉县、三穗县、镇远县、岑巩县、天柱县、锦屏县、剑河县、台江县、黎平县、榕江县、从江县、雷山县、麻江县、丹寨县
		黔南布依族苗族自治州	荔波县、贵定县、独山县、平塘县、罗甸县、长顺县、龙里县、惠水县、三都水族自治县、瓮安县
	云南(9)	红河哈尼族彝族自治州	屏边苗族自治县、泸西县
		文山壮族苗族自治州	砚山县、西畴县、麻栗坡县、马关县、丘北县、广南县、富宁县
滇西边境山区(46)	云南	丽江	玉龙纳西族自治县、宁蒗彝族自治县
		普洱市	宁洱哈尼族彝族自治县、墨江哈尼族自治县、景东彝族自治县、景谷傣族彝族自治县、镇沅彝族哈尼族拉祜族自治县、江城哈尼族彝族自治县、孟连傣族拉祜族佤族自治县、澜沧拉祜族自治县、西盟佤族自治县
		临沧市	双江拉祜族佤族布朗族傣族自治县、耿马傣族佤族自治县、沧源佤族自治县
		楚雄彝族自治州	双柏县、牟定县、南华县、姚安县、大姚县、永仁县
		红河哈尼族彝族自治州	石屏县、元阳县、红河县、金平苗族瑶族傣族自治县、绿春县
		西双版纳傣族自治州	勐海县、勐腊县
		大理白族自治州	漾濞彝族自治县、祥云县、宾川县、弥渡县、南涧彝族自治县、巍山彝族回族自治县、永平县、云龙县、洱源县、剑川县、鹤庆县
		德宏傣族景颇族自治州	潞西市、梁河县、盈江县、陇川县
		怒江傈僳族自治区	泸水县、福贡县、贡山独龙族怒族自治县、兰坪白族普米族自治县

续表

分区	省(区、市)名	地市名	县名
大兴安岭南麓山区(5)	内蒙古(5)	兴安盟	阿尔山市、科尔沁右翼前旗、科尔沁右翼中旗、扎赉特旗、突泉县
燕山-太行山区(5)	河北(2)	承德市	丰宁满族自治县、围场满族自治县
	内蒙古(3)	乌兰察布市	化德县、商都县、兴和县

数据来源:郑长德,单德朋.集中连片特困民族地区区域发展与扶贫攻坚报告[A].郑长德,主编.中国少数民族地区经济发展报告(2014)[M].中国经济出版社,2014:8-10.其中,西藏、四省藏区和新疆南疆三地州均为民族地区,故未在表中罗列。

2.2　集中连片特困民族地区脱贫攻坚要处理的几个关系

经济增长—贫困—不平等—环境四角关系是集中连片特困民族地区经济发展和脱贫攻坚过程中面临的主要权衡(图 2-1)。集中连片特困民族地区经济发展水平低,是我国欠发达地区中的欠发达地区;贫困人口多,贫困程度深;在地理上,这些地区均处于所在省区的边缘地区,发展的地理条件不利,且多为生态功能重要地区和生态脆弱地区;在经济增长过程中,由于县域内地表结构复杂,城乡之间、地区之间增长不平衡,导致发展差距大,不平等问题突出。

2.2.1　经济发展水平显著低于全国平均水平

据估计,集中连片特困民族地区人均地区生产总值和农村居民人均纯收入不到全国平均水平的 1/3(图 2-2)。经济发展水平低,居民收入低,存在着两方面恶性循环的可能:一方面是收入低,储蓄不足,投资引诱差,导致经济发展水平低;另一方面,收入低,本地市场效应弱,集聚能力低,制约了经济的进一步发展。当然,也存在另一种可能,经济发展水平低,按照新古典经济增长模型的收敛假说,经济增长率与初始水平呈现出反方向变动关系,即初始发展水平低,稳态资本存量也低,此时资本的边际产出高,经济增长率高。不过,集中连片特困民族地区的此种收敛效应是否会超过上述的弱集聚、弱投资的效应,不同地区差异较大。那些资源富集、基础设施发达

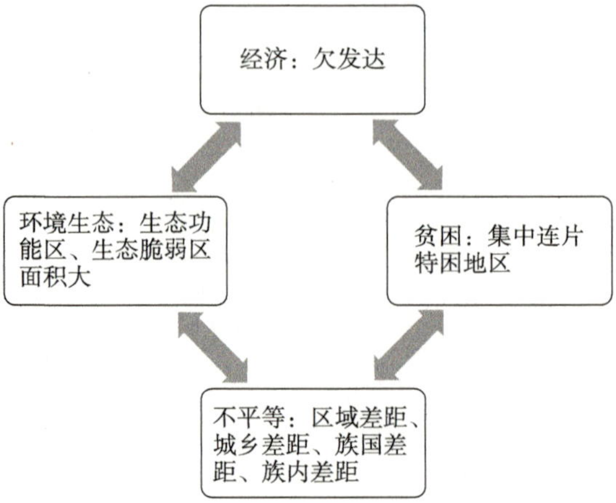

图2-1　集中连片特困民族地区的发展“四角”

资料来源:作者绘制。

的地区,集聚与收敛叠加,推动经济快速增长;而那些资源贫瘠、基础设施薄弱的地区,此种收敛效应不显著。

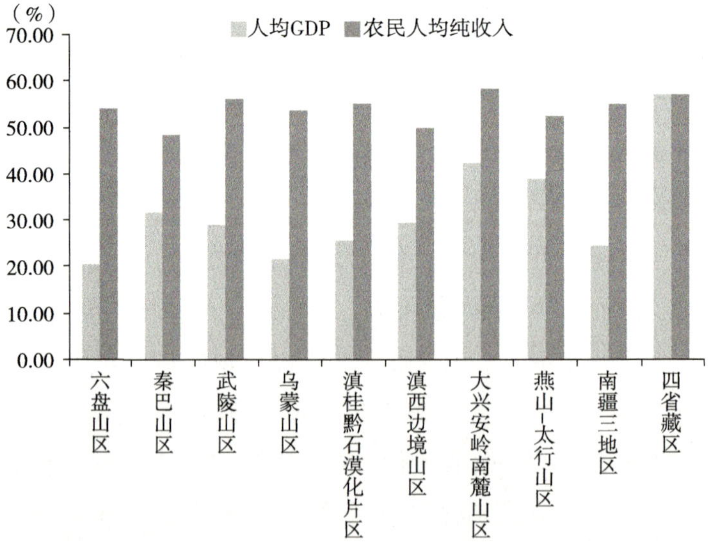

图2-2　集中连片特困民族地区人均收入相当于全国平均水平的百分比(2012年,%)

资料来源:作者根据《中国区域经济统计年鉴》(2011、2013)绘制。

2.2.2　贫困人口多，贫困程度深

集中连片特困民族地区存在着普遍贫困现象。据统计，2014年底民族八省区有农村收入贫困人口2205万人，占全国的31.4%，贫困发生率14.7%，高出全国农村收入贫困发生率(7.2%)7.5个百分点(国家民委，2015)。集中连片特困民族地区的农村贫困具有集中连片、人多、程度深、贫困多维和代际传递等特点。以四川省几个连片特困地区为例，如表2－2所示，四川省四大片区都有民族自治地方或者享受少数民族待遇县。2012年末，四川省共有贫困人口749.77万人，贫困发生率为10.8%，四大片区(86个县)共有贫困人口440.66万人，贫困发生率为15.1%，比全省高出近5个百分点，贫困人口占四川省58.77%。四川省的情况如此，其他片区的贫困状况也基本如此。

贫困是一个多维度的现象。连片特困民族地区的贫困，不仅表现在收入贫困上，更表现在受教育程度、基本公共服务的获得等方面，呈现出多维贫困的特点。而且，连片特困民族地区的贫困还表现出一些特殊性，如贫困的代际传递突出，少数民族人口贫困比例高，贫困人口平滑风险能力低等。

表2－2　2012年四大片区贫困发生率及比较

区域	贫困人口(万人)	贫困发生率(%)	贫困人口占全省比例(%)
秦巴山区	292.72	14.1	39.04
乌蒙山区	57.94	13.8	7.73
大小凉山彝区	54.63	21.9	7.29
高原藏区	35.37	20	4.72
四大片区合计	440.66	15.1	58.77
片区外县	309.11	7.7	41.23
四川省	749.77	10.8	100.00

资料来源：作者根据四川省扶贫与移民局调查数据整理。

2.2.3　集中连片特困民族地区发展的不平衡和不平等问题突出

改革开放以来，集中连片特困民族地区经济增长和社会发展成效显著，减贫也取得了显著进展。但增长是不平衡的，在收入分配方面突出表现在区域差距、城乡差距、族际差距、族内差距上。在经济发展层面，以自治州为

例,30个自治州2013年人均地区生产总值最高和最低相差超过14倍;在县域和州域层面,集中连片特困民族地区是全国城乡差异大的地区,据统计,绝大多数连片特困民族地区的贫困县城乡居民收入差距超过全国平均水平,也超过所在省的水平。四川省城乡居民收入差距最大的县,城镇居民人均可支配收入是农牧民人均纯收入的7倍以上。中国西部民族经济研究中心2014年调查了西部部分民族农村居民和西部部分地区农村居民收入的基尼系数,如图2-3所示,农村居民收入族际、族内和地区分配不平等情况可见一斑。

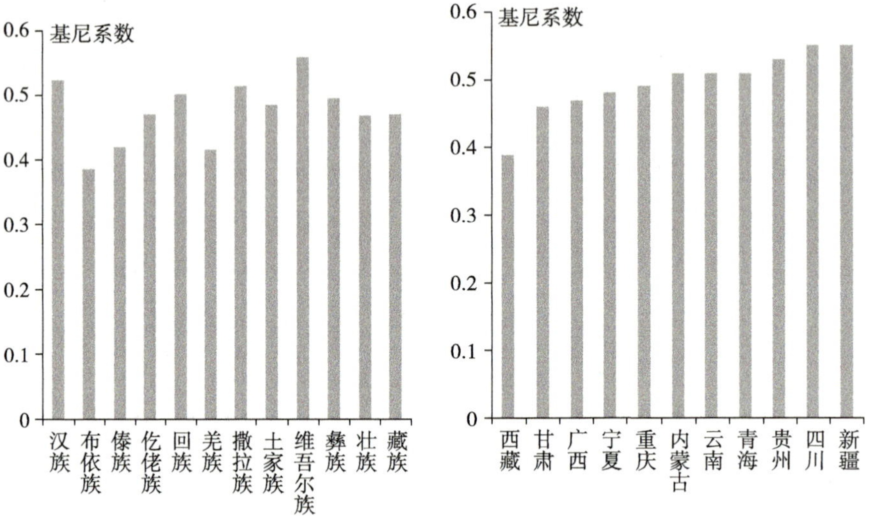

A. 西部地区部分民族农村居民收入基尼系数　　B. 西部部分地区农村居民收入基尼系数

图2-3　西部地区农村居民收入基尼系数

资料来源:郑长德,主编.中国西部民族经济调查(2015)[M].北京:经济科学出版社,2015.

2.2.4　集中连片特困民族地区的生态

在生态位(ecological niche)上,集中连片特困民族地区地处我国地势阶梯的结合部或高原(山)与低地过渡地带。一方面,集中连片特困民族地区位于全国和所在省区的边缘和山区,是河流的发源地和生物多样性的集聚地,属于限制开发区和禁止开发区(表2-3);另一方面,集中连片特困民族地区主要分布在北方干旱半干旱区、南方丘陵区、西南山地区、青藏高原区,生态脆弱区面积最大、脆弱生态类型最多、生态脆弱性表现最明显。这样的生态位,一方面限制了某些经济活动,特别是那些益增型(pro – growth)经济活动,从而限制了这些地区财政收入的来源;同时要保持环境质量的稳定和提升,就要大规模进行生态保护和生态建设,生态保护和生态建设具有公共品性质,需要公共资本投入。

表 2 –3　集中连片特困民族地区的生态功能

片区名称	地质灾害重点防治县	地方病病区县					限制开发的国家生态功能区县			
		克山病	大骨节病	碘缺乏或高碘	氟中毒	砷中毒或高砷	水源涵养地	水土保持型	防风固沙型	生物多样性维护型
武陵山	48	1	0	55	23	0	0	4	0	25
乌蒙山	40	6	0	45	24	0	0	0	0	0
秦巴山	73	14	26	64	35	13	0	3	0	40
滇桂黔石漠化	72	10	0	80	18	2	4	26	0	1
六盘山	46	22	28	59	44	2	5	15	0	0
滇西	54	18	1	56	9	6	0	0	0	9
大兴安岭南麓	0	9	9	19	16	2	2	0	2	0
燕山—太行山	11	8	7	33	28	2	0	0	6	0
合计	344	88	71	411	197	27	11	48	8	75

资料来源:共济.全国连片特困地区区域发展与扶贫攻坚规划研究[M].北京:人民出版社,2013: 24.

综合上述,从经济发展和脱贫攻坚看,集中连片特困民族地区在空间上,处于多重地理不利(geographic disadvantage)的叠加,地理资本(geographic capital)低,即该地区的物质资本、社会资本、政治资本和人力资本低,形成空间贫困陷阱(spatial poverty traps)(Kate Bird, Kate Higgins and Dan Harris,2010),要走出空间贫困陷阱,需同时处理好经济增长与贫困减缓、经济增长与环境生态、经济增长与收入不平等、贫困与收入不平等、贫困与环境生态、环境与不平等等多个发展关系。理论研究表明,经济增长是贫困减缓的必要条件,但并非充分条件,增长并非必然是益贫(pre – poor)的;经济增长与收入分配和环境生态间存在着库茨涅兹曲线(Kuznets Curve)和环境库茨涅兹曲线(Environmental Kuznets Curve),即随着经济增长、人均收入水平提高,收入分配和环境质量先恶化后改进,改进的门槛收入水平大体上在人均10000美元左右;贫困减缓有可能缩小收入差距,只要穷人收入增长的速度快于富人收入增长的速度,即经济增长是绝对益贫的,而收入差距的缩小是实现经济增长减贫效应的重要条件;贫困与环境间的关系比较复杂,农村贫困与环境脆弱地区、环境不利地区在空间上是耦合的,在减贫的初期,如果减贫措施主要基于贫困地区资源的初级开发,贫困减缓也可能不利于环境质量的稳定和提升;环境与不平等间的关系也取决于经济发展的阶段,大体上也存在一种倒"U"形关系(郑长德,2016)。

2.3 从发展四角到包容性绿色发展

由此看来,"经济增长—贫困—不平等—环境"的发展四角关系很复杂,特别是对于经济发展总体水平很低的集中连片特困民族地区而言,在脱贫攻坚和经济发展过程中,既要实现贫困人口的全面脱贫,又要确保环境质量的稳定和提升,同时要尽力缩小发展中的收入差距,发展战略的选择和政策设计要求高。根据研究,我们认为走包容性绿色发展(inclusive green development)之路,能够同时实现贫困人口脱贫、收入差距缩小、环境质量稳定和经济增长的目标。

包容性绿色发展是通向可持续发展之路。包容性绿色发展是包容性增长和绿色增长两个发展理念的整合。所谓包容性增长(inclusive growth)是机会平等的增长,它有四个属性,分别是:机会(opportunity)——为人民创造越来越多的机会,增加他们的收入;能力(capability)——为人民提供创造或提升其能力的方式,以利于可得的机会;增长或获得(access)——提供把机会和能力结合的方式;安全(security)——为人民提供免遭暂时或持久的生计损失的方法。

绿色增长(green growth)是可持续发展的基本组成要素。绿色增长目的在于获得坚实的增长,而不陷入不可持续的模式。绿色增长是使得增长过程中资源高效、清洁和更有弹性(复原)而不必降低增长。绿色增长要求经济增长必须考虑生态环境容量和资源承载力。绿色增长有3个要素：效率(efficient)——要求自然资源的利用要有效率；清洁(clean)——污染和环境影响最小化；能复原(弹性，resilient)增长——说明自然灾害及环境管理和自然资本在防止自然灾害中的作用。绿色增长并非必然是包容性的。绿色增长的结果可能对穷人有利，也可能对穷人不利，这取决于政府制定的确保穷人不被排斥在绿色增长的利益之外的特殊政策。如果制定并实施包容性的政策，绿色增长的福利效应就更大。

包容性绿色发展是可持续的包容性增长(sustainable and inclusive growth)，强调经济发展轨迹在“改进人类福利和社会公平同时降低环境风险和生态不足”(UNEP)的必要性和机会，旨在实现经济、社会和环境可持续间的相辅相成的“三赢”(图2-4)。

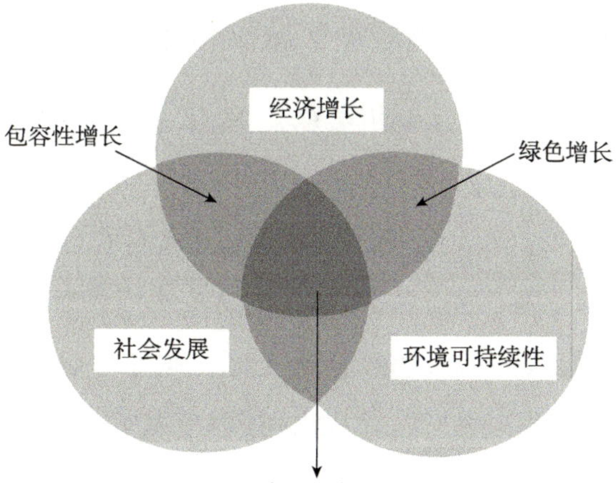

图2-4　包容性绿色发展图示

资料来源：作者绘制。

要达成包容性绿色发展，需要持续扩大经济机会、使经济机会均等分布、提供最低经济福利和确保环境质量的提升，这就是包容性绿色发展的四大政策支柱，它们的关系如图2-5所示。

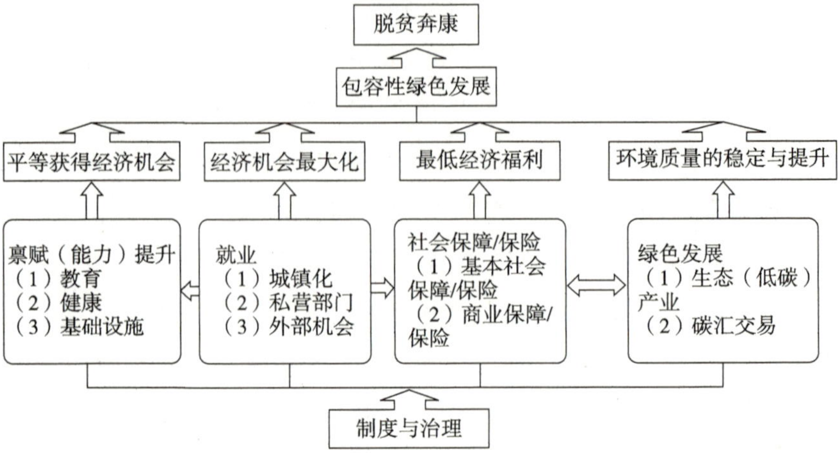

图2-5 包容性绿色发展的政策支柱

资料来源:作者根据 IFZAL ALI(2007)修改。

2.4 集中连片特困民族地区减贫政策设计

包容性绿色发展特别强调机会的均等化,这对集中连片特困民族地区的脱贫攻坚有重要的启示。中央扶贫开发工作会议提出,"'十三五'期间脱贫攻坚的目标是,到 2020 年稳定实现农村贫困人口不愁吃、不愁穿,农村贫困人口义务教育、基本医疗、住房安全有保障;同时实现贫困地区农民人均可支配收入增长幅度高于全国平均水平、基本公共服务主要领域指标接近全国平均水平",并提出通过"坚持精准扶贫、精准脱贫"来实现目标(习近平,2015)。

2.4.1 贫困的识别:收入贫困或机会贫困

精准扶贫的基础在于精准识别。"要解决好'扶持谁'的问题,确保把真正的贫困人口弄清楚,把贫困人口、贫困程度、致贫原因等搞清楚,以便做到因户施策、因人施策"。这并非一个简单的问题,取决于如何定义贫困。贫困本身是一个多维度的概念,从结果看,可以只考虑收入流量的贫困(定义一个收入贫困线标准,那些低于收入贫困线的人口属于贫困人口)，也可以考虑资产存量方面的贫困(定义一个资产贫困线标准，那些低于资产贫困线的人口属于贫困人口)。

包容性绿色发展理论认为，经济发展就是机会的均等化。一个人在社会中参与资源分配的结果受两类因素的影响：一类是超出了个人的控制能力、不能由个人负责的，如个人背景和所处的环境(circumstances)，包括家庭财富与权势、社会关系、宗教信仰、肤色、性别、所处的地理环境、所工作的行业等等诸多因素。由这些因素造成的收入差距和贫困反映的大多是机会的不平等，是社会不公的表现，它们通常是由制度、市场与政策的不完善与失灵造成，必须通过公共政策手段来加以处置。一类是由个人控制和负责任的，如个人的努力与勤奋程度(efforts)，这是由个人选择决定的。由个人努力和勤奋程度的不同所造成的收入差距和贫困反映的是市场机制的酬勤罚懒，是良好的激励机制起作用的表现。这样的激励机制鼓励创业与创新，是促进经济增长必不可少的。因此，个人在社会中所处的生态位或者取得的成就水平可以看成是环境、努力及政策的函数，令 u 代表成就水平，可以想象成是收入水平或其他能够反映成就的指标，c 是环境向量，e 是个人的努力或者选择向量，φ 是政策变量($\varphi \in \Phi$，Φ 是政策空间)，因此有：

$$u = u(c, e, \varphi)$$

给定 c 和 φ，u 是 e 的增函数，即 $\partial u / \partial e > 0$，而且 $\frac{\partial^2 u}{\partial e \partial c} > 0$。假设 u 就是个人的生产能力或者收入，其分配的不平等取决于环境、政策及自身努力程度。给定环境和政策，u 的分配的不平等完全由个人的努力决定，这样的不平等被认为是“好的”不平等，或者称之为机会平等，换言之，机会均等是一种状态，其中个人成就不同的唯一归因为个人的努力，而非环境和政策。相反，如果给定努力，u 的分配的不平等完全归因于环境和政策，这样的不平等是“坏的”不平等，这就是机会不平等。按此来理解贫困，应该特别强调机会贫困，而非收入流量贫困。如果只考虑收入贫困，会产生负向的激励效应和道德风险。

再者,贫困人口是一个动态概念,谁贫困、谁不贫困,哪个村贫困、哪个村不贫困,这些都会随着扶贫开发的进程和贫困标准的变化而变化。如果不能精准识别谁是穷人,就可能存在分配资源被非穷人俘获的现象;如果通过从上到下的贫困人口规模设定,就会存在规模排斥;如果不设定规模,由下到上层层上报,就可能存在多报贫困人口的道德风险;再者,目前基于收入贫困线设定的贫困,由于收入的信息不对称,存在本不贫困的人口成为贫困人口的可能。就收入贫困而论,这里的关键在于设计一个自筛选机制,把真正贫困的人口识别出来。

2.4.2 政策选择:授之以渔还是授之以鱼

转移支付型扶贫,如果不提高贫困人口配置资源的能力,效益即使有也是短期的。扶贫开发要能可持续减贫,必须增强贫困人口的自我发展能力,而非简单被动地暂时改变生活水平。而要增强贫困人口的自我发展能力,必须调动贫困人口的积极性、主动性、创造性,充分挖掘贫困人口和贫困地区的资源潜力,提高他们获得经济机会和抓住经济机会的能力。为此,扶贫措施重点应该是加强职业教育培训和劳动力转移就业服务,推进村组道路硬化、饮水安全、危房改造、贫困村信息化工程建设等基本公共服务和民生工程的均等供给。特别要重视连片特困民族地区农村和边远地区水电气及交通通信基础设施的建设,把实现区域内市场的一体化放在优先位置,扩大本地市场范围。要把减贫效应显著的县际、乡镇间、行政村及自然村的道路建设放在优先地位,完善路网、改善路况,着力解决"毛细血管"不完善和"最后一公里"的"断头路"问题,提高农村公路覆盖广度和通达深度(郑长德,2013)。在金融扶贫方面,秉持普惠金融观念,着力提升贫困人口金融服务的获得性,降低获得成本。

2.4.3 项目选择:益贫(pro - poor)还是益增(pro - growth)

扶贫措施要具体落实到项目上,不同类别的项目要素密集程度不同,有的项目资本和税收密集,这类项目对于实现地区经济快速增长和政府收入增加作用显著,有的项目劳动密集,这类项目具有显著的减贫效果。

从包容性绿色发展角度看，扶贫项目的确立、扶贫资源的配置，要充分考虑贫困人口的自我发展能力和积极主动参与（Abhijt V. Banerjee and Esther Dufflo，2011），把对贫困人口收入弹性大的项目放在优先地位。

此外，根据行为经济学的观点，我们都面临“稀缺”，对于一个日理万机的人来说，总是感觉时间不够用，对于穷人而言，“稀缺”的是金钱。不管是缺时间还是缺钱，“稀缺”实际上是一种心态，稀缺可以降低“带宽”（bandwidth），即降低认知能力和执行控制力。因此，政策设计需考虑穷人的“稀缺”所在，由于穷，缺少带宽（塞德希尔·穆来纳森，埃尔德·沙菲尔，2014），扶贫项目的设计要包容穷人的不当行为，设计有效的预警机制。

2.4.4　产业发展：市场选择与政府支持

集中连片特困民族地区根据其生态位和禀赋优势发展特色优势产业，特别注重非农产业的工业化发展和产业发展的绿色化。在产业发展方面，以市场需求为导向、以现代商业模式为载体、以社会资本为驱动力，让市场在产业扶贫中起决定性作用。在市场基础设施建设中政府应发挥恰当的规制和监管作用。制定“绿色发展规划”，制定、完善和修订相关政策，这些政策既要能够促进经济的快速持续增长，又要能够改善收入分配，增加穷人和低收入阶层的收入，同时抑制和抛弃资源和排放密集型的发展模式，实现增长—减贫—生态的“三赢”。

集中连片特困民族地区的区域发展，涉及结构变迁、生产能力提升、高附加值的经济活动、传统农业的改造、经济多样化发展等，这就要求其走绿色工业化之路。一方面，是对传统产业进行绿色升级改造。加强资源节约、环境保护技术的研发和引进消化，对重点行业、重点企业、重点项目以及重点工艺流程进行技术改造，提高资源生产效率，控制污染物和温室气体排放。另一方面是发展新兴的绿色工业。在项目选择上，重点扶持资源高效利用型共生生态农业、资源微观聚集型家庭生态农业、生态强制修复型以工代赈农业等扶贫项目。

2.4.5 空间布局:在集中均衡中实现包容性绿色发展

由地理第一性和地理第二性所塑造的经济活动在空间上的分布是不均衡的,在空间上试图均衡配置经济活动只会阻碍经济的增长。研究证实,不平衡的经济增长和和谐性发展可以并行不悖,相辅相成(世界银行,2009)。这就要一方面促进生产活动的集中化,另一方面通过实行各种政策来使各地区人民生活水平(包括营养、教育、健康、卫生)平等化。要获得经济集中化和社会平等化这两个方面的效益,就需要采取有利于实现经济一体化的政策行动。从区域发展角度看,此种发展模式可称之为"集中均衡开发模式"。考虑到集中连片特困民族地区的地理禀赋和生态功能,在扶贫项目空间布局方面,宜按照集中均衡模式进行,一方面引导人口和经济活动向县域重点开发区及区域性中心城镇集聚,另一方面将基本公共服务的供给大幅度向边远乡村倾斜,让各族人民享有基本均等的基本公共服务,共享经济社会发展成果。

本章参考文献

[1]习近平.在中央扶贫开发工作会议上发表的讲话[EB/OL]. http://www.gov.cn/xinwen/2015-11/28/content_5017899.htm.

[2]国家民委.2014年少数民族地区农村贫困监测结果[EB/OL]. http://www.seac.gov.cn/art/2015/4/15/art_31_225897.html.

[3][美]塞德希尔·穆来纳森,埃尔德·沙菲尔.稀缺:我们是如何陷入贫穷与忙碌的[M].杭州:浙江人民出版社,2014:15,183.

[4]世界银行.2009年世界发展报告:重塑世界经济地理[R].北京:清华大学出版社,2009:3.

[5]郑长德,主编.中国少数民族地区经济发展报告(2013)[M].北京:中国经济出版社,2014:24.

[6]郑长德.中国少数民族地区包容性绿色发展研究[M].北京:中国经济出版社,2016:56.

[7] Abhijt V. Banerjee and Esther Dufflo. Poor Economics: A Radical Rethinking of the Way to Fight Global Poverty[M]. New York: Public Affairs,2011.

[8] Ali, I., and J. Zhuang. Inclusive Growth toward a Prosperous Asia: Policy Implications[R]. ERD Working Paper No. 97, Economics and Research Department, Asian Development Bank, Manila.

[9] Kate Bird, Kate Higgins and Dan HarrisSpatial poverty traps: An overview[DB/OL]. ODI Working Paper 321, www. odi. org. uk, 2010.

第3章　产业结构、劳动密集度与西部地区贫困减缓

单德朋

摘要　通过构建理论模型分析了产业结构、劳动密集度与贫困减缓的理论关系,并利用2000—2010年西部省级面板数据对理论模型进行了实证检验。结果显示,经济增长对贫困减缓起积极作用,并且西部地区经济增长的部门结构和劳动力密集程度能够对贫困减缓产生显著影响,第一产业和第三产业对贫困减缓的影响较大,第二产业作用最小。未来西部地区实现可持续减贫的关键在于,一方面保持稳定经济增速,一方面着力提升经济发展对本地贫困人口的包容性,在提升贫困人口参与经济增长深度和广度的同时,降低参与成本。

关键词　西部地区;产业结构;贫困减缓;劳动密集度;动态面板

3.1　问题的提出

由于区位条件、资源禀赋以及历史原因,西部地区历来是我国贫困减缓工作的重点和难点所在。自1986年国务院扶贫办成立以来,我国各项反贫困政策均将西部地区作为重点瞄准区域。随着“贫困县政策”“国家八七扶贫攻坚计划(1994—2000年)”以及“中国农村扶贫开发纲要(2001—2010年)”等的实施,西部地区贫困现象得到了极大缓解。2000—2010年,西部农村和城镇贫困者年均收入增长率分别为7.6%和7.2%。但从横向比较来看,西部地区减贫形势依然严峻:西部地区因灾因病返贫人口依然较多,返贫率较高;西部地区贫困深度和广度均高于同期全国整体水平,并且西部地区过去的贫困减缓对政策性扶贫、转移支付的倚重较大。在经济增长减贫

效应趋于下降的背景下，西部地区有陷入“慢性贫困”的风险。如何实现西部地区可持续减贫，完成 2020 年全面建成小康社会奋斗目标，是西部地区在新世纪第二个十年面临的艰巨任务。实现可持续减贫的关键在于过去的被动扶贫亟须转向基于自我发展能力提升的主动减贫。实现这一目标，一方面需要加大西部地区的教育、基础设施等的投入力度，提升自我发展能力；另一方面还需要提高经济发展对西部地区人口的包容度，增加贫困人口参与经济活动的机会。本章主要从产业结构和劳动密集度两个方面来分析经济增长包容度对西部地区贫困减缓的影响，并寻找西部地区实现可持续减贫的路径选择。

虽然西部地区作为贫困面最广、贫困程度最深的区域，是贫困政策实践的主阵地，但涉及西部地区贫困的规范实证研究却相对较少。现有研究中识别出的影响贫困减缓的因素主要有：持续高速的经济增长、广泛公平的基础教育、转移支付和公共支出的倾斜、完善基础设施、改善地理资本、金融发展等。从产业构成角度对西部地区贫困减缓进行的实证研究尚不多见。但从国外研究来看，产业构成对贫困减缓的影响，已经成为继教育、基础设施、对外开放度、不平等程度等传统影响因素之后的研究新热点。Montalvo（2010）在分析经济增长与贫困减缓的多样性效果时，提出假说认为经济发展的产业构成独立于总体经济增长对贫困减缓产生影响。实证研究也表明，经济结构所表示的初始不平等是影响经济增长贫困减缓效果的一个重要因素（Fosu A K，2009）。但现有研究对于各部门在贫困减缓中的作用却有不同的看法。Thorbecke 和 Jung（Thorbecke E，Jung H S，1996）估计了印度尼西亚不同经济活动对贫困减缓的影响，认为农业和服务业的贡献要比工业部门的减贫贡献更大。Ravallion 和 Chen（Ravallion M，Chen H S. 2007）分析了中国经济增长与贫困减缓的关系，发现在贫困减缓效果上，农业的重要性要远超过其他非农产业。而 Hasan 和 Quibria（Hasan R，Quibria M G. 2004）则认为工业是东亚贫困减缓的主要动力来源，而在拉丁美洲第三产业的减贫效果最为显著。除了各部门减贫效果不同之外，在同一地区内部因城市和乡村等地理区位的不同，各部门的减贫效果也存在差异。Datt 和 Ravallion（Gaurav Datt and Martin Ravallion，2002）研究认为，在印度农村地区，农业对贫困减缓的效果最为显著,而在城市地区,则是第三产业和第二产业更多地推动了减贫进程。

国内学者对产业结构与贫困减缓关系的实证研究相对较少,尤其是对西部地区这一贫困减缓的重点和难点地区的研究不够,只有张萃(2011)等基于中国整体进行了实证分析。从现有研究来看,产业结构的确能够对贫困减缓产生影响,但对于两者关系的成因分析不足。本章认为产业结构对贫困减缓的影响只是一种结果表现,其根源在于不同产业的劳动密集程度不同。因此,在分析过程中,不仅要识别产业结构与贫困减缓的关系,而且还需要进一步研究劳动密集度对贫困减缓的影响。并且现有研究在实证过程中没有考虑贫困减缓的跨时期相关性,这将导致参数估计不一致。贫困的跨期相关体现为两种可能:一方面,现有贫困群体可能陷入慢性贫困陷阱,此时过去贫困的人口在当期贫困的可能性较大,我们可以称之为贫困的不流动性;另一方面,贫困广度较大的地区,减贫政策的边际效果可能更为显著,可以称之为贫困的收敛性。我们无法事先判断究竟是哪一方面占主导地位,但可以确定贫困的确存在跨期相关性,需要在实证检验中进行处理。为此本章在理论模型的基础上,构建了动态面板模型,并用系统广义距(SYS-GMM)方法对产业结构、劳动密集度对贫困减缓的影响进行了估计。因此,本章的主要创新之处体现在:第一,从劳动密集度角度分析了产业结构影响贫困减缓的深层次原因;第二,实证分析过程中,构建动态模型,考虑了贫困的跨期相关性。除此之外,我们还将贫困分解为城市贫困和农村贫困,在进行稳健性检验的同时,甄别了产业结构、劳动密集度影响贫困减缓的城乡差异。

3.2 理论分析框架及计量模型设定

3.2.1 理论分析框架

(1)背景假设。经济体中存在两个群体:贫困者和资本拥有者。只有资本拥有者拥有资本,并且资本存在代际转移,贫困者只拥有劳动力。故贫困者收入和消费只取决于真实工资率。虽然该假定为强假定,但有助于在保留现实特征的前提下简化分析过程，且该强假定与现实中贫困者低储蓄率的事实一致。因此劳动力收入提升有助于贫困减缓。

最终产品 Y 是两种中间产品 y_1 和 y_2 的不变替代弹性函数(CES)，表示为：

$$Y = (b_1 y_1{}^{\beta} + b_2 y_2{}^{\beta})^{1/\beta} \tag{3-1}$$

其中 $\beta \leq 1$ ，$b_1, b_2 > 0$ ，并且 $b_1 + b_2 = 1$ 。最终产品 Y 可以作为最终消费品和中间投入品。每种中间投入品按照 Cobb - Douglas 生产函数生产，表示为：

$$y_i = k_i{}^{(1-\alpha_i)} (A_i n_i)^{\alpha_i}, i = 1,2 \tag{3-2}$$

其中，$0 < \alpha_i < 1$ ；k_i 和 n_i 分别代表部门 i 的资本和劳动力；A_i 为技术水平是关于时间的外生变量，$A_i = \exp(g_i t)$ 。两部门差异在于劳动密集程度 α_i 的不同。

假定最终产品和中间投入品产出规模报酬不变，产品市场完全竞争，资本和劳动力自由流动。

(2)要素部门配置。根据完全竞争市场中厂商的最优选择，其一阶条件为：

$$\frac{p_i y_i}{Y} = s_i = b_i \left(\frac{y_i}{Y}\right)^{\varepsilon/(\varepsilon-1)}, i = 1,2 \tag{3-3}$$

其中，最终产品的价格设定为单位价格，$\varepsilon = (1 - \beta)^{-1}$ 代表中间产品的替代弹性。方程(3-3)表明最终产品价值流向各中间部门的份额。由于假设最终产品规模报酬不变，故 $s_1 + s_2 = 1$ 。

完全竞争市场中间品厂商最优选择的一阶条件为：

$$y_i = \frac{\omega n_i}{p_i \alpha_i} = \frac{r k_i}{p_i (1 - \alpha_i)}, i = 1,2 \tag{3-4}$$

静态均衡条件包括方程(3-3)和(3-4)以及市场出清条件 $k_1 + k_2 = k$，$n_1 + n_2 = n$ 。静态均衡条件决定了每个时点上劳动力和资本的部门间配置问题。

(3)劳动力真实回报变化。根据中间品厂商最优选择一阶条件，真实工资变动率可以写成：

$$\hat{\omega} = \hat{p}_1 + \hat{y}_1 - \hat{n}_1 \tag{3-5}$$

其中“^”变量变动率($\hat{x} = dx/x$)。方程(3-5)右边前两项是用最终产品表示的部门1的产值变动(p_1y_1),根据方程(3-1)以及 $\hat{Y} = s_1\hat{y}_1 + s_2\hat{y}_2$,可知,

$$\hat{s}_1 + \hat{Y} = \frac{\varepsilon - 1}{\varepsilon}\hat{y}_1 + \frac{1}{\varepsilon}(s_1\hat{y}_1 + s_2\hat{y}_2) \tag{3-6}$$

方程(3-5)右边最后一项是劳动力的变动率,利用最终产品和中间品的一阶条件以及劳动力市场出清条件 $n = n_1 + n_2$,得:

$$\hat{n}_1 = l_2\frac{\varepsilon - 1}{\varepsilon}(\hat{y}_1 - \hat{y}_2) + \hat{n} \tag{3-7}$$

其中, l_2 是部门2中的劳动力比重, $l_2 = n_2/n$ 。

最后,根据方程(3-6)和(3-7),整理可得真实工资率的增长表达式:

$$\hat{\omega} = \sum_{i=1}^{2} s_i\hat{y}_i + (\frac{\varepsilon - 1}{\varepsilon})\sum_{i=1}^{2}(l_i - s_i)\hat{y}_i \tag{3-8}$$

其中, $\hat{y}_i$ 代表以人均表示的各部门增长率。

方程(3-8)表示真实收入增长率与两个部分有关,第一项为人均GDP的增长,较高人均产出增长会导致工人收入的增加。各部门增长率与其权重 s_i 一起对工资收入水平变动产生影响。第二部分与分配效应有关,分配效应对工资的影响取决于中间品的边际替代弹性 ε 以及部门劳动力密集程度 $(l_i - s_i)$ 。结合方程(3-3)和(3-4), $(l_i - s_i)$ 可以表示为:

$$l_i - s_i = \frac{1}{1 + \left(\frac{\alpha_{-i}}{\alpha_i}\right)\left(\frac{s_i}{s_{-i}}\right)} - \frac{1}{1 + \left(\frac{s_i}{s_{-i}}\right)}, i = 1,2 \tag{3-9}$$

方程(3-9)表明,在劳动力产出比重 α_i 越大的部门,劳动力份额与产值份额之差越大。这意味着,只要中间品替代弹性足够大,一个劳动力密集型部门的产值增加将会给真实工资的提升带来额外效应。

贫困者收入与劳动力收入一致的假定意味着,在保证劳动力供给不变的前提下,贫困能否减缓由真实工资的变动决定。用数学方式可以表示为: $\hat{h} = r_0 + r_1\hat{w}$,这表明贫困减缓与经济增长的劳动力密集程度之间存在线性关系。两者关系可以最终表示为:

$$\hat{h} = r_0 + r_1\left[\sum_{i=1}^{2} s_i \hat{y}_i + \left(\frac{\varepsilon - 1}{\varepsilon}\right)\sum_{i=1}^{2}\frac{\hat{y}_i}{1 + \left(\frac{\alpha_{-i}}{\alpha_i}\right)\left(\frac{s_i}{s_{-i}}\right)} - \frac{\hat{y}_i}{1 + \left(\frac{s_i}{s_{-i}}\right)}\right] \tag{3-10}$$

根据理论模型,我们可以得到三个推论:

推论一,经济增长是贫困减缓的有效来源,贫困者收入的增加取决于总体经济增长率;

推论二,经济增长的部门构成能够影响贫困减缓速度,具体表现为三次产业的贫困减缓弹性不同;

推论三,劳动密集程度也能够影响减贫,经济增长的劳动密集程度越高,则贫困者收入提升越快,贫困减缓效果越好。

3.2.2 计量模型设定

为了验证理论模型给出的三个推论,我们接下来将根据方程(3-10)构造计量模型。首先,不考虑经济增长的产业构成和产业密集程度,主要分析经济增长和贫困减缓的关系,对推论一进行检验,并与同类研究进行比照;其次,总体经济增长分解为三次产业的经济增长,分析不同产业部分对贫困减缓影响的差异,检验推论二;最后,构造基于劳动密集度的经济增长指标,分析劳动密集度与贫困减缓的关系,检验推论三,同时对推论二的实证结论进行比照解释。另外,由于贫困可能存在不可流动性和收敛性,当前的贫困水平可能会依赖于其过去状态。为了防止解释变量遗漏带来的参数估计不一致,我们引入被解释变量的滞后项,从而构造动态模型。最终的计量模型设定为:

$$\hat{h}_{rt} = \alpha_0 + \alpha_1 \hat{h}_{rt-l} + \alpha_2 \hat{y}_{rt} + \alpha_3 \hat{y}\_lab + \sum_{i=1}^{3} \delta_i . s_i \hat{y}_i + \beta_j x_{rjt} + u_{rt} \tag{3-11}$$

其中,下标 r 表示省区,t 表示年份;$\hat{h}$ 是被解释变量,即贫困者收入变动率,在实际分析过程中,我们将贫困分解为城市贫困和农村贫困,其收入变动率分别用 $\hat{h}_{urb}$ 和 $\hat{h}_{rur}$ 表示;$\hat{h}_{rt-l}$ 表示被解释变量的 l 阶滞后项;$\hat{y}$ 表示总体经济增长变动率;$\hat{y}\_lab$ 表示根据劳动力密集程度加权后的经济增长率;s_i

表示三次产业部门占总体经济的比重,如 s_2 表示第二产业在总产出中的份额;$\hat{y}_i$ 表示三次产业部门各自的变动率;x_j 表示其他 j 个控制变量,包括基础设施情况(lninfra)和教育水平(lnexpe);u_{rt} 为综合误差项。

3.3 数据来源及变量说明

3.3.1 数据来源

本章数据主要来自《新中国六十年统计资料汇编》《中国统计年鉴》《中国贫困监测报告》以及各省区相应年份统计年鉴,数据格式为 2000—2010 年西部十二省区面板数据。其中农村贫困和城市贫困数据分别来源于历年《中国贫困监测报告》和各省区统计年鉴;总体产出、分部门产出、产值结构、劳动密集度、基础设施和教育水平分别由《新中国六十年统计资料汇编》和 2010、2011 年《中国统计年鉴》整理计算得到。

3.3.2 变量说明

(1)被解释变量。贫困状况是本章的被解释变量,将西部地区贫困界定为收入贫困,暂时不考虑能力贫困和权利贫困。在测度指标选择上,借鉴 Dollar 和 Kraay(2002)以及张萃(2011)的做法,从贫困人口收入的角度对贫困状况进行测度。其中农村贫困数据来源于《中国农村贫困监测报告》,用“各地区扶贫重点县农村居民纯收入”反映农村贫困。城市贫困数据来源于各省区统计年鉴,用按收入等级分的最低 20% 的城镇居民收入反映城市贫困状况。本章所有货币单位数据均以 2000 年为基期进行了价格调整。

(2)解释变量

经济增长:用总产出变动率表示。根据理论模型的推论一,经济增长能够通过提升贫困者收入水平,对贫困减缓产生正向影响,总体经济增长的参数估计预期为正值。

产业结构:用三次产业产值比重表示,在实际分析过程中,我们将各产业份额与增长率的乘积($s_i\hat{y}_i$)引入计量模型。根据推论二,三次产业的减贫弹性系数应该不同,即在常用显著性水平上应该能够拒绝原假设,$\delta_1 = \delta_2 = \delta_3$。

劳动密集度加权增长率:是各部门经济增长与其产值比重以及劳动力

密集度(l_i/s_i)的加权值,其计算公式为, $\hat{y}\_lab = \left(\sum_{i=1}^{3} \left(\frac{l_{ij}}{s_{ij}} - 1 \right) \cdot s_{ij} \cdot \hat{y}_{ij} \right)$ 。根据理论模型推论三,经济增长的劳动力密集程度越高,则越有利于贫困减缓,因此参数估计预期为正值。

(3)主要控制变量。本章主要选取了基础设施和教育水平两个控制变量,分别用每平方公里的公路里程数和人均教育经费支出表示。涉及货币单位的变量均以 2000 年为基期进行了价格调整。教育对贫困减缓的影响远比理论显示的更为复杂,虽然大多数研究都认为教育能够使贫困者获益,但教育对贫困减缓的影响在不同部门,对不同的教育水平、不同的收入群体存在多样可能。教育水平对贫困减缓效应的参数估计符号需要实证检验。基础设施投资与贫困减缓之间并非简单关联,两者关系还取决于基础设施的类型、新增基础设施的部门。除此之外,基础设施对贫困减缓的作用在短期和中长期有所不同,并受政府管理以及制度的质量影响。该参数估计值符号同样需要通过实证来检验。由于研究时点从 2000 年开始,序列较短,研究对象同为西部地区,故忽略不平等程度的影响。

3.4　计量检验及结果分析

3.4.1　计量方法

由于计量模型设定、数据选择的特殊性,在估计过程中我们面临如下三个问题:第一,动态设定导致被解释变量一阶滞后与综合误差项存在相关性,导致组内估计量不一致。第二,教育和贫困可能存在双向因果关系,导致解释变量与误差项相关,并且,教育支出可能由贫困状况内生决定,因此需要解决联立内生性问题。第三,本章使用的数据为 T = 11,N = 12 的面板数据,数据集的时间跨度相对较小,从而面临小 T 而大 N 的短面板问题。

为了解决以上问题,我们在分析中使用系统广义距(SYS - GMM)方法对动态模型进行估计,并在估计过程中将教育支出作为内生变量。系统广义距能够将差分广义距和水平广义距结合在一起,利用了更多样本信息,可以提高估计的效率。但系统广义距必须满足两个条件:一是需要假定随机扰动项不存在序列相关,在估计中我们分别给出了差分方程的一阶二阶序列相关检验(AR(1)、AR(2)),如果AR(2)检验p值大于常用显著性水平,则无法拒绝随机扰动项不存在序列相关的原假设;二是要求新增工具变量是有效的,我们使用Sargan过度识别检验来验证新增工具变量的有效性,其原假设H0为过度识别约束有效,即新增工具变量有效。

3.4.2 实证结果分析

我们首先对经济增长与贫困减缓的关系进行了实证检验,乡村和城镇样本的计量结果见表3-1第(1)、(4)列所示,结果显示经济增长与西部城乡贫困减缓的回归系数显著为正,验证了推论一的正确性,即经济增长依然是西部贫困减缓的重要动力来源。其次,我们将总体经济增长分解为三次产业增长,对产值结构与贫困减缓的关系进行了实证检验,结果见表3-1第(2)、(5)两列所示。结果显示三次产业对城乡贫困减缓的回归系数不同,我们进一步检验了原假设:$\delta_1 = \delta_2 = \delta_3$,农村样本和城镇样本的p值分别为0.003和0.019,均能够在常用显著性水平上拒绝该原假设,从而对推论二进行了验证。最后,我们分析了经济增长的劳动密集度与贫困减缓的关系,计量结果见表3-1第(3)、(6)两列,劳动密集度的回归系数均为正值,且统计显著,从而验证了推论三的结论。为了进一步表明所使用计量方法的正确性,我们对随机扰动项的序列相关和工具变量的有效性进行了检验,结果显示AR(2)检验和Sargan检验p值均在0.1以上,即残差差分不存在序列相关,模型设定正确,且工具变量有效。接下来,我们将结合理论模型和西部地区实际情况,对表3-1中的实证结果进行详细分析。

第一,经济增长与贫困减缓的关系。根据回归结果,可以看出经济增长对西部地区贫困者收入提升呈正向作用,统计显著,且在农村和城市样本中均保持稳健。该结果与郭熙保、罗知(2008)对中国整体的实证研究保持一致,说明经济增长的确对西部地区贫困减缓起到了积极作用,经济增长依然是西部地区实现贫困减缓的有效动力来源。但经济增长对农村和城市的减贫弹性有所不同,结果显示农村经济增长的减贫弹性为0.373,农村为0.245,经济增长对城市贫困人口的收入提升更为明显。其主要原因在于城乡要素报酬分配的差异，现有理论显示经济增长转化为贫困者收入需要经过要素分配的转化过程，因此经济增长的减贫作用对不同群体而言是异质的。有两方面的优势使得城市地区的贫困者从经济增长中获益更多：一方面，城市地区贫困者参与经济活动的深度和广度更高，劳动力投入得到了更有效率的使用，而农村贫困者则存在隐形失业现象，无法获得平均回报；另一方面，由于主要经济活动聚集在城市，城市地区贫困者从经济增长获利所付出的成本低于农村贫困人口，这些额外成本包括生存成本、迁移成本、就业搜寻等多种成本（江曼琦，翁羽，2010）。

第二，产业结构与贫困减缓的关系。从经济增长的部门结构对贫困减缓的影响来看，三次产业的减贫效应显著不同。以农村样本为例，三次产业的减贫弹性分别为 1.071、0.005 和 0.602。城市样本中三次产业的减贫弹性排序也是第一产业的经济意义和统计意义更为显著，其次为第三产业，第二产业的减贫效果最不显著。因此参数检验结果显示：经济增长的部门结构能够影响贫困减缓，并且三次产业部门的减贫效果各有不同。这与李小云、于乐荣、齐顾波（李小云，于乐荣，齐顾波，2010），张萃（张萃，2011）的实证结果一致。根据理论模型，这主要与三次产业的劳动力密集程度有关，第一产业和第三产业的劳动密集度更高。另外，三次产业对贫困减缓的影响在农村和城市有所不同。第一产业对城市贫困减缓的作用大于农村地区，而在农村地区，服务业的贫困减缓效应要大于城市地区，第二产业在城乡减贫中的作用均不显著。出现该种情况的原因同样与城市和农村地区居民经济活动的参与成本有关。农村贫困者从事第一产业虽然能够产生显著的贫困减缓作用，但由于农产品本身属性和运输距离的原因，需要付出额外交易成本，形成漏损。因此，第一产业对城市贫困减缓的影响更为明显。而农村从事第三产业生产活动的人口多数均以城镇为主要居住地，节约了参与经济活动的成本，并且由于面临的风险和压力更大，农村贫困者的工作强度高于城市贫困者，从而导致第三产业对农村减贫的影响更为明显。因此，对于西部地区而言，发展第一产业以及劳动密集型第三产业是有效的减贫路径，并且着力降低贫困者参与经济活动的成本对提升经济增长的减贫弹性意义重大。

第三,劳动密集度与贫困减缓的关系。以上分析表明,经济增长的部门构成的确能够对贫困减缓产生作用,并且各部门在城市和乡村贫困减缓的作用不同。Seetanah(Seetanah B,Rojid,S,Shalini,R. ,2008)认为存在此种差异的原因在于:三部门构成仅仅是影响贫困减缓的一个外在渠道,为此应找到更为深入的机制和影响渠道。基于理论模型,经济增长的劳动力密集程度是经济增长部门结构影响减贫效果的主要因素。实证结果也表明,经济增长的劳动密集程度 y_lab 对贫困减缓呈正向作用,经济增长的劳动力密集程度越高,则贫困减缓效果越明显,并且该结果在城市和农村地区保持稳健。该稳健结果对推论三予以了证实。这表明,西部地区未来实现可持续减贫的结构性动力来源于内部产业结构的调整和经济发展方式的转变。劳动力吸纳能力更强、对本地贫困群体更为包容的经济增长方式更有利于贫困减缓的实现。因此,对于西部地区而言,如何在经济增长的同时,实现劳动力最大程度利用,规避第一产业的冗余就业,实现劳动力向第二、第三产业的转移是未来完成可持续贫困减缓的重点所在。

第四,其他解释变量与贫困减缓的关系。贫困的一阶滞后项系数为负值,表明过去一年减贫速度快的地区在当期减贫速度将有所减缓,即贫困减缓存在收敛性。同时,这也表明西部地区的贫困减缓难度会越来越大。其主要原因在于,随着贫困深度较低的群体快速脱贫,剩余贫困者存在陷入慢性贫困陷阱的可能。未来西部地区的贫困减缓,应选择盯住慢性贫困人群的策略。人均教育经费支出对贫困减缓有显著正向影响,这表明提升西部贫困人口受教育水平,改善人力资本构成是实现持续减贫的重要途径。但基础设施对贫困减缓的影响无论是经济意义还是统计意义均不显著,主要原因在于西部慢性贫困人口生产要素和资本较为匮乏,基础设施尚未纳入其收入函数,另外一个原因可能与变量选择有关,不同的基础设施对贫困减缓的影响有所不同。这也是本章未来扩展的方向之一。

表 3-1　产业结构、劳动密集度与西部城乡贫困减缓

被解释变量	农村贫困			城市贫困		
解释变量	(1)	(2)	(3)	(4)	(5)	(6)
$\hat{h}_{n-1}$	-0.431*** (0.067)	-0.313 (0. 039)	-0.321** (0.134)	-0.512*** (0.104)	-0.358 (0.169)	-0.471*** (0.110)
y	0.245*** (0.060)			0.373*** (0.133)		
$s1y1$		1.071** (0.431)			1.597 (1.000)	
$s2y2$		0.005 (0.132)			-0.083 (0.231)	
$s3y3$		0.602 (0.418)			0.295 (0.939)	
y_lab		0.019** (0.009)	0.061*** (0.005)			0.060*** (0.011)
ln*infra*	0.009 (0.009)	0.025* (0.015)	0.004 (0.016)	-0.021 (0.036)	-0.034 (0.033)	-0.010 (0.030)
ln*expe*	0.026*** (0.008)	0.027** (0.012)	0.040** (0.013)	0.069*** (0.029)	0.088*** (0.034)	0.058** (0.029)
cons	-0.077 (0.058)	-0.084 (0.107)	-0.148 (0.106)	-0.397* (0.231)	-0.525** (0.267)	-0.270 (0.230)
观测数	120	120	120	120	120	120
AR(1)检验 p 值	0.060	0.149	0.090	0.284	0.247	0.248
AR(2)检验 p 值	0.485	0.567	0.972	0.285	0.697	0.227
Sargan 检验	1.000	1.000	1.000	1.000	1.000	1.000

注：括号内为标准差，*、**、***分别代表 10%、5%和 1%的显著性水平。

3.5　结论与评论

与全国整体相比，西部地区面临的贫困减缓形式更为严峻，尤其是在经济增长减贫效应趋于减弱的背景下，如何实现西部地区可持续贫困减缓是其面临的重要问题，关乎 2020 年全面建设小康社会目标的实现。本章从产业结构、劳动密集度角度对西部地区贫困减缓进行了分析。文章首先构建了产值结构和劳动密集度影响贫困减缓的理论模型,认为西部地区经济增长对贫困减缓具有正向效应,三次产业部门的减贫效果不同,并且经济增长的劳动力密集程度越高则经济增长的贫困减缓效应越显著。利用2000—2010年西部十二省区面板数据对经验假说进行了实证检验,并分城市贫困和农村贫困进行了稳健性检验,文章主要结论有:

第一,西部地区经济增长对贫困减缓具有显著正向作用且保持稳健。但经济增长的贫困减缓效应在农村和城市地区有所不同,经济增长对城市贫困减缓的作用要大于农村地区,主要原因在于城市贫困人口参与经济活动的深度和广度更高,且就业成本相对较低。

第二,西部地区经济增长的部门结构能够对贫困者收入提升产生显著且稳健的影响,三次产业部门的减贫效果各有不同,并且三次产业部门在农村和城市的影响也有所不同。其中,第一产业和第三产业的减贫效果最为显著,第二产业减贫效果最弱。分农村和城市来看,第一产业对农村贫困减缓的作用小于城市地区,但第三产业对农村的减贫作用大于城市地区。劳动力密集程度的差异是三次部门结构减贫效应不同的原因。

第三,西部地区经济增长的劳动力密集程度对贫困减缓具有显著正向影响,减贫弹性在城市和农村均为0.06。另外,西部地区贫困减缓存在收敛性,贫困人口有陷入慢性贫困陷阱的可能。并且结论还显示教育水平提升是西部地区实现可持续减贫的可靠选择,但由于指标选择的问题,基础设施对西部贫困减缓的作用并不明显。

本研究的政策启示为:西部地区实现可持续贫困减缓,提高经济增长的减贫弹性,其关键在于一方面继续保持经济增长的高速稳定增长,另一方面要重视经济发展方式对贫困减缓的作用。劳动力吸纳能力更强、对本地贫困群体更为包容的经济增长方式更有利于贫困减缓的实现。经济发展方式的转变应契合本地资源禀赋,着力促进劳动力从第一产业向其他非农产业的转移,实现第一产业冗余就业的有效利用。此外,着力提升西部贫困人口的受教育水平,并且降低贫困人口尤其是农村贫困人口参与经济活动的成本,减少产出向贫困者收入转化的漏损是实现持续减贫的可靠选择。

本章参考文献

[1]江曼琦,翁羽. 少数民族迁移就业的成本和收益与城市民族工作的开展[J]. 云南社会科学,2010(1):26-29.

[2]李小云,于乐荣,齐顾波. 2000—2008年中国经济增长对贫困减少的作用:一个全国和分区域的实证分析[J]. 中国农村经济,2010(4):4-11.

[3]张萃. 中国经济增长与贫困减少——基于产业构成视角的分析[J]. 数量经济技术经济研究,2011(5):51-62.

[4] Fosu A K. Inequality and the Impact of Growth on Poverty: Comparative Evidence for Sub - Saharan Africa [J]. Journal of Development Studies, 2009,45(5):726-745.

[5] Gaurav Datt and Martin Ravallion. Is India's Economic Growth Leaving the Poor Behind? [J]. Journal of Economic Perspectives, Volume 16:3, Summer 2002: Pages 89-108.

[6] Hasan R, Quibria M G. Industry Matters for Poverty: A Critique of Agricultural Fundamentalism[J]. International Review for Social Sciences, 2004, 57(2):253-264.

[7] Montalvo J G, Ravallion M. The Pattern of Growth and Poverty Reduction in China[J]. Journal of Comparative Economics, 2010(38):2-16.

[8] Ravallion M, Chen H S. China's (uneven) Progress against Poverty [J]. Journal of Development Economics, 2007, 82(1):1-42.

[9] Seetanah B, Rojid, S, Shalini, R. Sectoral Growth and Poverty Reduction: A Dynamic Approach[J]. International Journal of Business Strategy, 2008, 8(3):24-43.

[10] Thorbecke E, Jung H S. A Multiplier Decomposition Method to Analyze Poverty Alleviation [J]. Journal of Development Economics, 1996, 48 (2): 279-300.

第 4 章　教育效能、教育结构与西部地区贫困减缓

单德朋

摘要　构建理论模型，分析教育效能、教育结构与贫困减缓的关系，并利用 2000—2010 年西部地区省际动态面板数据进行实证检验，结果表明：西部地区贫困具有不流动性，存在持续贫困现象；由于教育质量和平均受教育年限的权衡替代，教育支出的减贫效果不显著；教育质量对城市减贫的作用比平均受教育年限更为显著；平均受教育年限对西部农村贫困减缓具有“门槛效应”，且现阶段教育效能对农村减贫的整体作用为负。由于离技术前沿距离较远，中等教育对西部城乡减贫的意义更为显著。

关键词　教育效能；教育结构；贫困减缓；动态面板；西部地区

4.1　问题的提出

中国的贫困在很大程度上是西部地区的贫困，改革开放以来，随着经济快速发展和一系列反贫困政策的实施，西部地区贫困状况得到极大改善。但现有减贫政策主要以救济式扶贫和开发式扶贫为主，未能形成基于能力扶贫的内生减贫机制。为了实现西部地区可持续减贫，教育在能力扶贫中的作用得到了越来越多的关注。从实际效果来看，教育对西部减贫的作用并不乐观，西部地区平均受教育年限和教育支出的减贫弹性均弱后于全国平均水平，2000—2010 年西部地区受教育年限的减贫弹性为 0.26，同期全国

整体水平为 0.66①。为此,在西部地区教育减贫实践中,我们需要重新审视两个问题:第一,教育能否为西部地区贫困减缓提供持续动力;第二,应该如何更具效率地发挥教育在贫困减缓中的作用。本章希望通过对教育与西部贫困减缓的细致分析,为西部地区寻找更具效率的可持续减贫路径,这对于 2020 年全面建设小康社会目标的实现和西部地区自我发展能力的构建具有重要意义。

在一个分配中性的环境中,现有研究主要借鉴教育对增长的作用来分析教育与减贫的关系。理论上看,教育对减贫产生积极影响的渠道体现在三个方面:第一,正式教育体系对贫困人口的人力资本积累是至关重要的制度安排,这能够提升贫困者的产出效率(Mankiw,Romer,Weil;1992),并增强新技术的模仿、吸纳能力(Nelson 和 Phelps,1966;Benhabib 和 Spiegel,1994);第二,教育还存在示范和溢出效应,能够通过吸引并劝说其他家庭成员接受教育,提升周围人的生产效率和收入(Awan 和 Malik,2011);第三,教育还能够影响贫困者的观念,转变其文化和价值体系,实现更为广泛意义上的贫困减缓(Hayami,2005)。很多学者证实了教育对贫困减缓的正向作用,如 Tilak(2005)、Mughal(2007)以及 Gounder 和 Xing(2012)等。部分国内学者也实证确认了教育与中国贫困减缓的正向关系,如刘修岩、章元(2007),蒋选、韩林芝(2009),杨俊、黄潇(2010)等。但也有研究表明教育与减贫的关系并非简单正向关联,而是存在"Krueger - Lindahl 不相关难题"的可能,即教育无益于减贫,甚至对减贫产生负向影响。Senia(2006)和 Bonal(2007)分别在南非和拉丁美洲验证了教育与减贫的负向相关关系。

之所以出现教育与减贫的多样可能,除了研究方法和指标选择的差异之外,两者的关系还受以下两个深层次问题的影响:第一,在教育支出有限的背景下,教育效能存在平均受教育年限增加和教育质量提升的权衡替代,

① 受教育年限的减贫弹性根据 2000—2010 年西部以及全国平均受教育年限和贫困人口收入数据计算得到,计算公式为:贫困人口收入变动率与平均受教育年限变动率的比值,该指标能够粗略反映教育的减贫效果。

这可能导致教育支出对贫困减缓产生不同影响。第二,教育结构[①]也能够对教育的减贫作用产生影响,根据某地区(人群)离技术前沿的距离不同,教育体系中的不同阶段将会对该地区(人群)的收入提升产生不同影响。现有文献虽然对教育与减贫的关系进行了广泛研究,但对于以上两个问题没有很好地进行系统分析。现有研究的不足主要体现在:一是局限于考察教育支出或教育结构某一方面与贫困减缓的关系,鲜有文献能够将教育支出、教育质量、平均受教育年限、教育结构纳入统一分析框架进行理论和实证研究;二是在实证研究时没有考虑贫困的不流动性,但在经验观察中,初始贫困状态能够对当期贫困产生影响,并且这种不流动性具有稳定性(杜凤莲 孙婧芳,2011),如果不考虑贫困的不流动性,会导致实证结果的遗漏变量偏误和内生性偏误;三是缺乏教育对同一地区城市贫困和农村贫困减缓影响的比较分析,两者的比照有助于识别更具效率的制度设计。

为此,本章构建了教育与贫困减缓的理论分析框架,借鉴 Behrman 和 Birdsall(1983)以及张海峰等(2010)的思路,引入教育效能概念。教育效能是教育改善的可量化表现,可以分解为平均受教育年限增加和教育质量提升,并利用技术前沿模型,将不同教育层次对贫困减缓的作用加以区别。为了控制贫困不流动性对当期贫困的影响,本章引入被解释变量的滞后项作为解释变量,构建动态模型,用系统广义距(SYS - GMM)方法控制参数估计偏误。为了体现教育减贫作用在城乡的不同,本章将贫困分解为城市贫困和农村贫困。相较于同类研究,本章可能的创新在于:第一,构建了逻辑一致的理论模型,将教育效能、教育结构与贫困减缓的关系进行了理论分析;第二,构建动态模型,将贫困不流动性纳入考量,控制遗漏变量和变量内生性问题。这两点是本章与现有研究的最大不同。

文章接下来的研究思路为:第二部分是理论分析框架及计量模型设定;第三部分是数据来源及变量说明;第四部分是计量检验及结果分析;第五部分是结论性述评和政策建议。

---

① 本章界定的教育结构主要是指教育层次结构,将教育分解为指基础教育、中等教育和高等教育三种教育层次。

4.2 理论分析框架及计量模型设定

4.2.1 理论框架分析

假定经济体中存在两个群体:贫困者和资本拥有者。只有资本拥有者拥有资本并且资本存在代际转移。贫困者只拥有劳动力,贫困减缓的唯一路径来源于贫困者真实收入提升(Loayza,2010),人力资本提升仅来源于教育效能提升,不涉及物质资本。教育效能通过平均受教育年限(s)增加和教育质量(q)提升获得,可以表示为:

$$h(t) = h(q,t)^{\varphi}e^{f(s)} \tag{4.1}$$

变量 q 代表教育质量,参数 $\varphi \geq 0$ 表示教育质量对教育存量的影响强度,当 $\varphi > 0$ 时,教育效能随着教育质量增加而增加。指数部分表示平均受教育年限(s)在教育效能提升中的作用。教育除了能够影响人力资本之外,还能够影响技术水平(A):一方面,教育效能能够加速技术吸纳(Benhabib,Spiegel,1994);另一方面,教育效能也是技术使用的必要条件(Berman,1998)。因此,教育通过两个渠道影响贫困者收入:一是教育效能提升人力资本,从而增加工资;二是教育影响技术进步和人力资本的边际产出,从而,根据要素价格等于边际产出的一阶条件,对贫困者工资产生影响。因此,教育效能以及教育质量、平均受教育年限与贫困者收入提升的关系可以分别表达为:

$$g_i(w) = -\eta\ln\frac{A_i(t)}{\bar{A}} + \beta\ln h_i(t) + \varepsilon_i(t) \tag{4.2}$$

其中, $\bar{A}$ 表示外生增长的“技术前沿”, η 表示距离技术前沿的远近对技术增长率的作用。下面我们借鉴前沿距离模型(Vandenbussche,等,2006)引入教育结构对贫困人口收入增长率的影响。其原理为:技术增长率的变动通过模仿已有前沿技术和新技术创新获得。其中,技术模仿需要基础教育和中等教育的支撑,而新技术创新则依赖高等教育的效能提升。技术生产率的变动遵循:

$$A_{it} - A_{t-1} = f(u)\bar{A}_{t-1} + g(c)A_{t-1} \quad (4.3)$$

其中,u 代表基础教育和中等教育效能提升,c 代表高等教育效能提升,根据厂商均衡条件,技术变动率 $\ln\frac{A_i(t)}{\bar{A}}$ 可以简单表示为:

$$g = \frac{A_{it} - A_{t-1}}{A_{t-1}} = f(u)\frac{1}{a_{t-1}} + g(s) \quad (4.4)$$

其中,a_{t-1} 代表外生的技术进步率。将方程(4.4)代入方程(4.2),可得教育结构与贫困减缓的关系:

$$g_i(w) = -\eta\left[f(u)\frac{1}{a_{t-1}} + g(s)\right] + \beta\ln h_i(t) + \varepsilon_i(t) \quad (4.5)$$

根据以上理论分析,我们可以得到如下两个推论:

推论一,平均受教育年限增加和教育质量提升是教育改善的两个有效来源。教育效能不仅能够通过对人力资本存量的影响直接影响贫困人口收入,还能够通过对新技术创新以及现有技术模仿能力的影响间接对贫困减缓产生影响。

推论二,高等教育能够影响新技术的创造能力,而中等教育和基础教育则影响现有技术的模仿能力。因此,教育结构能够影响教育的减贫作用。由于西部地区离技术前沿较远,技术进步以现有前沿技术的模仿为主。现阶段中等教育和基础教育对西部地区贫困减缓的影响大于高等教育。

接下来,我们将构建计量模型,对上述理论模型和推论进行实证检验。

4.2.2 计量模型的设定

由于贫困存在不流动性,为了防止计量模型出现设定偏误,我们借鉴 Arellano 和 Bond(1991)的方法,引入被解释变量的滞后项,构建动态自回归模型,根据方程(4.2)可以将教育效能与贫困减缓的计量模型设定为:

$$\ln pov_{rt} = \alpha_0 + \alpha_1\ln h_{rt} + \alpha_2\ln pov_{rt-1} + \beta_i x_{rit} + u_{rt} \quad (4.6)$$

其中,下标 r 和 t 分别代表省份(自治区)和年份;$\ln pov$ 为贫困者收入的自然对数值,城市贫困和农村贫困分别用 $\ln pov\_urb$ 和 $\ln pov\_rur$ 表示;$\ln pov_{r,t-1}$ 为被解释变量的一阶滞后项;h 是教育效能状况;x_{ri} 表示其他控制变量,包括各地区的经济发展水平($\ln gdp\_per$)和基础设施($\ln infra$);u_{rt}

为综合误差项。在这一计量模型中,使用人均教育经费支出(ln*expe*)作为教育效能的代理变量。

根据方程(4.1),可以进一步将教育效能分解为教育质量和平均受教育年限,本章采用含有交互项的二次项对两者关系进行拟合,以识别平均受教育年限可能的边际递减规律和交互效应,从而将教育质量、平均受教育年限与贫困减缓的动态模型设定为:

$$\ln pov_{rt} = \theta_0 + \theta_1 S_{rt} + \theta_2 Q_{rt} + \theta_3 SQ_{rt} + \theta_4 S_{rt}{}^2 + \theta_5 \ln pov_{r,t-1} + \beta_i x_{rit} + u_{rt} \tag{4.7}$$

方程(4.6)和(4.7)为本章的基本回归模型。利用方程(4.6)以人均教育经费支出对数值(lnexpe)作为教育效能的代理变量,直接分析教育效能与贫困减缓的关系,对推论一进行检验;利用方程(4.7)对教育质量和平均受教育年限与贫困减缓的关系进行分析,并分析不同教育结构减贫效果的差异,验证推论二。

4.3　数据来源及变量说明

4.3.1　数据来源

本章使用数据格式为 2000—2010 年西部十二省区面板数据。其中,农村贫困数据来源于《中国贫困监测报告》中贫困县农民人均纯收入;城市贫困数据来源于各省区统计年鉴中按收入等级分最低的 20% 城镇人口的人均可支配收入;平均受教育年限来源于《中国统计年鉴》和《中国劳动统计年鉴》;教育质量、人均地区生产总值、基础设施和价格指数来源于《新中国六十年统计资料汇编》和 2010、2011 年各省区统计年鉴。

4.3.2　变量说明

(1)被解释变量。本章将西部地区贫困界定为收入贫困,暂时不考虑能力贫困和权利贫困。在测度指标选择上,借鉴 Kraay(2006)、郭熙保和罗知(2008)以及张萃(2011)等的做法,从收入角度对贫困状况进行测度。本章所有货币数据均以 2000 年为基期进行了价格调整。

(2)主要解释变量。

人均教育经费支出:教育经费是教育效能提升的重要来源,根据推论一,我们预期各省区教育支出的提升能够改善教育效能,从而实现贫困减缓。但由于教育质量和平均受教育年限的权衡替代,以及两者减贫作用的不同,教育支出与贫困减缓存在负向相关的可能。

平均受教育年限:参照 Krueger 和 Lindahl(2001)的做法,平均受教育年限的计算公式为,不识字人口比重 ×0 + 小学劳动力比重 ×6 + 初中劳动力比重 ×9 + 高中劳动力比重 ×12 + 中专劳动力人口比重 ×12 + 大专劳动力人口比重 ×15 + 本科劳动力人口比重 ×16 + 研究生劳动力人口比重 ×19。

教育质量:本章以中学师生比作为衡量教育质量的指标①,在确定了教育质量的测度指标之后,由于当期的教育质量会对教育效能产生滞后影响,因此,还存在教育质量和平均受教育年限相匹配的问题。本章选择当期之前 16 ~21 年师生比的算数平均值作为教育质量②。

教育结构:根据教育结构不同,本章将教育结构分为基础教育、中等教育和高等教育。在研究教育结构与贫困减缓的关系时,主要分析不同教育程度的教育效能与贫困减缓的关系。

(3)控制变量。本章主要选取了经济发展水平和基础设施两个控制变量,分别用真实人均地区生产总值和每平方公里的公路里程数表示。表 4 - 1 中给出了上述变量的简单统计描述,所有变量的样本数量为 132。

---

① 选择师生比作为教育质量测度指标的原因为:第一,师生比率能够反映其他教育投入的差别,比如班级规模、软硬件设施等。根据张海峰、姚先国和张俊森(2010)的计算,班级规模、生均计算机拥有量等教育投入指标与师生比的相关系数在 0.6 以上;第二,我国没有统一的可比教育产出数据,各省区中考和高考存在独立命题现象,成绩不具可比性;第三,根据 Barro(1991)的研究,中学师生比能够解释绝大部分教育质量变异。基于以上原因,本章最终选择中学师生比作为教育质量的测度指标。

② 根据就业统计资料,劳动力的平均年龄约为 35 岁,中学生的平均年龄在 16 岁左右,平均滞后期数为 19。为规避单一年份的测量误差,选择五年算数平均值,故选择当期之前 16 ~21 年作为影响当期教育数量的教育质量因素。

表 4－1　主要解释变量描述性统计量(N＝132)

变量	平均值	标准差	最小值	最大值
城市贫困	3674.20	1186.83	2039.07	7402.01
农村贫困	1669.11	462.73	1016.60	2939.68
城市贫困对数值	8.16	0.30	7.62	8.91
农村贫困对数值	7.38	0.27	6.92	7.99
人均教育经费支出	485.64	269.54	115.44	1655.52
人均教育经费支出对数值	6.05	0.52	4.75	7.41
平均受教育年限	7.32	1.34	2.99	9.26
教育质量	6.07	1.02	4.86	10.30
人均地区生产总值	10338.39	5741.49	2759.00	37000.29
人均地区生产总值对数值	9.11	0.50	7.92	10.52
基础设施	0.30	0.29	0.02	1.42
基础设施对数值	－1.66	1.03	－3.98	0.35
交互项	44.14	9.97	19.62	74.26
平均受教育年限平方	55.44	17.46	8.92	85.71

资料来源：作者根据原始数据计算。

4.4　计量检验及结果分析

4.4.1　计量方法

由于计量模型设定、数据选择的特殊性，在估计过程中我们面临三个问题：第一，动态设定导致被解释变量一阶滞后与综合误差项存在相关性，导致组内估计量不一致；第二，教育和贫困可能存在双向因果关系，导致解释变量与误差项相关，因此需要解决联立内生性问题；第三，本章使用的数据为 T＝11，N＝12 的面板数据，数据集的时间跨度相对较小，从而面临小 T 而大 N 的短面板问题。

为了解决以上问题，我们在分析中使用由 Blundell 和 Bond(1998)发展而来的系统广义距(SYS－GMM)方法对动态模型进行估计。系统广义距能够将差分广义距和水平广义距结合在一起，利用了更多样本信息，可以提高估计的效率。但系统广义距必须满足两个条件：一是需要假定随机扰动项不存在序列相关,在估计中我们分别给出了差分方程的一阶二阶序列相关检验(AR(1)、AR(2)),如果AR(2)检验p值大于常用显著性水平,则无法拒绝随机扰动项不存在序列相关的原假设;二是要求新增工具变量有效,我们使用Sargan过度识别检验来验证新增工具变量的有效性,其原假设H0为过度识别约束有效,即新增工具变量有效。

4.4.2 实证分析

(1)城市和农村贫困与人均教育经费的关系。由于人均教育经费支出可以看作严格外生变量,为规避引入过多工具变量导致估计效率损失,采用一步广义距(one - step GMM)也就是2SLS对差分方程进行估计,结果见表4 -2和表4 -3的模型一。结果显示贫困一阶滞后项的回归系数显著为正,表明西部地区贫困存在不流动性。人均教育经费支出回归系数为正,但统计不显著。

(2)城市贫困与教育质量、平均受教育年限的关系。首先,把方程(4 -7)中的所有变量均纳入分析,结果见表4 -2模型二;其次,为了增强结果的稳健性,剔除其中的不显著变量(基础设施情况),见表4 -2模型三;最后,由于平均受教育年限的二次项经济意义和统计意义都不显著,进一步剔除了该二次项,结果见表4 -2模型四。我们依次对系统广义距要求的几个前提条件进行了检验。AR(2)检验结果p值最低为0.589,这意味着不能拒绝随机扰动项不存在序列相关的原假设;Sargan检验p值均大于0.1,表明工具变量有效。

(3)农村贫困与教育效能的关系。同样先把方程(4 -7)中的所有变量纳入,结果见表4 -3模型二。这一步的二阶序列相关AR(2)检验p值为0.039,违背了系统广义距方法的前提条件,使得我们反思一阶滞后动态模型设定的正确性,为此引入被解释变量的二阶滞后,估计结果见表4 -3模型三。引入二阶滞后被解释变量后,AR(2)检验和Sargan检验p值分别为0.733和0.998,可以接受扰动项无自相关以及所有工具变量都有效的原假设。接下来我们剔除了经济意义和统计意义均不显著的基础设施变量和交互项,估计结果见表4 -3模型四。为了分析模型设定中更高阶滞后的可能,我们继续在城市样本中引入了二阶滞后，在农村样本中引入了三阶滞后，结果分别见表4－2和表4－3模型五。结果表明城市地区被解释变量的二阶滞后和农村的三阶滞后均不显著。并且引入更高阶滞后没有使得各参数估计值的符号和回归系数发生较大变化，故表4－2和表4－3模型四为合意结果。

（4）教育结构与城乡贫困减缓的关系。基于表4－2和表4－3模型四所代表的模型，将各种受教育程度（包括基础教育、中等教育和高等教育）的平均受教育年限和教育质量与城乡贫困减缓的关系进行了估计，结果见表4－4所示。AR(2)检验和Sargan检验p值显示满足SYS－GMM前提条件，结果有效体现了教育结构与城乡贫困减缓的关系。

表4－2　教育效能与城市贫困变动的回归结果

被解释变量	城市贫困人口人均可支配收入				
解释变量	模型一	模型二	模型三	模型四	模型五
贫困一阶滞后	0.275*** (0.098)	0.079 (0.139)	0.252* (0.151)	0.281*** (0.104)	0.256 (0.169)
贫困二阶滞后					0.064 (0.177)
教育支出	0.070 (0.063)				
平均受教育水平		-0.084 (0.217)	0.148 (0.205)	0.233** (0.100)	0.279*** (0.107)
教育质量		0.219 (0.150)	0.242* (0.136)	0.255** (0.115)	0.308*** (0.115)
交互项		-0.026 (0.019)	-0.030* (0.017)	-0.033** (0.015)	-0.040*** (0.015)
平均受教育水平平方项		0.019** (0.009)	0.004 (0.008)		
经济发展情况	0.246*** (0.076)	0.415*** (0.116)	0.388*** (0.087)	0.385*** (0.056)	0.355** (0.146)
基础设施情况	0.099*** (0.030)	0.067 (0.066)			

续表

被解释变量	城市贫困人口人均可支配收入				
解释变量	模型一	模型二	模型三	模型四	模型五
常数项	3.266*** (0.596)	3.239*** (1.414)	1.119 (1.447)	0.598 (0.771)	0.182 (1.744)
观测数	120	120	120	120	108
联合显著 Wald 检验	0.000	0.000	0.000	0.000	0.000
AR(1)检验 p 值	0.052	0.337	0.267	0.231	0.338
AR(2)检验 p 值	0.673	0.996	0.682	0.589	0.803
Sargan 检验	0.662	1.000	1.000	1.000	1.000

注:方括号内报告值为标准差;*、**、***分别表示在10%、5%、1%显著性水平上统计显著,下同。

资料来源:作者计算。

表4-3 教育效能与农村贫困变动的回归结果

被解释变量	农村贫困人口人均可支配收入(lnpov_rur)				
解释变量	模型一	模型二	模型三	模型四	模型五
贫困一阶滞后	0.672*** (0.076)	0.029 (0.427)	0.467*** (0.157)	0.531*** (0.088)	0.120 (0.209)
贫困二阶滞后			0.191 (0.161)	0.264** (0.121)	0.212 (0.328)
贫困三阶滞后					0.125 (0.343)
教育支出	0.010 (0.039)				
平均受教育水平		-0.001 (0.143)	0.081 (0.127)	0.136** (0.067)	0.124 (0.140)
教育质量		0.155 (0.181)	-0.009 (0.055)	-0.025* (0.015)	-0.028* (0.015)
交互项		-0.008 (0.018)	-0.000 (0.009)		
平均受教育 水平平方项		0.003 (0.009)	-0.007 (0.005)	-0.011** (0.005)	-0.010 (0.010)

续表

被解释变量	农村贫困人口人均可支配收入(lnpov_rur)				
解释变量	模型一	模型二	模型三	模型四	模型五
经济发展情况	0.203*** (0.052)	0.473*** (0.149)	0.271** (0.129)	0.212** (0.096)	0.434*** (0.123)
基础设施情况	0.015 (0.018)	0.030 (0.022)			
常数项	0.576*** (0.345)	2.178 (1.590)	-0.034 (1.181)	-0.585 (0.623)	-0.067 (0.933)
观测数	120	120	108	108	96
联合显著 Wald 检验	0.000	0.000	0.000	0.000	0.000
AR(1)检验 p 值	0.030	0.064	0.006	0.005	0.227
AR(2)检验 p 值	0.200	0.039	0.733	0.401	0.860
Sargan 检验	0.270	1.000	0.998	0.998	1.000

资料来源：作者计算。

表 4-4　各教育层次教育效能与城乡贫困变动的回归结果

被解释变量	城市贫困(lnpov_urb)			农村贫困(lnpov_rur)		
解释变量	基础教育	中学教育	高等教育	基础教育	中学教育	高等教育
贫困一阶滞后	0.239*** (0.087)	0.189 (0.128)	0.210 (0.139)	0.698*** (0.188)	0.603*** (0.139)	0.333*** (0.122)
贫困二阶滞后				0.064 (0.195)	0.206* (0.107)	0.178 (0.129)
平均受教育水平	-0.169 (0.363)	0.136 (0.120)	-0.210 (0.142)	-0.048 (0.193)	0.735** (0.312)	-0.136 (0.154)
教育质量	-0.003 (0.266)	0.125 (0.105)	-0.010** (0.005)	-0.023** (0.010)	-0.059*** (0.016)	-0.005* (0.003)
交互项	0.029 (0.069)	-0.022 (0.020)	0.008 (0.006)			
平均受教育水平平方项				0.031 (0.043)	-0.085** (0.035)	0.048 (0.066)
经济发展情况	0.432*** (0.066)	0.424*** (0.055)	0.460*** (0.068)	0.190*** (0.068)	0.224*** (0.063)	0.325*** (0.074)

续表

被解释变量	城市贫困(lnpov_urb)			农村贫困(lnpov_rur)		
解释变量	基础教育	中学教育	高等教育	基础教育	中学教育	高等教育
常数项	2.401*** (0.920)	1.977** (0.811)	2.545*** (0.727)	0.153 (0.345)	-1.656** (0.684)	0.887*** (0.328)
观测数	120	120	120	108	108	108
联合显著 Wald 检验	0.000	0.000	0.000	0.000	0.000	0.000
AR(1)检验 p 值	0.228	0.300	0.244	0.006	0.086	0.032
AR(2)检验 p 值	0.770	0.724	0.945	0.983	0.242	0.986
Sargan 检验	0.999	1.000	0.999	0.999	1.000	0.999

资料来源:作者计算。

4.4.3 实证结果说明

(1)人均教育经费与贫困减缓关系的分析。表4-2和表4-3模型一显示了回归分析结果,结果显示:

结论1,西部城乡均存在持续贫困。贫困的一阶滞后均为正值,城市和农村的参数估计值分别为0.275和0.672,且在1%显著性水平上统计显著。这表明西部地区贫困存在不流动性,意味着西部地区尤其是西部农村地区存在持续贫困(慢性贫困)现象,西部地区的减贫实践应该尤为关注这一群体,采取盯住持续贫困群体的减贫策略。

结论2,教育经费减贫效应的经济意义和统计意义均不显著。人均教育经费支出在城市和农村均体现出正向减贫作用,这与推论一的结论一致,但经济效应并不明显,且统计不显著。这表明西部地区教育经费支出并没有按照理想的路径实现贫困减缓。可能的原因是,教育支出的使用存在教育质量和平均受教育年限的权衡替代问题。如果教育支出未能在平均受教育年限和教育质量之间实现优化配置,那么出现教育支出与贫困减缓关系不大的情况是可以理解的。同时,这也为我们进一步展开对教育质量、平均受教育年限与贫困减缓关系的分析提供了动力。

(2)教育质量、平均受教育年限与贫困减缓关系的分析。

结论3,在平均水平上,平均受教育年限和教育质量对西部城市减贫都具正向影响,但现阶段关注教育质量是城市减贫的更优选择。平均受教育年限和教育质量的交互项显著为负，表明两者的确存在权衡替代，教育质量和平均受教育年限的减贫效应取决于另一个解释变量。从教育质量的减贫效应来看，教育质量提升的减贫效应取决于平均受教育年限，教育质量起正向作用的平均受教育年限临界值为 0.255/0.033 = 7.73 年。如果该地区平均受教育年限超过 7.73 年，教育质量提升将对城市减贫起负向作用。西部地区平均受教育年限均值为 7.32 年，因此，在平均平均受教育年限水平上，教育质量提升对西部城市减贫具有积极作用，教育质量对贫困者收入提升的影响是 0.013，表明教育质量每提高 10 个百分点，贫困者个人收入比贫困者平均收入高出 0.13 个标准差。从平均受教育年限的减贫效应来看，如果教育质量取平均值（6.07），平均受教育年限对贫困减缓的影响为 0.233 − 0.033 × 6.07 = 0.033，意味着平均受教育年限每提升一年，贫困者个人收入比平均情况超出 0.033 个百分点，此时平均受教育年限增加对贫困减缓呈正向作用，但如果教育质量提升一个标准差（1.02）达到 7.09，平均受教育年限增加将对贫困减缓呈负向作用，平均受教育年限开始产生负效应的临界教育质量为 0.233/0.033 = 7.061。通过这一简单计算可以看出，对于教育质量超过临界值 7.061 的地区而言，继续谋求平均受教育年限增加反而可能出现负面作用。从 2010 年的数据来看，西部教育质量平均值超过 7.061 的地区有内蒙古、西藏、陕西、青海和新疆。并且在适龄就学人口持续下降的情况下，其他地区也会突破教育质量临界值。因此，西部地区城市教育发展应该尤为重视教育质量的提升，而非继续追求平均受教育年限的增加。这也为上文中发现的人均教育经费支出对贫困减缓影响不显著的结论提供了合理解释。从平均水平来看，教育质量和平均受教育年限均能够对西部城市减贫起到正向作用，这有效验证了推论一的结论。但是，教育质量提升和平均受教育年限增加的减贫效应并不相同，并且考虑到质量提升和平均受教育年限增加的成本差异，现阶段注重教育质量提升是城市减贫的更优选择。

结论 4，平均受教育年限对西部农村减贫的影响存在门槛效应，教育质量的减贫效应显著为负。农村贫困减缓对平均受教育年限的弹性为 $0.136 - 2 \times 0.011S$。这表明平均受教育年限对农村地区贫困人口收入的影响存在门槛效应，这主要与西部产业结构和农村地区贫困人口的就业结构有关。西部地区第一产业产值比重高于全国平均水平,并且农村地区贫困人口的就业结构以农林牧渔水利业等初等技能就业为主,就业人员具备初等教育文化程度即可满足劳动力需求。在这种就业结构下,一个适宜的中低水平受教育程度将产生最大的减贫效用。在西部现有的产值结构和农村贫困人口就业结构下,如果不寻求产值、就业结构的调整,单纯谋求农村贫困者受教育水平提升,反而会增加贫困人口额外负担,形成教育致贫陷阱(叶初升,等,2012)。存在门槛效应的另一个原因与教育回报非线性特征有关,即平均受教育年限与教育回报并非简单线性相关,平均受教育年限超过门槛值时,教育的真实回报可能下降。以农村贫困大学生为例,由于农村贫困人口在社会资本、工作成本方面具有先天劣势,并且随着高学历劳动力供给的持续增加,与中低教育劳动力相比,新入职大学毕业生的真实工资和教育投资净收益在短期优势并不明显。从分析结果来看,该门槛值为 $0.136/(2\times0.011)=6.18$,超过该门槛值平均受教育年限对减贫产生负向影响,且大多数地区已经超过该门槛值。教育质量提升的回归系数为 -0.025,且统计显著。因此,平均受教育年限、教育质量对西部农村贫困减缓起负向影响的可能性较大,该结论与陈全功、程蹊(2006)的调研结论,以及 Senia(2006)和 Bonal(2007)的实证结论相一致。可能的原因有:①教育资源在城乡之间以及在不同收入群体之间的不平等配置,2001 年正式开始的农村中小学"撤点并校",导致边远贫困地区学生就学半径扩大,在学校寄宿条件尚未完善之前,极大增加了贫困农村地区学生的就学成本和就学风险(陈前恒,等,2011),从而制约了农村贫困家庭的教育获得;②虽然用师生比代表了教育质量,但即便在同等的师生比情况下,也存在教育质量的异质性,农村贫困地区义务教育存在只注重九年义务教育的年限,而不注重教学软硬件设施和教学质量的现象,教育质量内涵的低下制约了教育在农村贫困减缓中的作用;③西部地区重工业化的产业结构,导致了低技能劳动力市场未达到出清状态,低技能劳动力劳动报酬未能体现人力资本差异和受教育程度差异,从而扭曲了教育和贫困减缓的关系。通过对农村地区教育与减贫关系的分析可以看出,平均受教育年限和教育质量对农村减贫起负向影响的可能较大,这与推论一的结论不符。但这主要与教育质量异质性,以及劳动力市场扭曲导致的教育回报非线性有关。对这两项因素予以修正后，预期将呈现理论模型所示的关系。

结论 5，经济增长对西部减贫具有正向影响，但基础设施的减贫效果不显著。从其他控制变量与贫困减缓的关系来看，地区经济发展水平在城市和农村贫困减缓中作用均显著为正，其参数估计值在0.2～0.5。这表明经济增长依然是西部地区贫困减缓的主要动力来源之一。结论支持稳健增长是有效减贫路径的说法。基础设施的经济意义和统计意义均不显著，主要原因在于西部持续贫困人口生产要素和资本较为匮乏，基础设施尚未纳入其收入函数，另外一个原因可能与变量选择有关，根据Fan(2004)的研究发现，低等级公路对贫困减缓的作用远超过高等级公路。这也是本章未来扩展的方向之一。

(3)教育结构与贫困减缓关系的分析。

结论 6，中等教育，尤其是中等教育的质量提升对西部城市减贫更为有效。从城市贫困减缓来看，中等教育的平均受教育年限和教育质量对贫困减缓起正向作用，而基础教育和高等教育的回归系数为负。虽然各教育程度教育质量与平均受教育年限的参数估计值统计不显著，但中等教育相对更为显著。单就城市贫困减缓效应而言，在教育支出中加大对中等教育的倾斜是更为有效的选择。在教育质量和平均受教育年限两者的配置问题上，与上文分析一致，未来应该更为强调中等教育质量提升。

结论 7，中等教育平均受教育年限对西部农村减贫的正向影响最为显著。从农村贫困减缓来看，各教育程度的教育质量与贫困减缓的关系均为负值，但经济意义不明显。这对上文教育质量与农村贫困减缓弱效应的结论进行了进一步佐证。从各教育结构情况来看，中等教育平均受教育年限对贫困减缓具有显著正效应，其他教育程度平均受教育年限的贫困减缓效应为负，其统计不显著。因此，对于农村贫困而言，采取措施持续增加农村中等教育平均受教育年限，是更为有利的贫困减缓选择。当然，如果考虑到平均受教育年限二次项为负，现阶段平均受教育年限提升对农村贫困减缓的整体效应也为负值。因此，要尽可能提升教育在农村贫困中的减贫效率，需要从两个方面着手：一方面，着力谋求城乡教育公平和教育质量内涵式提升;另一方面,在教育投入上,更为注重向农村中等教育平均受教育年限倾斜,发挥中等教育平均受教育年限增加在农村贫困减缓中的作用。

以上对教育结构的分析表明,教育结构的确能够影响教育的减贫效果,无论是城市还是农村,中等教育的减贫效果更为明显。这有效验证了理论模型的推论二,但随着西部地区与技术前沿距离的动态变化,预期中等教育的减贫效果将不具稳健性。随着技术进步,需要对教育结构的侧重点进行动态调整。

4.5 结论性评述与政策建议

本章构建了教育效能、教育结构与贫困减缓的理论模型,理论模型显示:教育质量提升和平均受教育年限增加是教育效能改善的主要来源,教育效能改善将有效实现减贫,并且教育结构也将影响教育的减贫效果。我们利用动态面板对西部地区教育与城乡贫困减缓的关系进行了实证检验,整体来看,结果验证了理论模型的两个推论。但由于教育质量的异质性和平均受教育年限回报的非线性,教育效能对农村减贫的效果并不显著。具体结论为:①西部地区贫困存在不流动性,表明西部地区存在持续贫困现象;②由于平均受教育年限和教育质量存在权衡替代,西部地区教育支出的减贫效果并不显著,未来应谋求两者的更有效配置;③从教育质量和平均受教育年限对贫困减缓的影响来看,教育质量提升对于城市贫困减缓具有显著影响,随着教育质量的趋势性提升,继续谋求平均受教育年限增加反而可能出现负面作用,平均受教育年限对农村贫困减缓的影响存在一个“门槛值”,如果超过该“门槛值”平均受教育年限增加将会对贫困人口收入产生负向影响,教育效能对农村贫困减缓弱效应的可能原因与农村贫困人口的教育可得性、教育质量和西部地区产业结构导致的低技能劳动力市场扭曲有关;④从不同教育结构的减贫效应来看,中等教育对于城乡贫困减缓的作用更大,具体表现为教育质量提升和平均受教育年限增加均对城市减贫起重要作用,中等教育平均受教育年限增加对农村减贫作用更大,主要原因在于,现阶段西部地区离技术前沿较远,生产率提升主要依赖技术模仿,但随着西部技术水平的持续提升,也不能忽略高等教育在贫困减缓中的作用;⑤对其他控制变量的分析还表明,持续快速的经济增长依然是西部地区减贫的重要渠道,但基础设施对减贫的作用不显著。

本章结论的政策内涵体现在:第一,现阶段西部地区城市贫困减缓,应该重点关注教育质量的提升,而非平均受教育年限增加,着力提升师生比率、学校软硬件环境等与教育质量有关的因素,而非一味扩展教育规模;第二,应进一步改善西部地区农村贫困人口的教育可得性,修正教育质量异质性,反思既往"撤点并校""教育规模化"等追求教育效益的政策,着力改善教育公平和西部农村地区教育质量;第三,反思"大项目带动"、过度工业化等产业发展政策,切实提升西部产业结构对当地低技能劳动力的包容度,寻求劳动力市场对教育的真实回报向市场出清状态收敛;第四,不同教育构成对城乡贫困减缓的影响程度不同,在教育质量提升和平均受教育年限增加存在权衡替代关系时,教育支出应尤为关注城市地区中等教育质量提升和农村地区中等教育平均受教育年限增加在贫困减缓中的作用;第五,由于城乡贫困均表现出显著的贫困不流动性,这表明西部地区存在持续贫困现象。因此,在下一步的减贫实践中,减贫政策应选择盯住持续贫困人群,重点关注持续贫困群体的脱贫问题,而非将贫困线周围人群突击脱贫。

本章参考文献

[1]叶初升,刘业飞.高考:贫困陷阱的微观机制与实证研究述评[J].经济学家,2012(4).

[2]刘修岩,章元,贺小海.教育与消除农村贫困:基于上海市农户调查数据的实证研究[J].中国农村经济,2017(10).

[3]杜凤莲,孙婧芳.贫困影响因素与贫困敏感性的实证分析[J].经济科学,2011(3).

[4]杨俊,黄潇.基于教育差距引致农村贫困的背景观察[J].改革,2010(3).

[5]张志斌.中国劳动统计年鉴[M].北京:中国统计出版社,2011.

[6]张海峰,姚先国,张俊森.教育质量对地区劳动生产率的影响[J].经济研究,2010(7).

[7]张萃.中国经济增长与贫困减少——基于产业构成视角的分析[J].数量经济技术经济研究,2011(5).

[8]陈全功,程蹊.长期贫困为什么难以消除——来自扶贫重点县教育发展的证据[J].西北人口,2006(3).

[9]陈前恒,林海,郭沛.贫困地区农村基础教育可及性与农民的主观幸福感[J].中国人口科学,2011(5).

[10]国家统计局住户调查办公室.中国农村贫困检测报告[R].北京:中国统计出版社,2012.

[11]国家统计局国民经济综合统计司.新中国六十年统计资料汇编[G].北京:中国统计出版社,2010.

[12]郭熙保,罗知.贸易自由化、经济增长与减轻贫困[J].管理世界,2008(2).

[13]盛来运.中国统计年鉴[M].北京:中国统计出版社,2011.

[14]蒋选,韩林芝.教育与消除贫困:研究动态与中国农村的实证研究[J].中央财经大学学报,2009(3).

[15]Arellano, M., Bond, S. Some Tests of Specification for Panel Data: Monte Carlo Evidence and an Application to Employment Equations[J]. *Review of Economic Studies*, 1991, 58(2): 277 - 297.

[16]Awan, M. S., Malik, N. Impact of Education on Poverty Reduction [J]. *International Journal of Academic Research*, 2011, 3(1): 659 - 664.

[17]Barro, R. J. Economic Growth in a Cross Section of Countries[J]. *The Quarterly Journal of Economics*, 1991, 106(2): 407 - 443.

[18]Behrman, J. R., Birdsall, N. The Quality of Schooling: Quantity Alone is Misleading[J]. *American Economic Review*, 1983, 73(5): 928 - 946.

[19]Benhabib, J., Spiegel, M. M. The Role of Human Capital in Economic Development: Evidence from Aggregate Cross - country Data[J]. *Journal of Monetary Economics*, 1994, 34(2): 143 - 173.

[20]Berman,E., Bound,J., and Machin,S. Implications of Skill - Biased Technical Change: International Evidence[J]. *Quarterly Journal of Economics*. 1998,113(4):1245 - 1279.

[21]Blundell,R.,Bond,S. Initial Conditions and Moment Restrictions in Dynamic Panel Data Models[J]. *Journal of Econometrics*,1998,87(1):115 - 143.

[22]Bonal,X. On Global Absences: Reflections on the Failings in the Education and Poverty Relationship in Latin American Countries[J]. *International Journal of Educational Development*. 2007,27(1):86 - 100.

[23]Fans,S.,Chan - Kang,C. Road Development, Economic Growth and Poverty Reduction in China[Z]. DSGD Discussion Paper No. 12,2004.

[24]Gounder,R.,Xing,Z. Impact of Education and Health on Poverty Reduction: Monetary and Non - monetary Evidence from Fiji[J]. *Economic Modelling*,2012,29(3):787 - 794.

[25]Hayami,Y.,Godo,Y. *Development Economics: From the Poverty to the Wealth of Nations*[M]. Oxford: The Oxford Press,2005.

[26]Kraay,A. When is Growth Pro - poor? Evidence from a Panel of Countries[J]. *Journal of Development Economics*. 2006,80(1):198 - 227.

[27] Krueger, A. B., Lindahl, M. Education for Growth: Why and for Whom? [J]. *Journal of Economic Literature*. 2001, 39(12):1101 - 1136.

[28]Loayza,N. V.,Raddatz,C. The Composition of Growth Matters for Poverty Alleviation[J]. *Journal of Development Economics*. 2010,93(1):137 - 151.

[29]Mankiw,N. G.,Romer,P.,and Weil,D. N. A Contribution to the Empirics of Economic Growth[J]. *Quarterly Journal of Economics*. 1992,107(2): 407 - 437.

[30]Mughal,W. H. Human Capital Investment and Poverty Reduction Strategy in Pakistan[J]. *Labor and Management in Development*,2007(7):61 - 77.

[31]Nelson,R.,Phelps. E. Investment in Humans, Technological Diffusion, and Economic Growth[J]. *American Economic Review*,1966,56(1):69 - 75.

[32]Senia,N., Godwell, N. Macroeconomics, (Adult) Education, and

Poverty Eradication in Southern Africa[J]. *International Review of Education*, 2006,52(3):305 - 322.

[33]Tilak,GPost Elementary Education, Poverty and Development in India [J]. *International Journal of Educational Development*,2005,27(4):435 - 445.

[34]Vandenbussche,J. ,Aghion,P. ,and Meghir,C. Growth, Distance to Frontier and Composition of Human Capital[J]. *Journal of Economic Growth*, 2006,11(2):97 - 127.

第5章　城市化、劳动密集度与西部地区贫困减缓

彭诚　单德朋

摘要　文章基于西部地区1998—2012年省级动态面板数据，利用动态面板系统广义距方法对城市化与西部地区城乡贫困减缓的关系进行了实证研究，并以劳动密集度为切入点对城市化影响贫困减缓的关联机制进行了分析。研究发现，城市化能有效带动西部地区城乡贫困减缓，但城市化的减贫效应存在城乡差异，城市化主要通过改变劳动密集度体现减贫效应，劳动密集程度更高的城市化模式更有助于西部地区贫困减缓，因此西部地区城市化进程的推进要强调人的城市化以及本地要素的城市化。

关键词　城市化；贫困减缓；劳动密集度；西部地区

5.1　问题的提出

贫困问题是影响西部地区全面建成小康社会的关键制约因素，为了实现可持续贫困减缓，我国政府采取了一系列手段着力提升扶贫绩效，但值得我们明确的是经济增长依然是当前中国实现贫困减缓的最重要驱动力来源。诚然，有研究表明经济增长的贫困减缓效率趋于下降，但这并非意味着我们要淡化经济增长对贫困减缓的影响，而是应该促使我们进一步探索何种经济增长模式将更有助于贫困减缓。城市化作为中国当前经济变革的主要结果和动力来源，为实现更为深入的贫困减缓提供了丰富的现实可能。在"十三五"计划行将推进之时，理论层面应该厘定清楚城市化与西部地区贫困减缓的关系，并为如何利用快速推进的城市化实现有效减贫提供启示。

从城市化与贫困减缓的理论关联来看，两者属于城市化与经济增长的

关系,但有着更为具体和特殊的表现。阿瑟·刘易斯和西蒙·库兹涅茨的研究为分析城市化的经济影响提供了基本框架,即随着劳动力的乡城转移和生产方式从农业向非农产业的转变,全社会生产效率体现结构性提升,并且城市化伴生的要素集聚将通过集聚外部性对城市和乡村经济发展产生影响(Quigley,2008)。分析城市化与贫困减缓关系的惯常逻辑包括两条可能的递进路径:一是城市化能够影响经济增长(Fay and Opal,2000; Bertinelli and Black,2004),而经济增长能够影响贫困减缓(Demery and Squire,1995; Ravallion and Chen,1997; Dollar and Kraay,2000),故城市化能够影响贫困减缓;二是城市化能够通过劳动力的流动,导致贫困的乡城转移,从而对城乡贫困的结构产生直接影响。从集聚经济的角度来看,城市化过程中的要素空间集聚将创造新的经济增长和就业机会。新经济地理学相关文献重点关注了城市化通过集聚经济和规模经济对经济增长的影响(World Bank,2009)。要素集聚会通过本地市场效应和生活成本效应带来集聚外部性(Baldwin,Forslid,Martin,Ottaviano & Robert - Nicoud,2002),并通过知识溢出产生进一步的集聚经济(Henderson,2010)。因此城市化过程中的集聚经济和规模经济能够为低技能劳动力创造更多的就业机会,通过改善贫困人口的就业机会和劳动力回报实现贫困减缓。从城市对农村溢出的角度来看,城市能够对周边农村地区产生若干正向影响。首先,城市化通常产生劳动力的乡城转移,这将会通过汇款改善农村居民收入,很多研究实证表明了城市汇款对于农村福利的正向影响(Adams,2004,2006; Adams and Page,2005; Acosta et al. ,2007)。其次,城市化能够改善农村劳动力的工资水平,一方面企业的城市集聚和劳动力的乡城移动将会缩小城乡劳动力工资差异,使得农村农业就业劳动力工资上升,另一方面城市能够通过后向关联增加农村要素需要,从而增加农村非农生产活动份额,改善农村收入。再次,城市要素集聚和要素乡城流动能够对农村要素生产效率产生正外部性,从而间接影响农村收入。正外部性的来源涉及更为低成本的信息获取、先进生产知识与技能的学习等(McKenzie and Sasin,2007)。

从实证研究来看,沈坤荣、蒋锐(2007)基于中国省级面板数据的研究表明,城市化能够通过四种渠道对经济增长产生正向影响。中国经济增长与宏观稳定课题组(2009)的实证研究虽然也认为城市化整体有利于经济增长,但城市化对经济增长的影响存在结构性差异,城市化在产生集聚力的同时,也会提升工资成本和住房成本从而对经济增长产生负向影响。姚奕、郭军华(2010)的研究则重点强调了城市化影响经济增长的短期和中长期效应,认为城市化在短期会影响经济增长,但从中长期来看,城市化并不是经济增长的长期原因。因此,现有研究对于城市化与经济增长的关系存在着不同的观点。由于经济增长与贫困人口收入提升的关联也是非线性的,所以城市化与贫困减缓的关系依然是个实证问题,两者的关系受产业结构、收入分配结构等因素的影响。

相对于城市化与经济增长关系,研究城市化与贫困减缓的研究相对较少。本章的主要目的是分析城市化通过经济增长对西部地区贫困减缓的作用。本章与既往研究相比,可能的创新为:第一,本研究将劳动密集度作为分析城市化与贫困减缓关系的核心中间变量,认为城市化所引致的产业结构和收入分配结构的变迁都将通过劳动密集度这一载体影响贫困减缓,从而明确城市化实现减贫的关联机制"经济增长—就业吸纳—贫困减缓"。第二,本研究在实证过程中构建了城市化与劳动密集度的交互项,从而有助于在剥离经济增长、收入分配等背景因素差异的情况下,更为准确地回答何种城市化更有利于贫困减缓,从而使得研究结论具有更为直观的政策启示。并且本章还将贫困分解为城市贫困和农村贫困,从而有助于细分分析城市化对于城乡贫困减缓的异质作用,提升减贫政策的适应性和精准度。

本章后续部分的构成为:第二部分是计量模型设定与变量说明;第三部分是变量说明、数据来源与统计描述;第四部分是实证检验与结果分析;第五部分是结语与政策建议。

5.2　实证假说与计量模型设定

本章的研究主要回答了以下问题:第一,城市化是否能够影响西部地区的城乡贫困减缓?第二,劳动密集度是否能够影响城市化的减贫效应?基于这两个问题,本章的主要假说和实证思路为:

假说一,城市化能够影响西部地区的城乡贫困减缓,并且由于城市化对于城乡贫困人口产生的净溢出存在差别,城市化的城乡减贫效应存在差别。

为了验证该假说,我们将城乡贫困状况分别作为被解释变量,将城市化作为主要解释变量,并引入经济增长、产业结构、受教育程度等主要控制变量,对城市化和城乡贫困减缓的关系进行实证检验。如果城市化的参数估计值统计显著,则表明城市化能够影响西部地区城乡贫困减缓。如果参数估计值小于零则表明,城市化对于城乡贫困人口的正向溢出大于由于生活成本上升带来的负向溢出,城市化有助于贫困减缓,实证检验模型见公式(5.1)。

$$\ln p_{rt} = \alpha_0 + \alpha_1 urban_{rt} + \alpha_2 \ln y_{rt} + \alpha_3 \ln s_{rit} + \alpha_4 \ln edu_{rt} + \upsilon_i x_{rit} + u_{rt} \tag{5.1}$$

其中,下标 r 和 t 分别代表省份(自治区)和年份; p 为被解释变量,即城乡贫困状况; $urban$ 、y 、s 、edu 为主要解释变量,分别表示城市化率、经济增长、产业结构和受教育程度; x_{ri} 表示其他控制变量, u_{rt} 为综合误差项,包括了地区固定效应、时间效应和随机扰动项。

假说二,城市化通过影响经济增长的劳动密集程度对城乡贫困减缓产生影响,劳动密集程度越大的城市化越有利于贫困减缓。

为了验证该假说,我们在公式(5-1)的基础上引入了城市化与劳动密集度的交互项,以识别城市化影响西部地区城乡贫困减缓的关键渠道。如果交互项的参数估计值统计显著,则表明,不仅城市化带来的要素集聚能够影响贫困减缓,而且城市化的模式以及相应要素集聚的结构也会影响贫困减缓,实证检验模型见公式(5.2)。

$$\ln p_{rt} = \alpha_0 + \alpha_1 urban_{rt} + \alpha_2 urban_{rt}.\ lt_{rt} + \alpha_3 \ln y_{rt} + \alpha_4 \ln s_{rit} + \alpha_5 \ln edu_{rt} + \upsilon_i x_{rit} + u_{rt} \tag{5.2}$$

其中, lt 表示劳动密集度,引入交互项能够在控制城市化总量的基础上,分析城市化模式对城乡贫困减缓的影响。如果 $urban$ 的参数估计值小于零,表明城市化总量能够影响贫困减缓,如果 $urban_{rt}.\ lt_{rt}$ 的参数估计值小于零,则表明劳动密集程度更高的城市化更有助于西部地区城乡贫困减缓。

5.3　变量说明、数据来源与统计描述

p 为城乡贫困状况，反映贫困状况的通用指标，包括 FGT 贫困指数（单德朋，2013）、贫困人口收入（郭熙保，等，2010；单德朋，2012）以及恩格尔系数（师荣蓉，等，2013）。由于贫困线的变更，西部地区尚无长序列的贫困指数，因此本章我们借鉴师荣蓉等（2013）的做法，在模型中取西部各省区的城乡恩格尔系数作为被解释变量。城乡恩格尔系数的下降表明贫困减缓，西部地区城乡恩格尔系数的数据来源于《新中国六十年统计资料汇编》以及 2009—2013 年中国统计年鉴及相应省区统计年鉴。

urban 表示的是城市化率，用人口城市化率表征。人口城市化率能够有效反映劳动力要素集聚，从而对贫困人口就业和收入提升产生正向溢出。人口城市化率的计算方法为（总人口 - 乡村人口）/总人口。总人口和乡村人口的数据来源于第五次人口普查、第六次人口普查以及 1998—2012 年历年人口抽查数据。以 2012 年人口抽样调查为例，其抽样规则为“应在抽中调查小区内各户登记的人包括：①2012 年 10 月 31 日晚居住在本户的人；②户口在本户，2012 年 10 月 31 日晚未居住在本户的人”。因此利用人口普查和抽查数据不仅能够反映户籍人口，还能够反映常住人口，从而能够更好地反映城市化所引致的人口流动。本数据的资料来源为 2007—2013 年《中国人口和就业统计年鉴》以及 1999—2006 年《中国人口统计年鉴》。

y 表示的是经济增长，用人均地区生产总值表示，并在模型中取自然对数作为主要解释变量。经济增长能够带来平均收入水平的提升，从而为贫困人口收入提升带来“水涨船高”的正效应，是影响贫困减缓的重要解释变量。为了捕捉可能存在的库兹涅茨曲线效应，在模型中还控制了人均地区生产总值的二次项。人均地区生产总值的数据来源于《新中国六十年统计资料汇编》和 2009—2013 年中国统计年鉴及相应省区统计年鉴。

lt 表示的是劳动密集度，反映城市化模式的差别，劳动密集度越大表明城市化过程的劳动力吸纳能力越强，即城市化是劳动力密集型的城市化。劳动密集度为三次产业劳动密集度的加权平均值，并将劳动密集度的自然

对数形式纳入模型。劳动密集度的计算公式为: $lt = \sum_{i=1,2,3} s_i \cdot lt_i$,其中 s_1 表示第一产业在总产出中的份额, $lt_1 = \frac{l_1}{y_1}$,表示第一产业劳动密集度,即第一产业就业(l_1)与第一产业产值(y_1)的比值。

s 表示的是产业结构,用第二产业和第三产业产值份额之和表示, $s = s_2 + s_3$。反映城市化所带来的产业结构变迁,也能够反映城市化所导致的收入分配结构变化。引入产业结构作为解释变量的原因在于,控制分配结构变化对城市化减贫效应的扰动,从而在一个分配中性的模拟环境中判定城市化与西部地区贫困减缓的关系。产业结构的数据来源为《新中国六十年统计资料汇编》和2009—2013年中国统计年鉴及相应省区统计年鉴。

edu 表示的是受教育年限,在模型中取自然对数作为解释变量。引入受教育年限的目的在于控制城市化对教育回报的异质影响,从而对收入分配结构变化进行进一步控制。受教育年限根据六岁以上人口中各种受教育程度人口的比重加权得到,计算公式为:小学 ×6 + 初中 ×9 + 高中 ×12 + 大专及以上 ×16。相应数据来源于1999—2013年《中国统计年鉴》。表5-1报告了各变量的统计性描述。

表5-1　各变量的描述性统计

变量	观察值	均值	标准差	最小值	最大值
农村贫困(%)	180	45.5	0.109	24	79
城市贫困(%)	180	39.9	0.06	30	58
城市化率(%)	180	38.1	0.115	16	80
人均地区生产总值(元)	180	10656.58	7237.871	2293	45000
第二产业产值份额(%)	180	42.67	7.52	20	58
第三产业产值份额(%)	180	40.27	5.06	32	56
劳动密集度(人/万元)	180	0.653	0.429	0.08	2.15
受教育年限(年)	180	7.179	1.252	2.9	9.2

数据来源:作者计算得到。

5.4　实证检验与结果分析

5.4.1　实证检验方法与步骤

根据现有研究，西部地区贫困存在跨期相关的可能：一方面陷入深度贫困的人口距离贫困线较远，所以上一期贫困深度将会加大当期贫困的概率，即贫困跨期正相关；另一方面贫困人口的收入越低，减贫政策的边际效用越大，因此贫困又可能体现跨期负相关。为了规避被解释变量跨期相关对参数估计的扰动，本章将被解释变量的滞后项（*L. pov*）引入模型作为解释变量，从而构建动态面板模型，采用系统广义距方法进行计量检验，同时辅以 sargen 检验和 abond 检验，以判定工具变量有效性。

实证检验的步骤为：第一，利用动态面板系统广义距方法对方程（5－1）进行实证检验，结果见表 5－2 模型一。第二，为了区分产业结构变迁对收入分配及贫困减缓的影响，分别在方程（5－1）中引入了第二产业产值比重和第三产业产值比重，结果见表 5－2 模型二和模型三。第三，为了规避城市化与贫困减缓可能存在的“库兹涅茨效应”，在方程（5－1）中引入人均地区生产总值的二次项，并进行系统广义距回归，结果见表 5－2 模型四。第四，对城市化与城市贫困的关系进行实证检验，结果见表 5－2 模型五和模型六。第五，为了验证城市化影响西部城乡贫困减缓的关联机制，引入城市化与劳动密集度的交互项，利用方程（5－2）对农村贫困进行实证研究，结果见表 5－3模型一。第六，用第三产业产值比重替代非农产业产值比重，对农村贫困进行实证，结果见表 5－3 模型二。第七，利用表 5－3 模型一和模型二的思路对城市贫困进行实证检验，结果见表 5－3 模型三和模型四。

表 5－2　城市化与城乡贫困的实证检验结果

被解释变量	农村贫困	农村贫困	农村贫困	农村贫困	城市贫困	城市贫困
解释变量	模型一	模型二	模型三	模型四	模型五	模型六
贫困滞后项	0.440*** (0.062)	0.352*** (0.131)	0.328 (0.118)	0.374*** (0.075)	0.429*** (0.102)	0.447*** (0.079)

续表

被解释变量	农村贫困	农村贫困	农村贫困	农村贫困	城市贫困	城市贫困
解释变量	模型一	模型二	模型三	模型四	模型五	模型六
城市化率	-0.081** (0.041)	-0.091*** (0.018)	-0.105 (0.020)	-0.070* (0.040)	-0.037** (0.015)	-0.029* (0.018)
人均 GDP 自然对数	-0.050 (0.031)	-0.087*** (0.032)	-0.082 (0.013)	0.530* (0.300)	0.020* (0.012)	0.419** (0.202)
人均 GDP 对数平方				-0.739* (0.347)		-0.022** (0.011)
非农产业份额	-0.450 (0.319)			-0.739* (0.347)	-0.126 (0.233)	
第二产业份额		0.189 (0.292)				
第三产业份额			-0.512 (0.298)			-0.370*** (0.124)
教育年限自然对数	-0.058 (0.150)	-0.187*** (0.050)	-0.183 (0.053)	-0.115 (0.159)	-0.079* (0.043)	-0.096 (0.086)
常数	1.218*** (0.596)	1.395*** (0.235)	1.654 (0.214)	-1.177 (1.209)	0.312* (0.189)	-1.403* (0.867)
观测数	168	168	168	168	168	168
联合显著 Wald 检验	0.000	0.000	0.000	0.000	0.000	0.000
Sargan 检验	1.000	1.000	1.000	1.000	1.000	1.000

数据来源:作者利用 stata© 12.0 计算得到,括号内报告值为标准差;*、**、***分别表示在10%、5%、1%显著性水平上统计显著。

表 5-3　城市化通过劳动密集度影响城乡贫困的实证结果

被解释变量	农村贫困	农村贫困	城市贫困	城市贫困
解释变量	模型一	模型二	模型三	模型四
贫困滞后项	0.404*** (0.062)	0.251** (0.127)	0.004 (0.301)	0.107 (0.185)
城市化率	0.328* (0.184)	0.291* (0.174)	-0.106* (0.063)	-0.126* (0.074)

续表

被解释变量	农村贫困	农村贫困	城市贫困	城市贫困
解释变量	模型一	模型二	模型三	模型四
人均 GDP 自然对数	-0.143*** (0.040)	-0.187** (0..050)	0.080* (0.042)	0.049 (0.032)
城市化与劳动密集度交互项	-0.341** (0.151)	-0.322** (0.136)	0.054 (0.052)	0.071 (0.058)
非农产业份额	-0.591** (0.288)		-0.963* (0.600)	
第三产业份额		-0.526 (0.377)		-0.540*** (0.179)
教育年限自然对数	-0.021 (0.110)	-0.158** (0.062)	-0.152** (0.062)	-0.127 (0.119)
常数	2.046*** (0.382)	2.525*** (0.445)	0.796* (0.380)	0.401*** (0.118)

数据来源：作者利用 stata© 12.0 计算得到，括号内报告值为标准差；*、**、***分别表示在 10%、5%、1% 显著性水平上统计显著。

5.4.2 实证结果分析

(1)城市化与西部地区城乡贫困的关系。本章为了控制其他变量对城市化减贫效应的扰动，对经济增长进行了控制，并且通过引入产业结构、教育对收入分配结构的变化进行了控制。表 5-2 中的实证结果表明，城市化率参数估计值显著为负。以模型四和模型六为例，城市化对农村贫困减缓的参数估计值为 -0.07，对城市贫困减缓的参数估计值为 -0.03，且均在 10% 的显著性水平上统计显著，城市化率提升 10 个百分点，能够使得西部地区农村恩格尔系数和城市恩格尔系数分别下降 0.7 个百分点和 0.3 个百分点，这从结果上表明了城市化对西部地区城乡贫困减缓的正向作用。同时通过表 5-2 中模型一和模型五的比较，城市化对城乡贫困减缓的影响存在差异，城市化对农村减贫的作用更大，并且随着控制变量的逐渐引入，城市化的减贫效应有了显著变化。这意味着城市化与西部地区城乡贫困减缓的关系能够受到其他因素的扰动，因此我们需要进一步寻找城市化与贫困减缓的关联机制。

(2)城市化影响西部地区贫困减缓的关联机制。通过引入城市化率与劳动密集度的交互项,表5-3中的实证结论显示城市化率的参数估计值与表5-2中的结果有了显著不同。表5-2和表5-3模型一的比较显示,引入交互项之后,城市化对西部农村地区贫困减缓的参数估计值从-0.08变为0.33,且均统计显著。表5-2模型五和表5-3模型三的比较显示,引入交互项之后,城市化对西部城市贫困减缓的参数估计值从-0.04变为-0.11。引入交互项之后,表5-2和表5-3的实证结果体现出两点不同:第一,城市化的城乡减贫效应有了显著变化;第二,城市化对农村减贫的影响显著变小,甚至变为负效应,但同时城市化对城市减贫的影响显著变大。

城市化率参数估计值显著变化的可能解释为,城市化对西部地区城乡贫困减缓的影响是种表象,其本质的影响机制是城市化通过要素密集度的改变,有效改变了劳动力尤其是贫困人口的劳动力需求结构和需求数量,从而影响了贫困人口收入提升和贫困减缓。从表5-3中交互项的参数估计值来看,城市化率与劳动密集度的交互项参数估计值为-0.34,且在5%的显著性水平上统计显著,这表明城市化并非必然导致西部地区农村贫困减缓,只有对劳动力吸纳能力更强的城市化模式才是更有助于西部农村减贫的城市化选择,也即人的城市化。

同时表5-3模型一的实证结果也显示,引入了交互项的情况下,城市化率的参数估计值为正值,即城市化率提升了西部农村恩格尔系数,对农村减贫有负向作用。出现城市化对西部农村减贫负效应的可能解释为,在控制了城市化的劳动密集程度之后,城市化的要素集聚效应得以控制,此时城市化的生活成本效应开始发挥作用,即在要素集聚不变的情况下,城市化带来的生活成本上升将导致农村恩格尔系数上升。

表5-3的实证结果显示,城市化率与劳动密集度交互项参数估计值在模型一中为-0.34,且统计显著,但在模型三中为0.05,且统计不显著。这表明城市化影响西部贫困减缓的关联机制具有城乡差异。其可能解释为,城市化影响减贫的正向因素在于要素集聚所带来的报酬递增,而负向因素则在于要素集聚导致的生活成本上升。两方面力量对城乡贫困人口的影响存在差异,之所以农村城市化率的参数估计值为正值而交互项参数估计值

为负值是因为，农村要素的空间流动主要表现为劳动力的空间流动，城市化对农村地区减贫的正效应主要依赖于劳动力的吸纳能力，因此交互项参数估计值为负。但对于城市要素而言，其规模报酬的来源则主要依赖资本集聚，因此劳动力吸纳能力对城市恩格尔系数的影响统计不显著。资本积聚的正效应集合在城市化的参数估计值之中，从而导致城市城市化率的参数估计值为负值，能够显著降低城市贫困状况。

(3)其他解释变量与西部地区城乡贫困减缓的关系。从经济增长与西部地区城乡贫困减缓的关系来看，如果只引入经济增长的一次项，其参数估计值显著为负，表明人均地区生产总值的改善能够有效改善西部地区城乡贫困状况，这与现有研究保持一致。但如果在模型中引入经济增长的二次项，以表 5 - 2 模型四为例，经济增长一次项的参数估计值为 0.53，二次项的参数估计值为 -0.74，且均在 10% 的显著性水平上统计显著。这表明经济增长与西部地区农村贫困减缓的关系体现为库兹涅茨效应，体现出非线性关系，只有经济增速达到一定程度后，才能够对农村贫困产生正向减贫作用。

从产业结构与西部地区城乡贫困减缓的关系来看，非农产业产值份额的参数估计值为负值，非农产业比重越大，越有利于城乡贫困减缓。但二次产业和三次产业产值份额的减贫效应存在差异，从表 5 - 2 和表 5 - 3 的实证结果来看，第三产业产值比重的减贫效应更为显著，这也主要得益于第三产业的就业吸纳能力大于第二产业。

从受教育程度与西部城乡贫困减缓的关系来看，受教育程度的参数估计值为负值，但统计不显著。受教育程度未能体现出显著减贫作用的主要原因有二：一是受教育程度未能体现教育结构，当前教育回报存在扭曲可能，高等教育的教育回报率低于市场出清水平；二是受教育程度未能体现教育质量，从而造成受教育程度与贫困减缓关系的模糊。

5.5　结语与政策启示

通过对西部地区省级动态面板数据的实证分析，我们得到了一系列城市化有助于西部地区城乡贫困减缓的经验证据,并对城市化影响西部地区城乡贫困减缓的机制进行了细分识别。本章的主要结论和政策启示为:

第一,城市化对西部地区城乡贫困减缓具有显著正向影响,城市化进程推进能够通过要素集聚所带来的规模报酬递增,对西部地区城乡贫困人口产生正向溢出。因此,城市化既是西部地区经济发展的必然结果,也是在经济新常态下,继续推动西部地区减贫的必然选择。

第二,城市化主要通过改善劳动密集程度对西部地区城乡减贫产生正向影响,在控制了劳动密集度的差异之后,城市化对西部地区农村贫困减缓具有负效应。这表明,具有较强低技能劳动力吸纳能力的城市化模式能够产生最大的减贫效果。并且城市化对农村贫困的影响不仅有要素集聚带来的正向溢出,还存在生活成本上升导致的负面影响可能。因此,政策层面在城市化模式选择上要进一步强调人的城市化和属地化的城市,确保城市化的本地劳动力吸纳能力。

第三,经济增长和产业结构非农化有助于西部地区城乡贫困减缓,经济增长的减贫效应体现出库兹涅茨曲线效应,且第三产业的减贫效果要大于第二产业。因此继续保持中高速的经济增长是西部地区持续减贫的重要保证,在本地产业结构转型方向上,要更为强调本地第三产业体系的完整性。

本章参考文献

[1]中国经济增长与宏观稳定课题组. 城市化、产业效率与经济增长[J]. 经济研究, 2009(10):4-21.

[2]沈坤荣,蒋锐. 中国城市化对经济增长影响机制的实证研究[J]. 统计研究,2007(6): 9-15.

[3]单德朋. 西部民族地区经济增长与就业能力同步提升研究[J]. 民族学刊,2013(2): 26-37.

[4]单德朋. 产业结构、劳动密集度与西部地区贫困减缓——基于动态面板系统广义距方法的分析[J]. 中南财经政法大学学报,2012(6).

[5]单德朋. 教育效能和结构对西部地区贫困减缓的影响研究[J]. 中国

人口科学,2012(5):84 -95.

[6]Bertinelli L. and Black D. "Urbanization and growth" [J]. Journal of Urban Economics ,2004(56):80-96.

[7]Fay, Marianne and Charlotte Opal. Urbanization without growth: A not - so uncommon phenomenon[R]. The World Bank:Policy Research Working Paper, 2000, No. 2412.

[8]Quigley, J. M. "Urbanization, Agglomeration, and Economic Development" [R]. Commission on Growth and Development:Working Paper ,2008, No. 19.

第6章　经济发展方式的减贫效应：微观机制与影响因素

单德朋　郑长德　王英

摘要　经济发展方式能够改变贫困陷阱存在的理性预期，为可持续贫困减缓提供结构性动力来源。越来越多的国内外学者将经济发展方式作为研究贫困减缓问题的重要解释变量。本章通过对该领域的相关文献进行系统梳理，发现关于两者关系的结论并不统一。基于此，构建了经济发展方式贫困减贫效应的微观机制，并分析了能够对该效应产生影响的主要控制变量。发现从微观层次的理论分析来看，经济发展方式能够通过产业构成和经济增长的劳动力密集程度对贫困减缓产生影响。之所以出现实证结果的多样性，原因在于研究对象背景条件的异质性和测度指标选择的差异。最后，审视了经济发展方式贫困减缓效应对中国现阶段贫困减缓实践的启示，并对未来进一步研究方向进行了展望。

关键词　经济发展方式；贫困减缓；微观机制

6.1　问题的提出

贫困减缓作为人类发展的目标之一，一直是各国政府以及国际组织政策制定的重要基点。联合国千禧年计划将贫困减缓列在八个目标的首位（UNDP，1996），包括中国在内的发展中国家在政策制定中也对贫困减缓赋予了较高优先级。中国的“十二五规划”中明确提出在基础设施、公共服务、财政配套等方面“加大对贫困地区扶持力度”，“重点向农村、边远、贫困、民族地区倾斜”。虽然中国、越南等国家凭借持续快速的经济增长取得了显著的贫困减除成果，但也面临着经济增长减贫弹性下降，以及深度贫困人群陷入“贫困陷阱”形成慢性贫困的现象。这种经验观察与新古典经济学理论有所悖离，新古典经济学强调边际产出递减规律下经济增长对低收入群体的“涓滴效应”，认为经济增长最终能够有效实现各收入群体收入差距的相对收敛。但“贫困陷阱”的存在对这一理论产生了质疑，很多学者对贫困陷阱问题进行了解释，认为基于预期的“理性不发达状态”和“惰性依赖”是存在贫困陷阱的主要原因。贫困者如果预期工作机会可得性较差，那么理性预期的最优选择是减少当期对实体资本以及人力资本的投资，外在表现为“惰性依赖”，形成“投资低回报预期—资本投入不足—真实回报较低”循环，陷入贫困陷阱。这种解释存在以结果解释结果的方法论错误，舒尔茨（舒尔茨，2006）认为行为主体主观意愿的缺失是客观激励不足的结果。因此，应该找到主观意愿不足的真实原因，即为什么持续贫困人群没有足够动力进行实体资本和人力资本投资。经济发展方式对贫困群体的较差包容性为“贫困陷阱”提供了更为深入的解释。从国外研究来看，经济发展方式对贫困减缓的影响，已经成为继教育、基础设施、对外开放度、不平等程度等传统影响因素之后的研究新热点。本章主要对涉及经济发展方式与贫困减缓关系的相关国内外研究进行系统梳理，分析经济发展方式影响贫困减缓的微观机制、影响因素，藉此为我国实现可持续贫困减除，完成 2015 年贫困减除目标提供思路。

本章接下来的安排为：第二部分对现有研究的主要发现进行了整理，发现对于不同研究对象的实证研究的确证实了经济发展方式能够对贫困减缓产生影响，但经济增长各部门构成的减贫效应因研究对象不同而异；第三部分从微观层次的理论阐释出发，分析了经济发展方式影响贫困减缓的微观机制；第四部分分析了能够对经济发展方式贫困减缓效应产生影响的重要控制变量和测度指标选择问题；最后一部分是结语部分，结合现有文献研究和中国现阶段发展实际，对中国实现可持续减贫进行了思考，并对未来研究经济发展方式与贫困减缓关系的方向进行了展望。

6.2 经济发展方式减贫效应的实证结论

Montalvo(2010)在分析经济增长与贫困减缓的关系时,提出了“经济增长模式假说”,该假说认为经济增长的部门和劳动力密集程度构成,独立于总体经济增长而对贫困减缓产生影响。理论上看,该假说成立的两个原因是:第一,各经济增长部门之间差异较大,导致部门间的经济增长系统地改变收入分配以及贫困程度。如果经济增长集中于那些穷人很难获得收益的部门,那么经济增长将会抑制穷人在经济增长中的所得。第二,经济增长的构成是影响初始不平等程度的一个因素,即便在之后经济增长分配中性的情况下,这一点依然成立。如果穷人在总收入中的初始份额较低,那么他们的收入份额将会随着中性的经济增长持续降低。实证研究也表明,经济结构所表示的初始不平等是影响经济增长贫困减缓效果的一个重要因素(Ravallion,1997;Burguinon,2003)。

关于经济增长结构与贫困减缓关系的实证分析,大多数都认为部门构成的确能够影响经济增长的减贫效应。但对于各部门在减贫效果中的作用却有不同的看法。Thorbecke 和 Jung(1996)利用印度尼西亚 20 世纪 80 年代的数据,估计了不同经济活动对贫困减缓的影响,实证结果表明印度尼西亚农业和服务业的贡献要比工业部门的减贫贡献更大。Ravallion 和 Chen(2007)利用时间序列数据对中国 1980—2001 年经济增长与贫困减缓的关系进行了分析,发现在贫困减缓效果上,农业的重要性要远超过其他非农产业。还有一些研究也都认为农业的减贫效应最大(Ravallion、Datt,1996;Mellor,1999;Kimenyi,2002),而 Hasan 和 Quibria(2004)则认为工业是东亚贫困减缓的主要动力来源,而在拉丁美洲第三产业的减贫效果最为显著。

除了各部门减贫效果不同之外,在同一地区内部因城市和乡村等地理区位的不同,各部门的减贫效果也存在差异。以印度为例,Datt 和 Ravallion(2002)研究认为在印度农村地区,农业对贫困减缓的效果最为显著,而在城市地区,则是第三产业和第二产业更多地推动了城市地区的减贫进程。

以上既有研究表明,经济增长的部门构成的确能够对贫困减缓产生作用,但各部门的减贫效果在各地区有所不同。Seetanah(2008)认为产生这种多样化效应的原因是,三部门构成仅仅是影响贫困减缓的一个外在渠道,为此应找到更为深入的机制和影响渠道。在作用机制研究上,Loayza 和 Raddatz(2010)认为真正影响经济增长部门构成与贫困减缓效果的因素是经济增长过程中的劳动力密集程度,尤其是非熟练劳动力密集程度。三次产业构成中劳动力密集程度差异较大,导致了三次产业构成减贫效果的多样化可能。他们还认为,应该根据劳动力密集程度的构成对产业结构进行进一步分解,从劳动力密集程度的角度反映经济增长的结构,而不是简单的三部门划分。实证结果表明,劳动力密集程度较大的部门和经济增长模式,其贫困减缓效应最大。

从经济增长模式的角度分析经济增长减贫效果的差异是一个较为新颖的视角。现有文献虽然对经济增长的部门构成能够影响减贫效应的观点达成一致,但其影响的强度与方向却在实证研究中没有统一,其差别体现在两个方面:第一,三次产业部门的贫困减缓效果不同,并由此导致了具有同等经济发展速度和水平的国家的贫困减缓效应有所不同;第二,各部门的减贫效应,因经济活动的地理区位不同而有所不同,导致了地区内部经济增长减贫效应的差异。为此,从该视角展开研究的一个拓展方向是,继续挖掘经济增长的部门构成影响经济增长减贫效应的深层次机制,比如从非熟练劳动力密集程度展开分析。

6.3　经济发展方式减贫效应的微观机制

从微观层面来看,贫困者的收入提升主要取决于劳动力回报,而劳动力回报则取决于企业的生产技术选择。为了分析经济发展的部门结构与贫困减缓的关系,Loayza(2010)利用厂商利润最大化一阶条件以及要素市场出清条件,构建了一个两部门要素模型,分析了“经济发展方式—贫困者收入提升—贫困减缓”正反馈的微观机制,并给出了经济增长方式关于贫困减缓的封闭表达。

6.3.1 背景假设

经济体中存在两个群体:贫困者和资本拥有者。只有资本拥有者拥有资本,贫困者只拥有劳动力。贫困者收入和消费只取决于真实工资率,劳动力收入提升有助于贫困减缓。

最终产品 Y 是两种中间产品 y_1 和 y_2 的不变替代弹性函数(CES),表示为:

$$Y = (b_1 y_1{}^{\beta} + b_2 y_2{}^{\beta})^{1/\beta} \tag{6-1}$$

其中 $\beta \leq 1$, $b_1, b_2 > 0$,并且 $b_1 + b_2 = 1$ 。最终产品 Y 可以作为最终消费品和中间投入品。每种中间投入品按照 Cobb – Douglas 生产函数生产,表示为:

$$y_i = k_i{}^{(1-\alpha_i)} (A_i n_i)^{\alpha_i}, i = 1,2 \tag{6-2}$$

其中, $0 < \alpha_i < 1$; k_i 和 n_i 分别代表部门 i 的资本和劳动力; A_i 为技术水平是关于时间的外生变量, $A_i = \exp(g_i t)$ 。两部门差异在于劳动密集程度 α_i 的不同。

假定最终产品和中间投入品产出规模报酬不变,产品市场完全竞争,资本和劳动力自由流动。

6.3.2 要素部门配置

根据完全竞争市场中厂商的最优选择,其一阶条件为:

$$\frac{p_i y_i}{Y} = s_i = b_i \left(\frac{y_i}{Y}\right)^{\varepsilon/(\varepsilon-1)}, i = 1,2 \tag{6-3}$$

其中,最终产品的价格设定为单位价格, $\varepsilon = (1 - \beta)^{-1}$ 代表中间产品的替代弹性。方程(6-3)表明最终产品价值流向各中间部门的份额。由于假设最终产品规模报酬不变,故 $s_1 + s_2 = 1$ 。

完全竞争市场中间品厂商最优选择的一阶条件为:

$$y_i = \frac{\omega n_i}{p_i \alpha_i} = \frac{r k_i}{p_i(1 - \alpha_i)}, i = 1,2 \tag{6-4}$$

静态均衡条件包括方程(6-3)和(6-4)以及市场出清条件 $k_1 + k_2 = k$, $n_1 + n_2 = n$ 。静态均衡条件决定了每个时点上劳动力和资本的部门间配置问题。

6.3.3 劳动力真实回报变化

根据中间品厂商最优选择一阶条件,真实工资变动率可以写成:

$$\hat{\omega} = \hat{p}_1 + \hat{y}_1 - \hat{n}_1 \tag{6-5}$$

其中“^”变量变动率($\hat{x} = dx/x$)。方程(6-5)右边前两项是用最终产品表示的部门 1 的产值变动($p_1 y_1$),根据方程(6-1)以及 $\hat{Y} = s_1 \hat{y}_1 + s_2 \hat{y}_2$,可知,

$$\hat{s}_1 + \hat{Y} = \frac{\varepsilon - 1}{\varepsilon} \hat{y}_1 + \frac{1}{\varepsilon}(s_1 \hat{y}_1 + s_2 \hat{y}_2) \tag{6-6}$$

方程(6-5)右边最后一项是劳动力的变动率,利用最终产品和中间品的一阶条件以及劳动力市场出清条件 $n = n_1 + n_2$,得:

$$\hat{n}_1 = l_2 \frac{\varepsilon - 1}{\varepsilon}(\hat{y}_1 - \hat{y}_2) + \hat{n} \tag{6-7}$$

其中, l_2 是部门 2 中的劳动力比重, $l_2 = n_2/n$ 。

最后,根据方程(6-6)和(6-7),整理可得真实工资率的增长表达式,

$$\hat{\omega} = \sum_{i=1}^{2} s_i \hat{y}_i + (\frac{\varepsilon - 1}{\varepsilon}) \sum_{i=1}^{2} (l_i - s_i) \hat{y}_i \tag{6-8}$$

其中, $\hat{y}_i$ 代表以人均表示的各部门增长率。

方程(6-8)表示真实收入增长率与两个部分有关,第一项为人均 GDP 的增长,较高人均产出增长会导致工人收入的增加。各部门增长率与其权重 s_i 一起对工资收入水平变动产生影响。第二部分与分配效应有关,分配效应对工资的影响取决于中间品的边际替代弹性 ε 以及部门劳动力密集程度 $(l_i - s_i)$ 。结合方程(6-3)和(6-4), $(l_i - s_i)$ 可以表示为:

$$l_i - s_i = \frac{1}{1 + \left(\frac{\alpha_{-i}}{\alpha_i}\right)\left(\frac{s_i}{s_{-i}}\right)} - \frac{1}{1 + \left(\frac{s_i}{s_{-i}}\right)}, i = 1,2 \tag{6-9}$$

方程(6-9)表明,在劳动力产出比重 α_i 越大的部门,劳动力份额与产值份额之差越大。这意味着,只要中间品替代弹性足够大,一个劳动力密集型部门的产值增加将会给真实工资的提升带来额外效应。

贫困者收入与劳动力收入一致的假定意味着,在保证劳动力供给不变

的前提下,贫困减缓由真实工资的变动决定。用数学方式可以表示为:$\hat{h}=\psi(\hat{\omega}),\psi(.)>0$,其中$\hat{h}$是贫困减缓率,$\psi(.)$表示关于贫困减缓率的一个函数,该函数的表达由贫困者在劳动力供给、技能以及初始禀赋上的分配状况决定。因此,该函数可以是包含一些非线性变量的复杂函数。但在本章中,为简单起见,采取一个线性形式$\hat{h}=r_0+r_1\hat{w}$,这表明贫困减缓与经济增长的劳动力密集程度之间存在线性关系。两者关系可以最终表示为:

$$\hat{h}=r_0+r_1\left[\sum_{i=1}^{2}s_i\hat{y}_i+\left(\frac{\varepsilon-1}{\varepsilon}\right)\sum_{i=1}^{2}\frac{\hat{y}_i}{1+\left(\frac{\alpha_{-i}}{\alpha_i}\right)\left(\frac{s_i}{s_{-i}}\right)}-\frac{\hat{y}_i}{1+\left(\frac{s_i}{s_{-i}}\right)}\right] \tag{6-10}$$

通过以上微观层面的理论分析,可以看出贫困减缓源于两个方面:一是经济增长的速度,二是经济增长的部门结构和劳动力密集程度。经济增长速度能够对贫困减缓产生正向影响,同时劳动力密集程度越高则越有利于贫困减缓。

6.4 影响经济发展方式减贫效应的因素分析

除了经济发展方式之外,还存在一些因素能够对贫困减缓独立产生作用,如初始不平等程度、教育程度、基础设施投资等。这些因素一起形成了经济发展方式产生减贫效果的背景。不同地区的背景异质性,能够对经济发展方式减贫效应的测度产生偏误。从计量经济学 CLM 假定来看,在设定关键变量之间关系的计量模型时,应保证残差满足独立同分布条件,从而保证参数估计的一致性和统计检验值的适用性。表6-1中列出了影响经济发展方式减贫效应的背景因素,除此之外测度指标的选择也会对经济发展方式的减贫效应产生影响。这些背景因素可以分为影响经济增长来源的因素和影响产出转化为贫困者收入的因素,以及其他影响因素。

表 6-1　影响经济发展方式减贫效应的重要控制变量

分类	影响因素	经验结论	影响机制	代表性文献
影响经济增长的因素	教育	虽然大多数研究都认为教育能够使贫困者获益,但教育对贫困减缓的影响在不同部门有所区别,不同的教育水平对不同的收入群体存在多样可能	教育结构; 教育质量; 教育均等程度	Mughal(2007) Bonal(2007) Senia(2006) Tilak(2005) Kurosaki(2001)
	经济开放度	贸易能够为经济增长以及平均收入提升带来正向影响,但对于低收入阶层来讲存在多样可能。并且,贸易与贫困的关联在贸易开放的短期、中长期有所不同	贸易属性; 贫困者对经济开放的调整能力	Conway(2009) Bird(2004) McCulloch(2001)
影响增长转化为贫困者收入的因素	不平等	理论上的负面作用并没有在不同样本中保持稳健性	不平等程度的来源;调整不平等的政策手段是否扭曲了经济增长;个体能力差异	Ravallion(2010) Loayza(2009) Ravallion(2004) Ravallion(1997)
	基础设施	基础设施能够对贫困减缓产生作用,但不同基础设施的作用不同,长期效应与短期效应不同	基础设施类型; 新增基础设施的部门	Pasha (2004) Fan(2002) Canning(2000) Aschauer(1989)

资料来源:作者整理。

6.4.1　影响经济增长来源的因素

教育。教育对贫困减缓理论上的正向作用在部分实证研究中得到了确认,但也有研究表明两者之间只是弱相关甚至是负相关的。Mughal(2007)通过对巴基斯坦人力资本投资与贫困减缓关系的实证研究发现,工人每多增加一年正规教育,其工资增加 7.3%。其他学者的类似研究也表明,不同程度的教育提升其减贫效应有所不同。Tilak(2005)通过对印度的研究,发现初等教育与文盲率水平与贫困率正相关,中高等教育与贫困率负相关。除了不同水平的教育程度减贫效应不同之外,教育对贫困的减缓在不同的部门也具有不同的效果。Kurosaki(2001)认为非农部门的工资和生产效率随着教育水平提升而增加,而农业部门生产效率的提升以及收入增加主要取决于基础教育的程度。

也有学者研究发现了教育与贫困减缓弱相关甚至负相关的证据,Senia(2006)针对南非的研究表明,基础教育对南非贫困减缓的作用并不明显。Bonal(2007)通过对拉丁美洲的研究也发现了类似的结论。教育未能产生预期效用的原因与教育质量和教育公平有关。因此,教育对贫困减缓的影响远比理论显示的更为复杂,虽然大多数研究都认为教育能够使贫困者获益,但教育对贫困减缓的影响在不同部门,对不同的教育水平、不同的收入群体存在多样可能。

经济体开放度。发展中国家的贫困群体从贸易自由化中的所得取决于以下三点:第一,当前介入国际贸易的属性以及接受度;第二,应对市场机会的能力以及降低调整成本的能力;第三决定贸易开放与贫困减缓的国内制度。McCulloch(2001)从以上三点进行了详细分析,认为贸易并非天然导致贫困减缓。Bird(2004)利用基于家庭数据的微观分析研究了特定贸易政策对不同收入阶层收入者的影响,由于各阶层在介入贸易的能力以及应对机会的能力方面存在差异,贸易对低收入者和其他收入者的收入影响存在差异。

除此之外,贸易对贫困的影响在短期以及中长期的效应也存在不同。Conway(2009)认为在短期到中期的阶段,贸易开放导致的本地调整成本反而有可能提高贫困率水平,原因是贸易开放在短期对国内某些行业部门的冲击将会导致失业率的上升。但从长期来看,一个更为开放的经济体能够更为有效地配置资源,创造规模经济的机会,提升企业技术水平。

综合以上分析可以看出,贸易能够为经济增长以及平均收入提升带来正向影响,并且这一观点得到了相应的理论支撑和实证佐证。但对于某个具体国家的低收入阶层来讲存在多样可能。并且,贸易与贫困的关联在贸易开放的短期、中长期有所不同。

6.4.2 影响产出转化为贫困者收入的因素以及其他因素

不平等程度。不平等程度是影响经济增长与贫困减缓的重要中间变量。Dollar 和 Kraay(2002)研究认为最贫困者的平均收入与整体的平均收入是等速增长的，经济增长的贫困减缓效果与不平等程度的关系不大。利用跨国数据发现，最贫困群体收入的对数值与整体人均 GDP 的对数值是同步变动的。Ravallion（2010）对贫困群体家庭收入与不平等程度进行了相关性分析，基尼系数对数值与人均收入自然对数值的相关系数为 -0.09（n = 115）。该计算结果与之前很多研究保持一致（Ravallion，1995；Ravallion and Chen，1997）。但同样也有足够多的证据表明，经济增长中不断提升的不平等程度抑制了增长的减贫潜力或者弱化了经济增长减贫效应的有益作用（Ravallion，2004）。

综合以上对不平等程度的分析，可以看出在实证研究中理论上的负面作用并没有在不同样本中保持稳健性，主要原因在于不平等程度的来源以及调整不平等的手段差异影响到了经济增长过程。此外，个体能力的差异也为该问题的分析带来了不确定性。

基础设施。基础设施与贫困减缓关系的较早研究由 Aschauer（1989）完成，研究发现非军事基础设施在减贫效应上要强于军事基础设施，并认为路灯、高速公路、机场等核心基础设施的减贫效应要比其他基础设施的作用更大。沿着 Aschauer 的工作，Fan（1999）测度了基础设施公共支出对印度各州贫困减缓的作用，发现农业 R&D、农村道路对贫困减缓具有显著积极效应。Canning 和 Bennathan（2000）利用跨国数据研究了电力基础设施和道路对贫困减缓的作用。结果显示，在更为贫困的国家，电力基础设施的减贫效果更大，基础设施的减贫效应因基础设施的类型以及地区的收入水平而有所不同。Fan（2002）分析了不同类型的基础设施投资对中国各省份贫困减缓的作用，发现农村道路投资的减贫效果最为显著，针对农村道路的每万元投资能使 3.2 个人脱贫。Fan 和 Chan（2004）详细检验了道路这一种基础设施的贫困减缓作用，发现低质量道路（多为农村地区）的减贫效应是高质量道路的 4 倍。

以上分析表明，基础设施投资与贫困减缓之间并非简单关联，两者关系还取决于基础设施的类型、新增基础设施的部门。除此之外，基础设施对贫困减缓的作用在短期和中长期有所不同，并受政府管理以及制度的质量影响。

测度指标以及数据误差的影响。经济增长和贫困的测度指标不同也会给贫困减缓的分析带来困扰。Sala－i－Martin 和 Pinkovsky(2010)分析了不同测度方法与不同减贫趋势的关系。而 Ravallion(2003)认为各种测度指标虽然侧重点不同,但基于同种数据来源的不同数据测度方法之间是高度相关的,选取指标的不同不应该是质疑的重点。一个更为稳妥的方法是:选择贫困发生率作为基准指标,而选择贫困据、贫困据的平方以及贫困人口平均收入作为稳健性测度的指标(Loayza 和 Raddatz,2010)。

除了以上主要影响因素之外,现有文献中出现的能够对经济增长减贫效果产生影响的因素还有城市化率(Shahbaz,2010)、公共支出(Fan,2008)、金融市场(Usman,2011)等。

6.5 结论与评论

通过对经济发展方式减贫效应相关文献的系统梳理,发现以经济增长部门构成和劳动力密集程度表示的经济发展方式能够对贫困减除产生显著影响,但各部门的减贫强度和方向因研究对象而异。同时该减贫效应的体现需要基于一定的背景条件,不同地区背景条件的异质性能够对经济发展方式减贫效应产生影响。现有研究对我国现阶段贫困减缓实践的启示体现在:

第一,单纯注重经济增长速度的减贫思路符合新古典经济理论,但与经验观察相左。经济增长的正向减贫效应会随着劳动力密集程度的降低而受到抑制。因此对于以“重工业化”寻求减贫的政策思路应予以反思。一种对劳动力尤其是对低技能劳动力更为包容的经济发展方式,能够放大经济增长的减贫效应。这也为弱后地区“十二五”期间的经济发展方式转变的原则和路径提供了思考空间。在贫困形势依然严峻的现在,“逆工业化”等反市场调节手段应该是经济发展方式转型的重要思路,而非单纯追逐高速经济增长。

第二,在减贫实践中应特别关注对经济发展方式产生减贫效应的背景条件的改善,包括教育、贸易开放度、不平等程度和基础设施等。虽然这些背景条件的改善在理论上都能对贫困减缓产生正向作用,但现有研究表明这些背景因素与贫困减缓并非先天单向关联,只有理清它们与贫困减缓的关系才能够以低成本实现减贫背景条件改善。以基础设施为例,不同类型的基础设施的贫困减缓效果不同,对于弱后地区而言,低质量道路的增加可能要比高速公路里程的增加更有利于贫困减缓。

对于中国现阶段的贫困实践,经济发展方式与贫困减缓关系的深入研究可以从如下几个方面展开:

第一,关注研究对象的背景异质性,更为细致的做法是将研究重点放在对特定研究对象的深入研究上,并且在研究过程中,关注研究对象社会—经济—政治系统的演变,从而在剥离背景异质的前提下识别经济增长减贫效应。针对民族地区的研究比针对中国整体的研究,其结论说服力更强。

第二,在实证研究时,在计量模型的设定上应注意变量的内生性以及动态反馈问题,可以采取相关计量方法如工具变量法、VAR 分别对内生性与动态性问题进行解决,但现有研究对这些方法的使用还不够。

第三,在研究数据的使用上,使用长时间序列和面板数据。国内现有研究通常将数据时间跨度设定为 2000 年以后,对于省级面板数据集的构建还不完善。

第四,除了分析经济增长减贫效应的短期作用之外,还应将分析扩展到中长期,但现有文献中还没有可行方法。这也是未来应着力解决的问题。

本章参考文献

[1]叶初升,刘业飞. 高考:贫困陷阱的微观机制与实证研究述评[J]. 经济学家,2012(4):21-28.

[2]胡鞍钢,胡琳琳,常志霄. 中国经济增长与减少贫困(1978—2004)[J]. 清华大学学报:哲学社会科学版,2006,21(5):105-115.

[3]舒尔茨. 改造传统农业[M]. 北京:商务印书馆,2006.

[4]Aamir S. Urbanization and Poverty Reduction: A Case Study of Pakistan[J]. Journal of Infrastructure,2010 (VIII):23-37.

[5]Aschauer, D. Is Public Expenditure Productive? [J]. Journal of Monetary Economics,1989(23) 177 - 200.

[6]Bird K. A Framework to Analyze Linkages between Trade Policy, Poverty Reduction and Sustainable Development [R]. ODI: London, September 2003.

[7]Canning D, Bennathan E. The Social Rate of Return on Infrastructure Investments [R]. Policy Research Working Paper No. 2. Washington, DC: World Bank,2002.

[8]Conway. Trade Liberalization and Poverty Reduction: Doha[R]. Overseas Development Institute (ODI),2009.

[9]Datt G. Ravallion M. Has India's Post - reform Economic Growth Left the Poor behind[J]. Journal of Economic Perspectives,2002 (16): 89 - 108.

[10]Dollar D, Kraay A. Growth is Good for the Poor[J]. Journal of Economic Growth,2002,7(3): 195 - 225.

[11]Fan S, Chan - Kang, C. Road Development, Economic Growth and Poverty Reduction in China[R]. DSGD Discussion Paper No. 12. Washington: International Food Policy Research Institute,2004.

[12]Fan S, Hazell P, Thorat S. Government Spending, Agricultural Growth and Poverty: An Analysis of Interlinkages in Rural India[R]. Research Report No. 110. Washington: International Food Policy Research Institute,1999.

[13]Fan S., Zhang L X., Zhang X B. Growth, Inequality, and Poverty in Rural China: The Role of Public Investments[R]. Research Report No. 125. Washington: International Food Policy Research Institute,2002.

[14]Fan. Does Allocation of Public Spending Matter in Poverty Reduction? Evidence from Thailand[J]. Asian Economic Journal,2008 (22):411 - 430.

[15]Hasan R,Quibria M G. Industry Matters for Poverty: A Critique of Agricultural Fundamentalism[J]. International Review for Social Sciences,2004,57 (2):253 - 264.

[16]Loayza N V, Raddatz C. The Composition of Growth Matters for Pover-

ty Alleviation[J]. Journal of Development Economics, 2010,93(1):137 - 151.

[17]McCulloch, Neil, L Alan Winters and Xavier Irera. Trade Liberalization and Poverty: A Handbook. Centre for Economic Policy Research for DFID [DB/OL]. http://www.ids.ac.uk/ids/global/pdfs/tlpov.pdf,2001.

[18]Montalvo J G,Ravallion M. The Pattern of Growth and Poverty Reduction in China[J]. Journal of Comparative Economics,2010(38):2 - 16.

[19]Mughal W H. Human Capital Investment and Poverty Reduction Strategy in Pakistan[J]. Labour and Management in Development,2007(7): 61 - 77.

[20]Ravallion M, Chen H S. China's (Uneven) Progress against Poverty [J]. Journal of Development Economics,2007,82(1):1 - 42.

[21]Sala - i - Martin X,Pinkovskiy M. "African Poverty is Falling Much Faster than You Think" [Z]. NBER Working Paper 1577,2010.

[22]Seetanah B,Rojid,S,Shalini,R. Sectoral Growth and Poverty Reduction: A Dynamic Approach[J]. International Journal of Business Strategy,2008,8(3):24 - 43.

[23]Thorbecke E,Jung H S. A Multiplier Decomposition Method to Analyze Poverty Alleviation [J]. Journal of Development Economics, 1996, 48 (2): 279 - 300.

[24]Tilak G. Post Elementary Education,Poverty and Development in India [J]. International Journal of Educational Development,2005(27):435 - 445.

[25]UNDP (United Nations Development Programme). Human Development Report 1996. [M]. Oxford: Oxford University Press,1996.

[26]Usman. Role of Micro Finance in Reducing Poverty: A Look at Social and Economic Factors[J]. International Journal of Business and Social Science, 2011(21):138 - 144.

第7章 集聚与贫困

郑长德

摘 要 本章利用四川省有建档立卡贫困户的161个县域数据，分析了集聚对贫困的影响。集聚用城镇化率、工业企业密度（个/万人）、工业增加值区位商测度。我们发现，集聚对贫困有重要的影响，企业集聚和城镇化对于减贫有重要意义。政策含义：在产业扶贫中，除了非农产业的发展或者农业产业的工业化，促进产业集聚和推动城镇化，是贫困地区持续减贫的重要路径。

关键词 集聚；贫困；区位商；建档立卡贫困县

7.1 问题的提出

消除农村绝对贫困是2020年建成全面小康社会的基本要求。经过几十年的基于经济增长的减贫战略，农村贫困人口呈现出空间集聚的特征，集中连片特困地区成为新阶段贫困精准治理的重点地区和难点地区。中央扶贫工作会议（2016）确定，通过发展生产，实施产业扶贫与脱贫一批（3000万人）。《全国“十三五”脱贫攻坚规划》提出，要建立健全产业到户到人的精准扶持机制，以市场为导向，发挥农民合作组织、龙头企业作用，因地制宜发展农林、旅游、电商等，推动每个贫困县、乡、村形成特色产业和拳头产品，开展水电、矿产资源开发资产收益扶贫改革试点，让贫困户分享产业发展红利。

然而，在产业扶贫实施过程中遇到了下面一些问题：①发展什么产业？是基于地理第一性的比较优势？还是基于地理第二性的竞争优势？（我有什么就发展什么还是市场需要什么我发展什么？）②怎么发展？分散还是集中？工业化的方式还是传统方式？③为谁发展？为自己还是为市场？自然经济还是商品经济？④谁做决策？政府主导（替贫困人口当家做主）还是市场主导（我的地盘我做主）？

这几个基本问题实际上就是资源配置的基本问题。不过，这里关注的不仅仅是资源配置的效率问题，更重要的是产业发展的益贫（pro-poor）性问题。本章关注的问题是贫困地区产业发展的空间模式（集中还是分散）与贫困减缓的关系。

经济集聚对农民收入和农村贫困减缓的影响并不确定，经济集聚因为"规模效应"提高农民工资性收入并实现减贫的同时，也可能因为"虹吸效应"造成农业生产资源的流失，降低农民农业收入，从而增加贫困。所以，经济集聚对农民总收入增长和贫困减缓的影响是一个待研究的问题。

在贫困地区，贫困人口的主要收入来源是农业收入、打工收入和自我雇用的收入。此种低而不稳定的收入对贫困和家庭福利有重要影响。在世界范围内，有证据表明，增加农民收入最有效率的方法是创造越来越稳定的工作岗位。然而，穷人不仅收入水平低，而且其收入来源的变化也大。证据显示，企业特别是中小微企业在贫困地区，创造了很大比例的正式就业和岗位。这说明，企业通过对就业和工资产生的积极效应可以改善家庭的福利并减贫。

相反，也有人认为贫困地区的大多数企业都是中小微企业，创造的就业和支付的工资低于自我雇用和企业部门创造的就业和工资。此外，企业的增长并不必然导致就业和减贫。来自大企业及外部企业的强烈竞争给本地的中小微企业和家庭带来困难甚至引发破产，导致失业和本地家庭的贫困。通过企业，来自全球经济的冲击对家庭也有不利影响。因而，企业的增长对家庭收入增长和减贫的效应还是不清楚和有争议的。

经济增长的一个主要因素是企业的发展。企业的集聚和生产率间存在正向的联系。地方化经济是相同产业的企业彼此区位接近产生的利益，企业生产率增加。马歇尔（Marshall，1994）指出，规模经济有三个核心原因，即劳动力池、投入共享和知识溢出。新经济地理学文献（Fujita，Krugman，& Venables，1999）把消费者可用性、自然优势与运输成本相结合，解释自我实施的集聚、企业的发展和集聚影响增长。因为经济增长导致贫困减缓，所以企业能影响家庭的福利和贫困。

然而,虽然有大量关于企业对经济增长的作用的研究,但很少有关于企业的地理集聚对就业和家庭减贫的影响的研究。而且,据我们所知,企业集聚对四川贫困地区减贫的影响的研究目前尚没有看到。企业集聚在多大程度上影响农村居民家庭的收入和减贫,是一个重要的问题,需要进行深入的理解和研究,特别是在设计减贫和改善家庭福利的政策干预时特别重要。为此,本章以四川省 161 个建档立卡贫困县的数据为依据,分析企业集聚对减贫的意义。

7.2 相关研究与文献评述

就我们所知,关于企业集聚与贫困间的关系的相关研究不多。Long Thanh Giang,Cuong Viet Nguyen and Tuyen Quang Tran(2015)研究了越南企业集聚与家庭福利及减贫的关系,结果表明,企业集聚有助于家庭从非正规部门向正规部门转移,企业集聚对人均收入、人均支出和贫困减缓有积极的影响。Jorge Martinez - Vazquez, Panupong Panudulkitti 和 Andrey Timofeev(2014)分析了城市化对贫困水平的影响,构建的理论模型和所进行的实证研究都支持:城市化水平与贫困间呈现出"U"形关系,城市化对贫困减缓有贡献,但在非常高水平的城市化时,城市化导致贫困增加。Luc Christiaensen, Joachim De Weerdt, Yasuyuki Todo(2013)利用坦桑尼亚喀格拉河超过 3300 多家庭人口的面板数据,发现如果迁移到小城镇,或者从农业部门转移到乡村非农业部门,2 户中有 1 户脱贫;如果迁移到大城市,7 户中有 1 户脱贫。他们的研究表明,乡村的多元化和小城镇发展比大城市化具有更为包容的增长模式。Mark D. Partridge, Dan S. Rickman(2007)利用新的美国县域城市接近指标的地理信息系统数据库,检验了美国县域乡村贫困与其边远性间的关系,特别是与大城市的地理接近性与乡村贫困的关系,发现贫困率与农村距离大都市区的距离正相关。他用城市集聚效应随距离增加而衰减来解释此种现象。

在国内的相关研究中,伍骏骞(2014)的博士论文《经济集聚对农民增收与农村减贫的直接影响和空间溢出效应研究——来自浙江省的证据》，分别从县级和乡镇宏观层面、企业和农户微观层面，研究经济集聚对农民增收和农村减贫的影响，主要结论：经济密度对农民收入有正向显著的直接影响，其他区域的经济密度与经济距离的共同作用对农民收入有正向显著的空间溢出效应，产生的总体效应也是正向显著的；货币外部性对农民收入有正向显著的直接影响和空间溢出效应，技术外部性对农民收入有正向显著的直接影响，但是，技术外部性对农民收入的空间溢出效应不确定；当地产业集群数量对农民收入增长有正向显著影响，对贫困的发生有负向显著影响，即产业集群数量越多的县，农民越不可能成为贫困人口。

刘彦随、周扬和刘继来（2016）对新时期中国农村贫困化基本特征和农村贫困化地域分异规律进行了探讨，发现：贫困人口规模大、分布广、贫困程度深、脱贫难度逐渐加大，是当前中国农村贫困状况的基本特征；因病、因残、因学、因灾致贫或返贫现象突出；农村贫困人口逐渐向我国中西部深石山区、高寒区、民族地区和边境地区集聚，具有贫困户、贫困村、贫困县、贫困区（片）等多级并存的组织结构和空间分布格局；“胡焕庸线”西北部、东南部贫困人口的比重分别占16.4%、83.6%；自然环境恶劣、区位条件差、基础设施落后、区域发展不均衡及前期扶贫开发政策精准性不够等，是中国农村持续贫困的主要症结。

周圆圆（2013）通过对我国2005—2010年区域贫困发生与集聚的空间统计与空间计量经济分析，主要结论是：各省区贫困发生具有显著空间依赖特征；贫困空间分布遵循“西高东低，梯次递减”规律。

由此看来：一方面贫困的演进表现为贫困的空间集聚；另一方面，在贫困治理中，经济活动的集聚，特别是企业的聚居对贫困治理的效率有重要影响。这对贫困地区产业扶贫和产业发展是有启示的。

7.3 企业集聚与贫困减缓：理论框架

这节给出企业和企业集聚对农村家庭收入和贫困产生潜在影响的框架。基于 Gilles Duranton 和 Diego Puga（2003）关于城市集聚经济的三个来源:共享(sharing)、匹配(matching)和学习(learning),一个地区的企业和企业集聚通过各种渠道影响当地居民的福利,从而影响减贫(图7-1)。

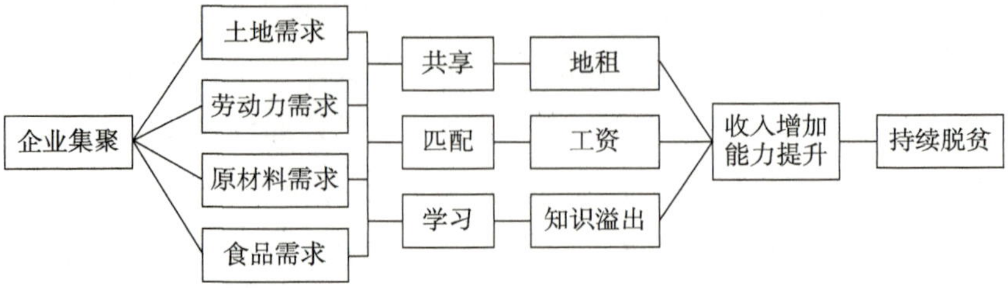

图7-1　企业集聚与贫困减缓

资料来源:作者绘制。

建企业或盖工厂通常需要土地。例如,改革开放以来,特别是西部大开发以来,越来越多的土地被用于建设工业园(或者工业集中区)。一方面,土地被征用,导致失地农民增加,农业工作岗位减少,增加了农业人口陷入贫困的风险;另一方面,工厂或企业给地方居民提供就业岗位,使居民生活多样化,改进了他们的福利水平。例如,20世纪80—90年代乡镇企业的发展给农民提供了数千万的非农就业机会。

企业集聚导致劳动力市场的聚集,企业和雇员从聚集中获得许多优势。在大型的稠密的劳动力市场,企业可以更快速地找到有技能的雇员,从而获得更高的生产率;劳动力聚集又提高了劳动者找工作的机会。研究表明,集中的区域劳动力在企业间的流动较大,促进了本地居民知识的扩散和积累。

集聚对生产率的影响的另一个机制是:企业选择地理上稠密的区位,可降低购买投入和销售产品的交易成本或者运输成本。此外,当企业选择工业集聚区或者人口稠密区,支持其专业化,产生信息溢出,改进生产率。

7.4　四川省的贫困:集聚视角

四川省是全国农村绝对贫困人口较多的地区,据统计,2015年底,四川有贫困人口497.65万人,占全国5575万贫困人口的8.65%,超过四川省人口占全国人口的比例;四川省2015年贫困发生率7.7%,高出同年全国

5.7% 的贫困发生率 2 个百分点。从集聚的角度看，四川省农村绝对贫困人口的分布有如下特点：

7.4.1　贫困的持续性

贫困的持续性表现为贫困的代际传递（the intergenerational transmission of poverty），这意味着父辈贫困，子辈贫困的概率大。从县域层面看，这意味着过去收入低的地区，现在收入低的概率较大。如图 7－2 所示，简单地把 2005 年四川省各县的人均地区生产总值与 2014 年的人均地区生产总值进行拟合发现，2005 年人均地区生产总值低于全省平均水平 50% 的县有 43 个，2014 年人均地区生产总值低于全省平均水平 50% 的县有 35 个，其中 30 个县在 2005 年属于低于全省水平 50% 的县。表 7－1 给出四川省“国家级贫困县”的转移矩阵，发现过去是国家级贫困县的，后来继续是国家级贫困县的概率在 80% 以上。

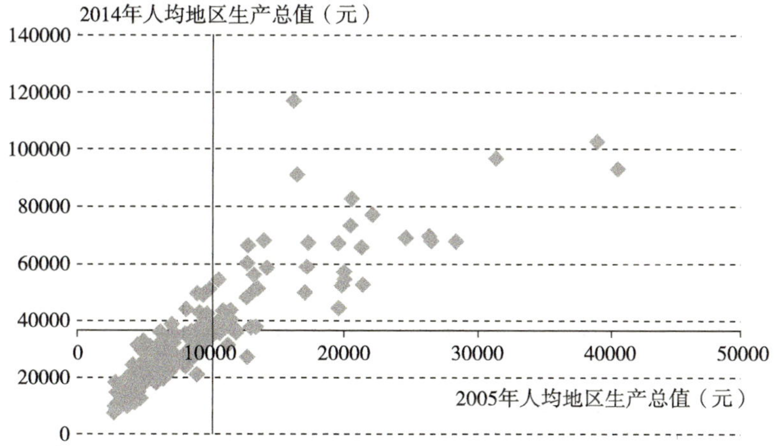

图 7－2　四川省县域收入的代际传递

资料来源：作者根据《四川省统计年鉴》数据绘制。

表 7－1A　四川省“国家级贫困县”的转移矩阵（1986—2012 年）

1986—1988 \ 2012	国家级贫困县	非国家级贫困县
国家级贫困县	0.8667	0.1333
非国家级贫困县	0.1386	0.8614

表 7-1B 四川省“国家级贫困县”的转移矩阵(1994—2012 年)

1994 \ 2012	国家级贫困县	非国家级贫困县
国家级贫困县	0.8065	0.1935
非国家级贫困县	0.0733	0.9267

资料来源:作者计算。

7.4.2 贫困的空间集聚

四川的农村贫困在空间分布上是非均衡的。秦巴山区、乌蒙山区、大小凉山彝区和高原藏区这四大片连片特困地区,分布了四川省 161 个建档立卡贫困县中的 88 个,2013 年贫困人口占全省的 64.2%,贫困发生率为13.9%,表现为集中、连片的“空间集聚”。片区外有 73 个建档立卡贫困县,贫困人口占全省的 35.8%(表 7-2)。

表 7-2 四川省农村绝对贫困人口的分布(2013 年)

地区	县数	贫困人口(万人)	贫困人口占全省贫困人口比例(%)	贫困发生率(%)
全省合计	161	624.6	100	9.6
四大片区	88	401.0	64.20	13.9
秦巴山片区	34	260.3	41.67	12.9
乌蒙山片区	9	54.5	8.73	12.9
大小凉山彝区	13	51.8	8.29	18.9
高原藏区	32	34.4	5.51	19.4
片区外	73	223.6	35.80	7.2

资料来源:作者根据全国扶贫建档立卡信息管理平台数据计算。

7.4.3 边缘性与统一性

四川省的连片特困地区在地理上表现为边缘性,包括:在行政区划上处于省际边缘,如乌蒙山区处于四川、云南和贵州的交接地区,秦巴山区处于四川、陕西、甘肃等的交接地区,高原藏区处于四川、云南、青海、西藏等的交接地区,大小凉山彝区处于四川省和云南省的交接地区;在自然地理上,秦巴山区处于中国南北分界地带,乌蒙山区处于云贵高原与四川盆地的结合部,大小凉山彝区与高原藏区处于青藏高原与四川盆地及云贵高原的过渡地带;在生态上,这些地区大都属于限制开发区与禁止开发区,发展的空间约束比较大；从经济社会看，一方面这些地区远离四川省的核心区——成都平原，处于边缘地带，山高谷深，开发成本高，公共服务和基础建设供给不足，同时也处于社会网络的边缘，另一方面这些地区又具有统一性，即历史人文和资源环境的地缘联系，各连片特困地区形成独具特色的经济文化区（表7-3）。

表7-3　四川连片特困地区的边缘性与统一性

	行政区边缘	自然地理边缘	生态边缘	经济与公共服务	统一性
秦巴山片区	四川、陕西、甘肃、湖北、河南	南北分界	生态屏障/限制开发区/禁止开发区	远离核心区，基础设施滞后，通达性差，市场获得(market access)不足	文化与生态具有统一性
乌蒙山片区	四川、云南、贵州	云贵高原与四川盆地	生态屏障/限制开发区/禁止开发区		
大小凉山彝区	四川、云南、西藏	青藏高原、云贵高原、四川盆地	生态屏障/限制开发区/禁止开发区		
高原藏区	四川、青海、甘肃、云南、西藏	青藏高原与四川盆地	生态屏障/限制开发区/禁止开发区		

资料来源：作者整理。

7.4.4　空间贫困陷阱

目前四川省的贫困地区主要分布于从经济社会发展看地理条件不利的地区，也就是说，这些地区距离核心区远，得到核心区发展红利的溢出少，地表破碎，建设成本高，地理资本短缺，陷入“空间贫困陷阱”（spatial poverty traps）。简单地把各县的贫困区位商（县贫困发生率/全省贫困发生率）与各县距成都的距离和各县县城海拔高度进行拟合，如图7-3所示，发现距成都

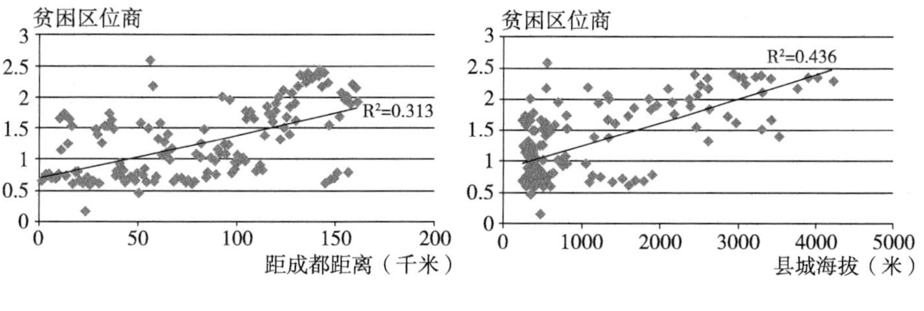

图7-3　空间贫困陷阱

资料来源：作者绘制。

越远,贫困区位商越高,县城海拔高度越高,贫困区位商越大,地理条件确实是四川省县域贫困的重要影响因素。

7.5 集聚与贫困:描述性分析

这一节对经济活动的集聚与贫困间的关系进行简单的描述性分析。

7.5.1 人口集聚与贫困

用人口密度和城镇化率代表人口集聚状态,它们与贫困区位商的关系如图7-4所示,显然,人口集聚指标与贫困区位商间呈现出显著的负相关关系,人口集聚程度越高,贫困区位商的越小的概率越大。

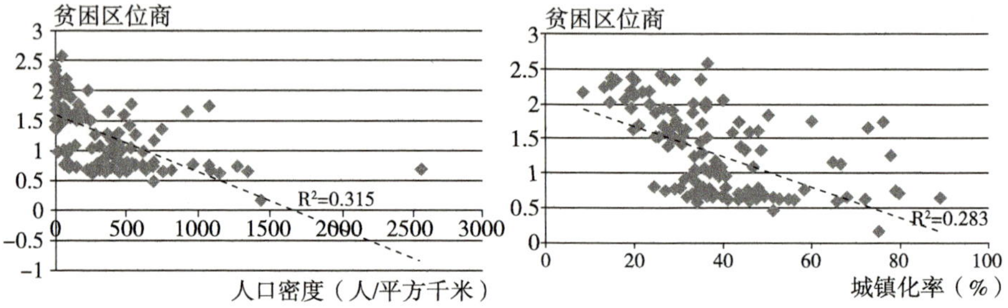

图7-4 人口集聚与贫困

资料来源:作者绘制。

7.5.2 产业集聚与贫困

产业集聚指标用产业区位商表示,如图7-5所示,各县第一产业区位商与贫困区位商间呈现出正相关性,第三产业区位商与贫困区位商间拟合关系是非线性的,而第二产业与工业区位商与贫困区位商间呈现出显著的负相关关系,工业企业密度与贫困区位商间的关系再次说明,第二产业发展特别是工业的发展,减贫效果显著高于第一产业和第三产业。

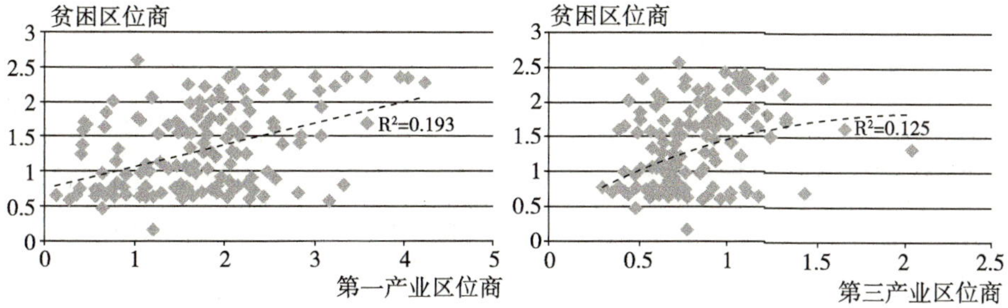

图 7－5A　产业集聚与贫困

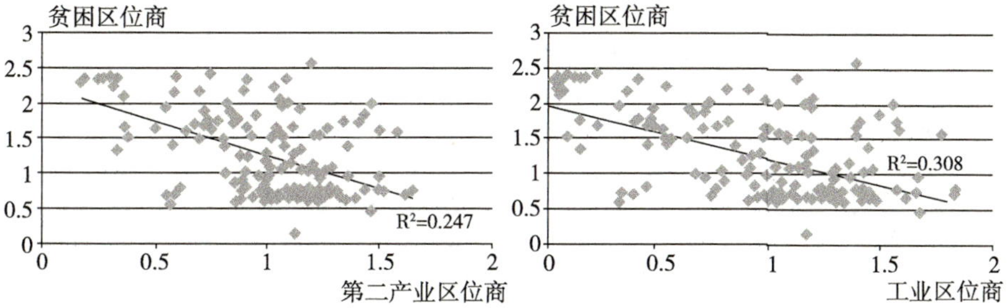

图 7－5B　产业集聚与贫困

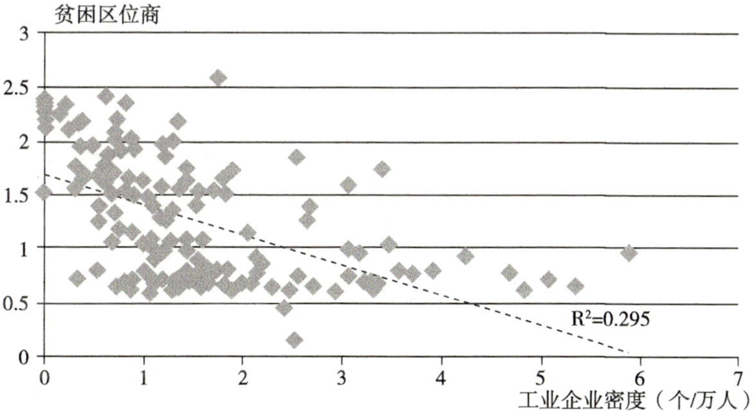

图 7－5C　产业集聚与贫困

资料来源：作者绘制。

7.5.3　经济集聚与贫困

用单位面积的地区生产总值和单位面积的就业人数分别代表经济密度和就业密度，用它们反映经济集聚状态。如图 7－6 所示，经济密度与就业密度和贫困区位商间拟合关系是显著的负相关关系,结合图 7 - 7,发展区域经济是有效的减贫路径。

不过,对投资的相关指标(投资/地区生产总值及人均投资)与贫困区位商进行拟合(图 7 -8),发现投资对减贫的效应不明确。这可能与各县的经济发展方式有关系(图 7 -9),图 7 -9 用各县非农产值占比与非农就业占比的比值代表经济发展方式,该比值越高,说明经济发展对就业的吸纳越低,发展的资本密集度越高,而对增加收入特别是贫困人口的收入的贡献越小。在目前的绩效考核制度下,各地区追求大投资、资本密集度高的项目,这些项目对于增加地区生产总值作用显著,但并非利于增收的(pro-income),更不用说是益贫的(pro-poor)。

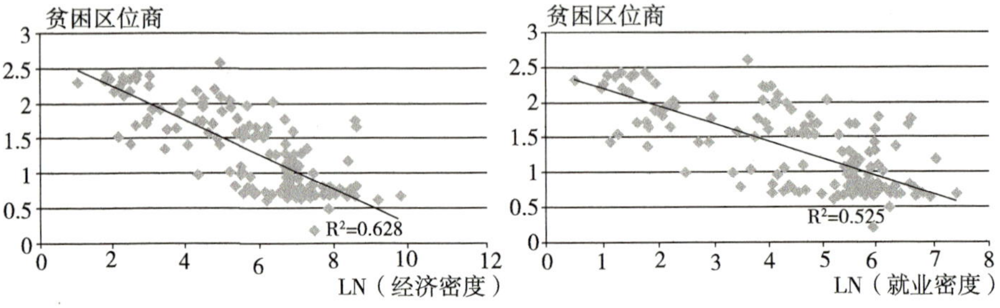

图 7 -6　经济集聚与贫困

资料来源:作者绘制。

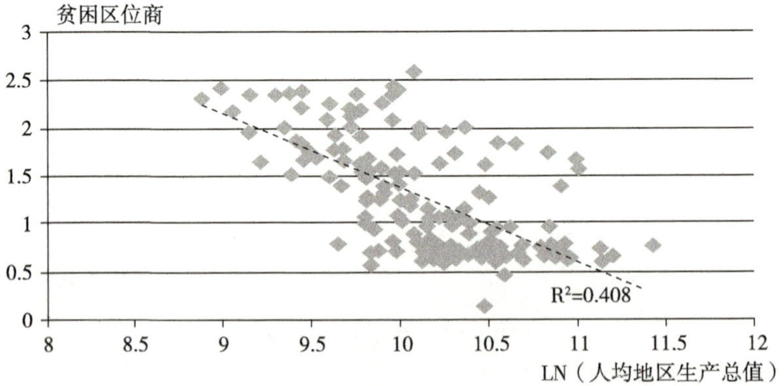

图 7 -7　经济发展与贫困

资料来源:作者绘制。

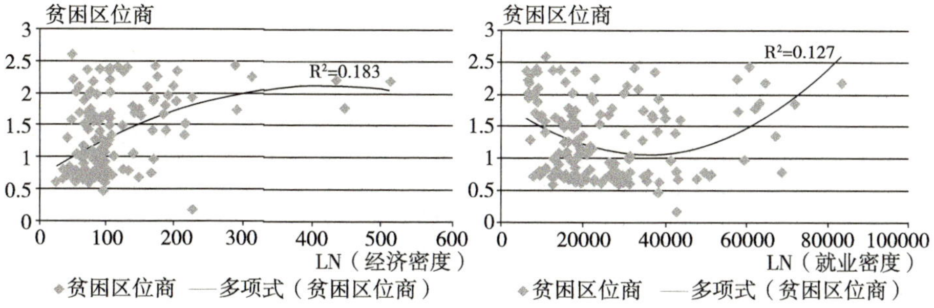

图 7－8　投资与贫困

资料来源:作者绘制。

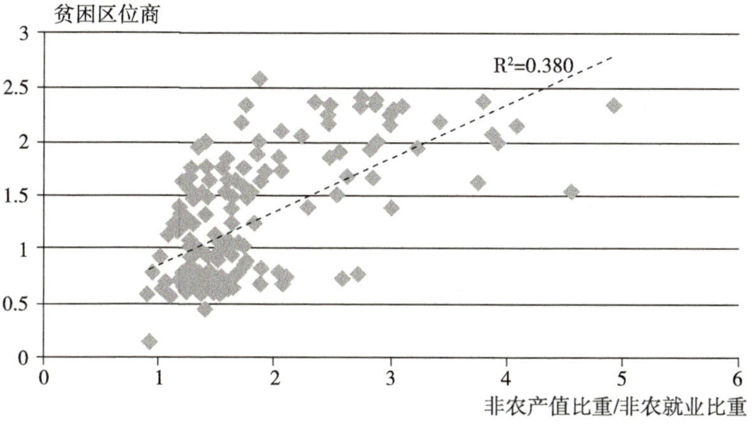

图 7－9　经济发展方式与贫困

资料来源:作者绘制。

7.5.4　人力资本集聚与贫困

根据四川各县 6 岁及以上人口受教育情况,用各县受不同教育程度的比例/全省相应受教育程度比例(教育区位商)代表人力资本的集聚,对贫困区位商进行拟合,如图 7－10 所示,显然,如果人口中受小学教育程度的比较多,对减贫是不利的,而初中教育和高中教育的减贫效果比较显著,技能劳动力(受教育程度在大专及以上的)与贫困区位商间关系不显著。

从人口受教育程度的总体程度看,平均受教育年限越高,贫困区位商越低,而文盲率越高,贫困区位商越高,不过两者间并非线性关系(图 7－11)。

因此,发展教育特别是巩固普及初中教育成果,实现普及高中教育,是减贫特别是阻断贫困代际传递的唯一有效路径。

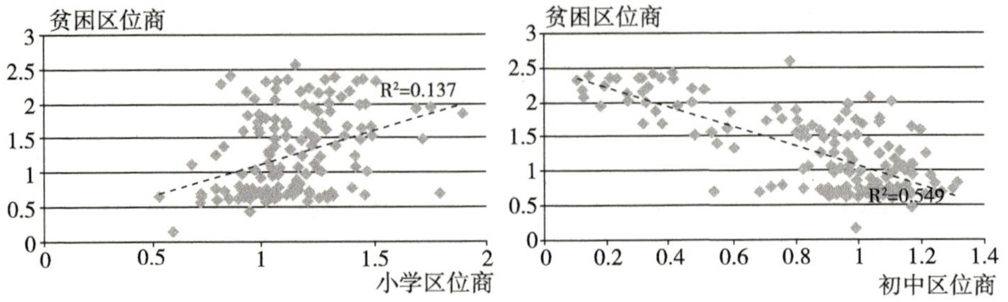

图 7-10A　教育与贫困

资料来源:作者绘制。

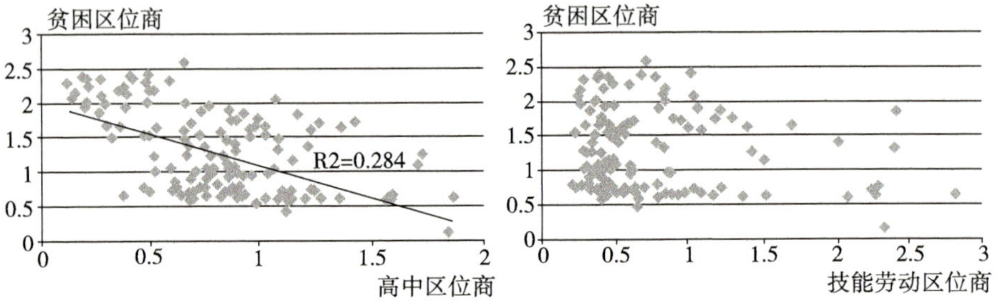

图 7-10B　教育与贫困

资料来源:作者绘制。

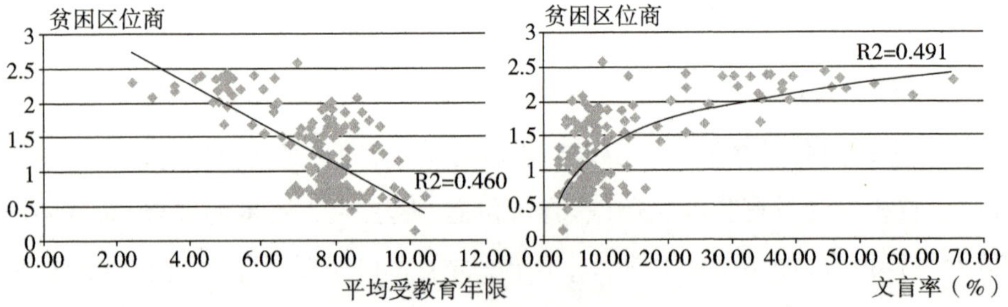

图 7-11　受教育程度与贫困

资料来源:作者绘制。

7.6 工业企业集聚与贫困:简单的计量分析

7.6.1 方法与变量的选取

本章利用的回归模型为:

$$Q_p = \alpha_0 + \beta_1 \cdot d_{AI} + \beta_2 X_i + \varepsilon_i$$

其中:

Q_P 为贫困区位商,定义为:第i个县的贫困发生率/四川省贫困发生率,贫困区位商越高,代表该地区贫困发生率越大,贫困面越大;d_{AI} 是集聚指标,工业集聚分别用工业企业密度(个/万人)和工业增加值区位商表示,人口集聚用城镇化率代表;X_i 为控制变量,这里选取了各县的海拔高度、距成都的距离、人均投资等为控制变量。

7.6.2 变量的描述性统计

变量的描述性统计如表7-4,相关系数矩阵如表7-5所示。贫困区位商与工业企业密度、工业区位商及城镇化率显著负相关,与海拔高度、距成都距离显著正相关,与人均投资几乎没有相关性。

表7-4 变量的描述性统计

	N	最小值	最大值	均值	标准差
贫困区位商	161	0.17	2.58	1.2697	0.58597
工业企业密度(个/万人)	161	0	5.88	1.47	1.14411
工业区位商	161	0.03	1.81	0.942	0.44039
城镇化率(%)	161	8.3	89.07	37.6873	14.2045
海拔高度(米)	161	231	4200	1046.58	1017.95
距成都距离	161	44	1306.3	348.114	215.257
人均投资	161	5959.6	83262.8	25015.4	15099.9
Valid N (listwise)	161				

表7-5 变量的相关系数矩阵

	贫困区位商	工业企业密度(个/万人)	工业区位商	城镇化率(%)	海拔高度(米)	距成都距离	人均投资
贫困区位商	1.0000	-0.5436	-0.5551	-0.5320	0.6606	0.6251	-0.0046
工业企业密度		1.0000	0.6754	0.4496	-0.4244	-0.5202	0.3384
工业区位商			1.0000	0.4779	-0.6088	-0.4983	0.1041
城镇化率				1.0000	-0.4696	-0.4876	0.2383
海拔高度					1.0000	0.7019	0.2135
距成都距离						1.0000	0.0214
人均投资							1.0000

* *. Correlation is significant at the 0.01 level (2-tailed).

7.6.3 回归分析

回归分析结果如表7-6。控制了其他变量后,贫困区位商对工业企业密度的弹性为-0.134,工业区位商的弹性为-0.248,对城镇化率的弹性为-0.009,从方向上看,提高集聚程度,对减贫是有利的,从弹性大小看,特别是工业集聚的减贫效果更显著。

表7-6 回归分析:被解释变量为贫困区位商

	模型一	模型二	模型三
常数项	1.037 (0.102)*	1.088 (0.137)*	1.182 (0.143)*
工业企业密度	-0.134 (.037)*		
工业区位商		-0.248 (0.098)*	
城镇化率			-0.009 (0.003)*
海拔高度	0.000 (0.000)*	0.000 (0.000)*	0.000 (0.000)
距成都距离	0.001 (0.000)	0.001 (0.000)*	0.001 (0.000)*
人均投资	-2.918E-7 (0.000)	-2.718E-6 (0.000)	-1.680E-6 (0.000)
R^2	0.734	0.721	0.728
调整的 R^2	0.539	0.519	0.530

注:括号内为标准差。

为了检验上面结论的稳健性，这里分析了农村居民人均纯收入与集聚指标间的关系。因为农村居民人均纯收入与贫困发生率间具有很强的负相关关系，因此农村居民人均纯收入与集聚指标间呈现出的应该是正相关关系（如图7－12），回归结果如表7－7所示，与预言吻合。

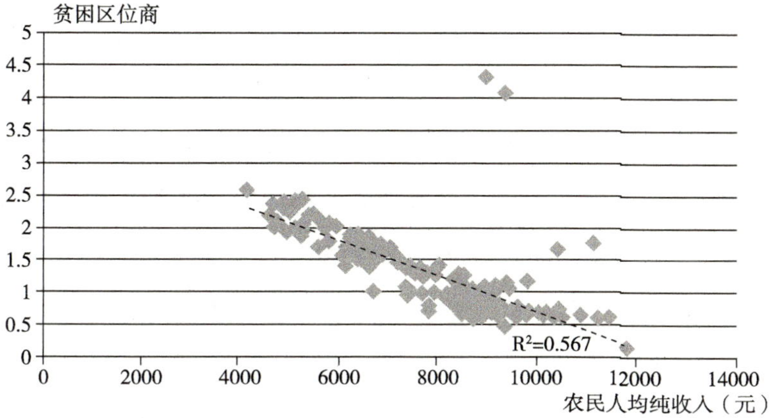

图7－12　四川省各县农村居民人均纯收入与贫困

资料来源：作者绘制。

表7－7　稳健性分析：被解释变量为农村居民人均纯收入

	模型四	模型五	模型六
常数项	7696.646 (345.645)*	7408.019 (464.896)*	6187.375 (448.700)*
工业企业密度	553.207 (124.689)*		
工业区位商		1090.528 (333.410)*	
城镇化率			59.271 (8.943)*
海拔高度	-.622 (0.160)*	-.509 (0.181)*	-.480 (0.153)*
距成都距离	-1.009 (0.750)	-1.817 (0.737)	-1.100 (0.685)
人均投资	0.010 (0.008)	0.019 (0.008)	0.009 (0.007)
R^2	0.463	0.435	0.529
调整的 R^2	0.450	0.420	0.516

7.7 结论与政策建议

本章利用四川省有建档立卡贫困户的161个县域数据,分析了集聚对贫困的影响。集聚用城镇化率、工业企业密度(个/万人)、工业增加值区位商测度。研究发现,集聚对贫困有重要的影响,工业企业集聚和城镇化对于减贫有重要意义。

产业扶贫是政府极力推动的“扶贫奔康”方式。本章的政策含义是,在产业扶贫中,除了非农产业的发展或者农业产业的工业化外,促进产业集聚和推动城镇化,是贫困地区持续减贫的重要路径。非农产业的空间集聚和城镇化可以获得地方化经济(Localization economy)和城镇化经济(Urbanization economy),即通过共享、匹配和学习三个效应,实现贫困人口的增收和持续减贫。

首先,应持续加大贫困地区道路交通、供电、供水等基础设施建设,继续降低贫困地区区际和区内的交易成本,特别是村域内、乡域内的基础设施建设,对于区域内的一体化是关键。近年来,全国省域间、市州域间的高速公路建设和高速铁路建设的进展迅速,而通乡、通村、通组的基础设施建设滞后,贫困地区的相应建设更是滞后,这大大降低了村域、乡域及县域的一体化进程,缩小了市场范围,影响了非农产业的集聚程度,进一步加剧了贫困和收入不平等。因此,必须持续加大贫困地区区域内的基础设施建设力度,提高其集聚力。

其次,小微企业的发展和集聚是减贫的有效方式。发展产业集中区或产业园是实现非农产业或者农业加工业集聚的有效途径。政府应支持小微企业的集聚发展。在非农产业的集聚发展中,政府可以设定一些选择性条款,如规定集聚的企业在用工方面雇佣贫困家庭劳动力的比例等。

第三,贫困地区城镇化的推进中最大的问题是缺乏产业支撑。通过非农产业的集聚发展,带来劳动力和人口的集中,从而可以有效推动城镇化。在人口集中带动城镇化过程中,实现基本公共服务的共享是关键。

本章参考文献

[1] [英]马歇尔. 经济学原理(上)[M]. 朱志泰,译. 北京:商务印书馆,1994:290 -303.

[2]伍骏骞. 经济集聚对农民增收与农村减贫的直接影响和空间溢出效应研究——来自浙江省的证据[D]. 杭州:浙江大学,2014.

[3]刘彦随,周扬,刘继来. 中国农村贫困化地域分异特征及其精准扶贫策[J]. 中国科学院院刊,2016,(31):3.

[4]周圆圆. 地理空间溢出、禀赋条件差异与区域贫困集聚——基于空间计量模型的实证分析[J]. 科学决策,2013(6).

[5]Fujita, M., P. Krugman and A. J. Venables. The Spatial Economy. Cities,Regions and International Trade[M]. Cambridge, MA: MIT Press,1999: 61 -75.

[6]Gilles Duranton,Diego Puga. Micro - Foundations of Urban Agglomeration Economies[DB/OL]. Working Paper 9931,http://www. nber. org/papers/w9931,2003.

[7]Jorge Martinez-Vazquez,Panupong Panudulkitti,Andrey Timofeev. Urbanization and the Poverty Level[Z]. Revista de Estudios Regionales No 100,I. S. S. N.: 0213 -7585 19 -46.

[8]Jyotsna Jalan Mlartin Ravallion. Spatial Poverty Traps? [R]. The World Bank,Policy Research Working Paper 1862,1997.

[9]Karen Moore. Frameworks for Understanding the Intergenerational Transmission of Poverty and Well-being in Developing Countries[Z]. CPRC Working Paper 8,2001.

[10]Long Thanh Giang,Cuong Viet Nguyen,Tuyen Quang Tran. A Linkage between Firm Agglomeration and Poverty Reduction First Evidence in Vietnam [DB/OL]. Ipag Business School Working Paper Series,http://www. ipag. fr/fr/accueil/la-recherche/publications-WP. html,2015.

[11]Luc Christiaensen, Joachim De Weerdt, Yasuyuki Todo. Urbanization and Poverty Reduction——The Role of Rural Diversification and Secondary Towns[J]. Agricultural Economics,2013(3).

[12]Mark D. Partridge,Dan S. Rickman. Distance from Urban Agglomeration Economies and Rural Poverty[DB/OL]. http://aede.osu.edu/programs/Swank/,2007.

第 8 章　旅游需求波动、风险管理与非线性减贫效应研究

王英　单德朋　郑长德

摘要　旅游发展能够有效匹配贫困人口的资源禀赋,是产业扶贫的重要支撑。为更好地发挥旅游的减贫效用,本章基于旅游波动和风险管理视角对旅游发展与贫困减缓的多样化关联进行了逻辑统一,在使用 HP 滤波方法测度旅游需求波动的基础上,使用门限面板模型对 2000—2013 年中国旅游发展的非线性减贫效应进行了实证检验。实证结果显示:旅游波动是影响旅游发展减贫效应的重要因素,但国内旅游波动和入境旅游波动的减贫效应存在异质性。国内旅游波动主要体现为上行波动,在增长的稳定预期下,有助于旅游企业和包括贫困人口在内的旅游从业者进行专业化供给,从而有助于减贫。旅游发展的减贫效应体现出双门限的非线性特征,在旅游发展的初始阶段,并未能体现出显著的减贫效果,越过第一个门限值后,旅游减贫效应开始凸显,但在第二门限值之后,处于第三阶段的旅游发展减贫弹性递减。因此,旅游产业具备成为阶段性重要减贫动力来源的潜力,但在旅游扶贫政策的制定和实施中,应秉持辩证和动态视角,当意识到旅游减贫效应已经步入递减区间时,要进行主动、系统、综合的风险管理。理解外部环境变化对旅游发展冲击的潜在结果,通过旅游需求结构和产业结构的调整,提升贫困人口应对风险冲击的韧性,并通过互助、保险等风险应对手段,促进资源在不同风险状态之间的转移,提升旅游减贫绩效。

关键词　旅游发展;贫困减缓;旅游波动;门限面板模型

8.1 问题的提出

在全面建成小康社会的郑重承诺下,寻找一条更契合贫困人口和贫困地区禀赋条件且环境友好的可持续减贫道路是“十三五”期间面临的一个重要问题。各国政府和各类国际组织针对该问题的指导建议往往是通过旅游产业发展实现可持续贫困减缓(Organization W T. ,2010),甚至非洲80%的减贫项目都与旅游有关(Mitchell J,Ashley C. ,2010)。《中国农村扶贫开发纲要(2011—2020年)》以及各集中连片特困地区的扶贫攻坚规划也均将旅游扶贫作为产业扶贫的重要部分。这些发展规划和政策建议基于的基本假设是旅游发展的就业门槛较低,能够吸纳大量低技能劳动力和女性就业,旅游活动的参与结构较好地契合贫困人口的禀赋状况,并且在对生态环境的负面影响上少于其他行业,因此认为旅游能够改善贫困人口的收入和生活水平。但另一方面,旅游需求存在先天的季节性和不确定性,来自旅游的系统性风险和个体风险将带来资源闲置、失业、收入波动等各种可能,并且这些波动带来的负面冲击是将脆弱居民家庭推至贫困线以下,并使其无法摆脱贫困的重要因素(World Bank,2013)。如果无视旅游波动的负面冲击,可能转变成危机,抵消旅游发展的减贫成果,导致贫困人口更偏向于规避风险,陷入“稳妥的贫困”①。因此,风险管理是改进旅游发展减贫绩效的关键链接,本章的主要目的即分析客观存在的旅游需求波动与贫困减缓的关系,评估旅游波动的程度及其对贫困减缓的影响,这对在旅游扶贫工作中构建主动、系统、综合的旅游减贫风险管理体制具有重要意义。

关于旅游发展与减贫的理论研究普遍基于卡尔多方法和TLG框架(tourism-led-growth),认为旅游发展可以通过乘数效应、改善收支平衡和就业创造带动经济增长和贫困减缓,但实证结论并不统一,部分实证研究也得到了旅游发展对收入和就业存在负面冲击风险的证据。Hawkins(Hawkins D E,Mann S. ,2017)和Mann、Narayan等基于跨国样本或特定国家的实证研

① 根据《2014年世界发展报告》,稳妥的贫困是指:贫困人口由于意识到负面冲击会使他们陷入赤贫、破产或危机,可能就会坚持使用那些看起来比较保险但实际上弱后的生产技术和谋生手段。

究，得到了旅游发展是有效减贫动力来源的经验证据（Narayan P K. Tourism Demand Modelling，2003）。而 Sharpley 和 Naidoo（Sharpley R，Naidoo P.，2010）、Croes（Croes R.，2014）、Vanegas 等（Vanegas M S，Gartner W，Senauer B.，2015），以及杨霞和刘晓鹰等（杨霞，刘晓鹰，2013）则得到了旅游与减贫多样化关联的证据。

这些多样化的实证证据对 TLG 框架的“涓滴效应”假设进行了证伪，扩展了旅游与减贫关系的理论边界，却面临两个显著问题：第一，旅游与贫困减缓的多样化关联给旅游减贫政策的制定和实施带来了比以往更多的干扰。第二，这些实证研究的实证方法选择也存在较大差异，导致现有研究无法形成统一的实证分析框架，也无从对存在差异的研究结论进行比照研究。因此，基于现有多样性结论在理论和实证框架下能够统一的考量，本章尝试引入旅游波动视角对旅游减贫的异质性表现进行分析，同时利用门限回归模型对实证分析进行统一。本章研究旅游发展与减贫关系的逻辑前提并非尝试寻找否定旅游减贫的证据，而是基于旅游发展能够较好契合贫困人口资源禀赋和环境约束的前提，从旅游波动视角对旅游发展与贫困减缓的关系进行更为科学的判定，从而谋求通过主动、系统的风险管理提升旅游发展在产业扶贫中的更好表现。

本章可能的创新为：第一，本章引入了旅游波动视角来分析旅游与贫困减缓的关系，从研究结果来看，较好地拟合了旅游与减贫的实际关系，对既往差异化的实证研究结论进行了有效统一，具有更直接的政策启示；第二，本章使用门限回归模型对旅游发展与贫困减缓的关系进行实证检验，不仅能够有效识别两者长期关联和短期关联的可能差异，而且能够识别旅游发展影响贫困减缓的多门槛可能，规避单纯引入二次项只能得到唯一门槛值的局限，模型拟合效果更好，从而有助于更好地提升以旅游发展实现贫困减缓的稳健性。

8.2　理论综述

大量文献和实证研究已经证实旅游发展对经济增长具有巨大的促进作

用,但旅游发展与贫困减缓的关系依然是个有待理论研究和实证检验的问题。鉴于中国政策层面将旅游作为重要产业扶贫政策的事实,理论层面有必要厘清旅游发展与减贫的理论关联机制。当前关于旅游与减贫的研究主要沿着两条主线展开:一是基于 TLG 框架,研究旅游发展与经济增长的关系,而后基于"涓滴效应"的假设,认为旅游引致的经济增长能够自动产生减贫效用;二是对旅游发展和贫困减缓的关系进行直接理论和实证研究。

基于 TLG 框架的研究主要涉及两个问题:①旅游能够带动经济增长吗?②旅游引致的经济增长能够必然实现减贫吗?涉及旅游发展与经济增长的相关研究首先由 Ghali(Ghali M A. ,1976)展开,最近的研究包括 Arslanturk 等(Arslanturk Y, Balcilar M, Ozdemir Z A. ,2011)、Ekanayake 和 Long(Ekanayake E M, Long A E. ,2012)、Lionetti 和 Gonzalez(Lionetti S,Gonzalez O. ,2012)、Croes(Croes R. 2014),以及 Vanegas 等(Vanegas M S, Gartner W, Senauer B. 2015)。Croes(2014)总结了旅游发展作为经济增长的驱动力与其他行业相比的优势,包括:旅游者需要到目的地进行一系列产品和服务的消费;在旅游体验的创造过程中,有不同的服务供应商参与,这将创造更多的就业机会;在合理利用的前提下,旅游资源的边际成本较低;旅游发展与其他经济活动有较强的互补性,因此旅游发展具有推动经济增长的较大潜力。这些结论得到了很多经验证据的支撑,Ekanayake 和 Long 认为旅游发展是发展中国家重要的经济增长驱动力,这些国家应将其经济发展政策聚焦于推动旅游发展。此外,很多研究者和机构还关注了旅游发展对推动落后地区社会和文化进程的作用。

虽然旅游对经济增长的作用已经被既往研究高度认同,但也有研究质疑旅游对经济增长的作用(Cardenas-Garcia P J,Sanchez-Rivero M, Pulido-Fernandez J I. ,2013),Pulido-Fernadez 等(Pulido-Fernández J I, Cárdenas-García P J,Sánchez-Rivero M. ,2014)对旅游发展对经济增长的不利影响进行了总结,包括:当地社区对稀缺资源控制权的丧失、旅游行业与其他部门的弱关联、全球经济波动带来的旅游收入波动、旅游引致的环境破坏、拥堵和基础设施的过载等。Cardenas-Garcia 等(Rosentraub M S,Joo M. ,2009)则认为旅游在推动欠发达经济体的经济社会发展时,面临着较低的要素供给能力、人力资源匮乏、制度质量等主要的约束条件。基于该背景，不同的实证研究虽然有证据表明旅游是推动经济增长的工具，但这些证据只出现在特定的国家和特定的条件下。Katircioglu(Katircioglu S T. ,2009)基于土耳其的误差修正模型分析则直接得出了旅游发展与经济增长负相关的证据，Eugenio Martin 等(Eugenio-Martin J L, Martín Morales N, Scarpa R. ,2004)也发现旅游发展并没有带来拉丁美洲整体的经济增长，其正向经济作用仅出现在局部地区。Oh(Oh C O. ,2005)在韩国的案例研究中识别了经济增长对旅游发展的正向作用，而非旅游对经济增长的负向作用。这些证据都在 TLG 框架下，对旅游发展对经济增长的推动作用进行了质疑。

Pulido-Fernadez 等认为经济增长和经济发展并非同一概念，即便认同旅游发展对经济增长的作用，也不足以得出旅游发展有助于贫困减缓的结论。Cardenas - Garcia 等基于 117 个国家的实证研究发现，旅游发展并不能自动带来贫困减缓，除非这些国家有适宜的条件推动该进程。Peterson 等(Peterson R R, Cardenas D, Harrill R. ,2014)的研究也表明旅游发展仅仅是在最发达的国家推动了贫困减缓。Nowak 和 Sahli(Nowak J J, Sahli M. ,2007)的研究则发现旅游发展的减贫作用取决于旅游发展模式，如果旅游产品对海滩资源的倚重较大，那么旅游发展反而会导致居民福利的损失。Mitchell (Mitchell J. ,2010)也研究了不同旅游产品的益贫性指数，发现加纳的商业旅游仅有 10% 左右的旅游支出被贫困人口获得，而在北坦赞尼亚，贫困人口可以获得接近 30% 的登山旅游支出。

以上研究都是将旅游纳入增长框架来分析旅游与减贫的关系，然而根据上述分析，TLG 框架本身在旅游发展推动经济增长的问题上就存在质疑，经济增长必然促进贫困减缓的“涓滴效应”的假设也不可靠。因此，有必要构建更为直接的通道来分析旅游发展与贫困减缓的关系。顺应该思路，当前研究体现出两种不同的研究方向，其一是使用价值链分析方法，从微观视角分析旅游收入流通和贫困人口的所得，其二是使用实证分析的方法，对旅游发展和贫困减缓的宏观表现进行实证检验。第一种思路受限于数据可得性和可比性较差的缺陷，仅出现在少数案例研究中，但该思路能够精确量化目的地收益被贫困人口吸收的部分，并且能够识别贫困人口从旅游发展中获益的机会,从而对设计政策介入方式更具针对性。也有少量研究直接基于第二种思路从宏观方面对旅游发展和贫困减缓的直接关系进行了理论和实证研究。Bennett 等(Bennett O, Roe D, Ashley C. ,1999)总结了旅游发展与贫困减缓存在理论关联的渠道,包括:①旅游者必须到目的地消费,从而为目的地提供了额外的消费机会;②可以构建旅游业与农业以及服务业之间的关联;③旅游业通常是劳动力密集型的,通常雇佣较多的女性、年轻劳动力以及缺乏技能的劳动力,而这些受益群体往往具有贫困人口的主要人口统计学特征;④旅游业通常发生在边远地区和贫困人口相对密集的地方;⑤相较于制造业和其他产业,贫困人口从事旅游业的门槛较低。

从旅游发展与贫困减缓直接关联的实证研究来看,现有研究的结论体现出较大的差异。主要观点包括:第一,旅游发展对贫困减缓存在门槛效应,杨霞和刘晓鹰认为旅游流量只有越过了一定的门槛值才会对贫困减缓产生积极作用。第二,旅游发展的减贫效应存在短期和长期的差异,Sharpley 和 Naidoo 对毛里求斯的研究表明,虽然旅游发展能够给贫困人口带来短期收益,但旅游发展的长期减贫效应较弱。第三,旅游发展的减贫效应因各地区的经济发展阶段和旅游发展模式而有所不同(Adiyia B, Vanneste D, Rompaey A V, et al. ,2014)。Croes 认为只有在初始经济发展水平较低的地区,旅游发展才表现出显著的减贫效应。由于这些实证研究使用的实证模型存在显著不同,所以很难将他们的研究结论进行横向比较分析,从而给旅游减贫政策的制定和实施带来了困扰。因此,我们有必要对现有实证研究从研究视角上和实证方法上进行逻辑统一。通过对现有实证结论的剖析我们发现,无论是旅游减贫效应的短期和长期差异、旅游减贫的门槛效应还是旅游发展模式的不同,它们的一个共同点是旅游波动存在差异,因此旅游波动视角能够对既有实证研究的视角进行统一。为了对实证方法进行统一,我们引入了门限面板模型,通过多门槛的识别和检验,我们不仅能够分析旅游减贫效应的短期和长期差异,还能够较好地纳入各样本的背景异质性和旅游门槛效应。

8.3　实证模型设计

鉴于现有实证研究认为旅游减贫效应因短期和长期、旅游发展阶段和旅游目的地背景的差异而不同，本章将使用门限面板模型对现有实证框架进行逻辑统一，该模型的初始设定和检验方法由 Hansen（Hansen B E.，1999）给出。模型的初始设定为：

$$y_{it} = \alpha_i + \beta'_1 x_{it} I(q_{it} \leq \gamma) + \beta'_2 x_{it} I(q_{it} > \gamma) + \varepsilon_{it} \tag{8-1}$$

其中，下标 i 表示某个样本，在本章中表示 31 个省级行政单位之一，下标 t 表示某个时间点。y_{it} 表示被解释变量，q_{it} 表示门限变量，x_{it} 表示由解释变量构成的 k 维向量。$I(.)$ 为示性函数，ε_{it} 为随机扰动项，且服从均值为 0，方差为 σ^2 的独立正态分布，即 $\varepsilon_{it} \sim iid(0,\sigma^2)$。如果存在门槛效应，则当 q_{it} 小于或大于某个特定值 γ 时，解释变量的参数估计值 $\beta_1 \neq \beta_2$。在本章模型中门限变量为旅游发展情况，并且待检验的假定为：在旅游发展的不同阶段，旅游发展的减贫效应存在差异。

利用门限面板模型进行实证分析，必要的参数估计和检验包括：一是对解释变量进行参数估计；二是对是否存在门限效应进行显著性检验；三是对门限个数进行显著性检验；四是对门限估计值进行真实性检验。

Hansen 使用固定效应方法对式（8－1）进行估计，在去除个体固定效应 α_i 后，在给定门限值 γ 的情况下，使用最小二乘法对 β 进行参数估计。在参数估计时，将式（8－1）重写为：

$$y_{it} = \alpha_i + \beta' x_{it}(\gamma) + \varepsilon_{it} \tag{8-2}$$

其中，$\beta = (\beta'_1 \beta'_2)'$，$x_{it}(\gamma) = \begin{pmatrix} x_{it} I(q_{it} \leq \gamma) \\ x_{it} I(q_{it} > \gamma) \end{pmatrix}$。$\beta$ 的参数估计值可以由下式得到：

$$\hat{\beta}(\gamma) = (X^*(\gamma)'X^*(\gamma))^{-1} X^*(\gamma)'Y^* \tag{8-3}$$

X^* 和 Y^* 表示去除了个体效应之后的数据集，回归之后的残差为 $\hat{\varepsilon}(\gamma) = Y^* - X^*(\gamma)\hat{\beta}(\gamma)$，相应的残差平方和可以表示为：

$$S_1(\gamma) = \hat{\varepsilon}^*(\gamma)'\hat{\varepsilon}^*(\gamma) = Y^{*\prime}(I - X^*(\gamma)'(X^*(\gamma)'X^*(\gamma))^{-1}X^*(\gamma)')Y^* \tag{8-4}$$

Hansen(Hansen B E. 2000)认为使上述残差平方和最小的 γ 即为最接近实际的门限值,因此利用残差平方和最小的原则确定了单一门限值之后,再对门限效应进行真实性检验。为了克服常规检验不是标准分布导致无法识别门限值的缺陷,Hansen(Hansen B E. ,1996)使用 bootstrap 方法来模拟固定效应模型似然率检验的渐进分布,但仍存在不足,因此 Hansen(Hansen B E, Seo B. ,2002)利用 γ 的似然比率检验统计量来计算 γ 的置信区间,从而推断出临界值。如果存在两重及以上门限值时,则需要将式(8-1)扩展为:

$$y_{it} = \alpha_i + \beta'_1 x_{it} I(q_{it} \leq \gamma_1) + \beta'_2 x_{it} I(\gamma_1 < q_{it} \leq \gamma_2) + \beta'_3 x_{it} I(\gamma_2 < q_{it}) + \varepsilon_{it} \quad (8-5)$$

多重门限值的估计需要在重复上述步骤之外,对上一次门限值进行再次估计和真实性检验(Bai J. ,1997)。就本章的研究主题来看,旅游发展的减贫效应还存在多门限值的可能。旅游产品的生命周期理论已经表明,在旅游发展的各个阶段,旅游发展对本地的影响存在差异。基于上述多重门限面板模型的构建以及后文的分析,本章使用的基准模型为:

$$pov_{it} = \alpha_i + \beta'_1 x_{it} I(tourism_{it} \leq \gamma_1) +$$
$$\beta'_2 x_{it} I(\gamma_1 < tourism_{it} \leq \gamma_2) + \beta'_3 x_{it} I(\gamma_2 < tourism_{it}) + \varepsilon_{it} \quad (8-6)$$

其中,pov 表示贫困状况,$tourism$ 表示旅游发展情况,x 表示其他解释变量,包括人均地区生产总值、旅游波动、产业结构、受教育年限、国际贸易等。在引入变量时,对所有变量取自然对数以便于经济含义解释。

8.4 变量说明与数据描述

8.4.1 变量说明

被解释变量:贫困状况是本章主要的被解释变量,本章选取城乡恩格尔系数作为衡量城乡贫困状况的指标,并且将农村贫困作为主要的贫困形态,而将城市贫困作为稳健性检验的选择之一。目前,用于反映贫困状况的通用指标包括贫困指数、贫困人口收入以及恩格尔系数(单德朋,2012)。由于贫困线的变更,各地区尚无长序列的贫困指数,并且根据中国当前的收入状况,贫困主要体现为收入贫困和消费贫困,因此本章将借鉴单德朋的做法,在模型中取各省区的城乡恩格尔系数作为被解释变量，以反映城乡贫困状况，城乡恩格尔系数的下降表明实现了贫困减缓。

主要解释变量和门限变量：①旅游发展情况。旅游发展是本章的门限变量，也是主要解释变量之一。我们从旅游收入和旅游人次两个维度来度量旅游发展情况，并在计量模型中取自然对数。旅游收入为国内旅游收入和国际旅游收入之和，旅游人次为国内游客人次和入境游客人次之和。②旅游波动。我们使用 Hodrick - Prescott 滤波方法对旅游波动情况进行了识别，并将旅游发展自然对数值的波动项作为旅游波动指标。滤波处理的方法为：将各地区旅游发展设定为同时包含旅游趋势项和波动项的时间序列，将旅游波动看作是旅游发展对某种既定变动路径的偏离，而该既定变动路径就是旅游发展的趋势项，即：$Y_t = Y_t^T + Y_t^C$。其中，Y_t^T 表示旅游发展的趋势项，Y_t^C 表示旅游发展的波动项。通过求解 $\min\left(\sum_{t=1}^{T}(Y_t - Y_t^T)^2 + \lambda\sum_{t=2}^{T-2}((Y_{t+1}^T - Y_t^T) - (Y_t^T - Y_{t-1}^T))^2\right)$ 即可分解出旅游发展的趋势项，同理利用 $Y_t^C = Y_t - Y_t^T$ 得到旅游发展的波动项。我们使用 Stata12.0 的 tsfilter 工具对旅游波动项进行了识别。根据旅游发展测度指标的不同，旅游波动又可分为旅游收入波动和旅游人次波动，本章认为旅游收入波动包含了非旅游因素的其他因素扰动，因此选择旅游人次波动作为反映旅游波动的指标，并将旅游人次波动细分为国内游客波动和入境游客波动。此外，在后续实证分析中，我们还使用了旅游上行波动和下行波动的概念，如果当期波动项为正值，即为上行波动，反之为下行波动。

控制变量：①经济增长。经济增长用人均地区生产总值表示，并取其自然对数引入模型。经济增长能够带来平均收入水平的提升，从而对贫困人口收入提升带来“水涨船高”的正效应，是影响贫困减缓的重要变量。为了捕捉可能存在的库兹涅茨曲线效应，在模型中还控制了人均地区生产总值的二次项。如果二次项参数估计值显著大于零，则表明在某个临界值之前经济增长能够显著降低贫困状况，但减贫弹性趋于下降。②受教育年限。在模型中受教育年限以自然对数的形式呈现。现有研究显示受教育年限也是影响贫困减缓的重要变量,但对于该变量对贫困的影响方向尚存在争议。受教育年限根据六岁以上人口中各种受教育程度人口的比重加权得到,计算公式为:小学 ×6 + 初中 ×9 + 高中 ×12 + 大专及以上 ×16。③国际贸易。国际贸易用各地区进出口贸易总额表示,并在引入模型时取自然对数。国际贸易不仅可以通过就业和经济增长的影响作用于贫困,而且现有研究也表明国际贸易引致的商业往来和人员交互是旅游需求的重要组成部分。④产业结构。在模型中使用二次产业和三次产业比重作为产业结构的代理变量,产业结构所对应的经济发展方式转变是影响贫困的重要因素。同时,在模型中引入产业结构还能够最大限度规避收入分配对旅游减贫效应的扰动。

8.4.2 数据来源与变量统计性描述

本章以 2000—2013 年作为研究时间段,构建省级面板数据,从旅游波动视角考察旅游与贫困减缓的关系。本章数据的主要来源是《新中国六十年统计资料汇编》、历年《中国统计年鉴》、历年《中国旅游统计年鉴》、历年各省区统计年鉴,以及历年各省区国民经济和社会发展统计公报。其中,所有货币度量均以 2000 年为基期进行了价格调整,以剥离物价波动的干扰;国际旅游收入和国际贸易数据按当年汇率折算为人民币,并进行了物价扰动剥离;因部分省区统计年鉴中没有城乡恩格尔系数的数据,用食品支出在现金消费支出中所占比例来近似表示;部分省区某些年份缺失旅游人次统计数据,根据相应年份的省区统计公报提供的增长率进行了推算。表 8 - 1 报告了各变量的描述性统计。

表 8 - 1 变量统计性描述

变量	变量说明	单位	均值	标准差	最小值	最大值
rgdp_per	人均 GDP	元	19 654.24	14 826.62	2 759.00	74 248.45
rinvest	投资总额	亿元	4 406.25	4 622.88	66.50	27 270.81
rincome_urban	城市人均可支配收入	元	11 395.41	5 371.44	1 864.51	33 685.61
rincome_rural	农村人均纯收入	元	4 252.70	2 492.38	1 331.00	15 052.43
rincometour	旅游总收入	亿元	833.95	927.25	6.75	5 195.81
rincome_do	国内旅游收入	亿元	760.55	844.93	2.58	5 064.80

续表

变量	变量说明	单位	均值	标准差	最小值	最大值
rincome_fo	国际旅游收入	亿元	71.65	120.14	0.01	782.24
rtrade	进出口总额	万元	3 336.93	6 995.67	1.41	52 296.11
tourist	旅游人次	万人次	11 360.53	11 616.63	60.83	69 775.32
tourist_do	国内旅游人次	万人次	10 895.83	11 033.27	45.89	59 664.72
tourist_fo	入境旅游人次	万人次	461.82	1 653.17	0.30	11 085.83
education	受教育年限	年	8.15	1.23	3.00	12.03
pov_urban	城市贫困	%	37.78	4.49	27.92	55.44
pov_rural	农村贫困	%	41.66	8.49	23.97	79.30
secondary	第二产业比重	%	45.74	8.42	19.74	59.98
tertiary	第三产业比重	%	40.92	7.70	28.62	76.85

数据来源：作者计算得到，所有以货币作为计价单位的指标均以 2000 年为基期价格进行了价格调整，为实际值。

8.5　实证分析过程与结果说明

8.5.1　实证模型检验

数据平稳性检验：本章实证检验使用的数据格式为 31 × 14 的面板数据，包含时间序列，因此应首先进行面板数据的平稳性检验。我们使用 LLC (Levin-Lin-Chow) 方法对面板数据进行了单位根检验，检验结果见表 8 - 2。从中可以看出各主要变量均能在常用显著性水平上拒绝存在单位根的原假设，加之数据时间序列相对较短的事实，我们认为模型中的各回归变量均为平稳序列，可以将其水平值纳入回归模型。

表 8 - 2　数据平稳性检验

主要变量	贫困状况	旅游波动	人均 GDP	受教育程度	第三产业
LLC 检验	-0.269 42** (-6.996)	-0.436 66** (-10.251)	-0.132 97** (-6.890)	-0.504 19* (-9.673)	-0.142 73** (-5.969)

数据来源：作者利用 Stata12.0 计算得到，括号内为各参数所对应的 t 统计量，其中 * 和 ** 分别表示在 1% 和 5% 的显著性水平上统计显著。

经济增长变量引入形式的检验：经济增长是研究贫困问题的最重要控

制变量,现有研究普遍认为经济增长能够显著促进贫困减缓,但对于经济增长影响贫困的方式还存在不同的看法。在实证模型设计中,有两种引入经济增长的备选方式,一是引入经济增长的水平值,二是同时引入经济增长的水平值和二次项,从而捕捉经济增长影响贫困减缓的非线性形态。为了确定实证模型引入经济增长变量的适宜形式,我们首先使用固定效应模型对经济增长不同引入形式的合意性进行了判定,结果如表 8 -3 所示,其中模型一引入了经济增长的水平形式,模型二同时引入了经济增长的水平形式和二次项,分析旅游发展、经济增长等与农村贫困的关系,模型三和模型四则是以城市贫困为被解释变量,对模型一和模型二的稳健性检验。

从表 8 -3 中的结果来看,模型二和模型四中经济增长的二次项均在 1% 的显著性水平上统计显著。并且,引入经济增长二次项之后,经济增长水平量的参数估计值也更为显著,引入经济增长二次项后,经济增长水平量在农村贫困模型中的参数估计值 t 统计值从 -1.71 变为 -4.91,在城市贫困模型中的 t 统计值从 -1.19 上升到 3.71。从模型拟合优度的变动也可以看出,引入经济增长二次项后,模型的拟合优度有所提升。此外,表 8 -3 也显示旅游发展对城市贫困的影响并不显著,模型的拟合优度在 0.2 以下,其主要原因在于旅游活动的空间分布主要以偏远地区为主,即便在城市中存在的旅游项目,也主要以资本密集型的旅游产品为主,对城市贫困人口的溢出能力较弱。因此,本章后续分析涉及的贫困主要为农村贫困,不再将城市贫困作为稳健性检验的比照组。

表 8 -3 经济增长变量引入形式的检验

解释变量	农村贫困		城市贫困	
	模型一	模型二	模型三	模型四
lnrincometour	-0.110 28*** (-4.12)	-0.077 43*** (-2.87)	-0.007 18 (-0.53)	-0.021 5 (-1.57)
lnrgdp_per	-0.083 33* (-1.71)	-1.266 41*** (-4.91)	-0.029 43 (-1.19)	0.486 303*** (3.71)
lnrgdp_per2		0.057 467*** (4.67)		-0.025 05*** (-4.00)
lnrtrade	0.018 127*** (3.06)	0.017 031*** (2.95)	0.002 407 (0.8)	0.002 885 (0.98)

续表

解释变量	农村贫困		城市贫困	
	模型一	模型二	模型三	模型四
secondary	-0.897 29*** (-2.89)	-0.174 81 (-0.51)	0.024 921 (0.16)	-0.290 02* (-1.68)
tertiary	-0.805 16** (-2.3)	-0.411 63 (-1.17)	-0.107 32 (-0.61)	-0.278 86 (-1.56)
education	-0.019 98 (-0.95)	-0.021 55 (-1.05)	-0.007 92 (-0.74)	-0.007 23 (-0.69)
cons	5.960 542*** (20.11)	11.327 29*** (9.56)	4.033 217*** (26.94)	1.693 754*** (2.81)
R^2	0.690 8	0.707 0	0.164 9	0.197 4

数据来源：作者计算得到，括号内为各参数估计值的 *t* 统计量，*、**和***分别表示在 10%、5%和 1%的显著性水平上统计显著。*cons* 表示常数项，R^2 表示拟合优度。

门限效应的检验：在分析旅游发展和旅游波动对贫困减缓的影响时，我们在模型五和模型六中依次引入了旅游发展和旅游收入波动变量，并在模型七中使用旅游人次波动进行稳健性检验，在模型八和模型九中使用固定效应模型，分别对旅游收入波动和旅游人次波动的减贫效应进行稳健性检验。在对参数估计结果进行分析之前，还需要对门限效应是否存在以及门限值的真实性进行检验。本章首先基于残差平方和最小原则依次确定两个门限值，然后使用 Bootstrap 方法模型 F 统计量的渐进分布及其在各个常用显著性水平上的临界值，从而对不存在门限效应的原假设进行检验。检验结果如表 8-4 所示。

从门限效应检验结果来看，三个模型均能在 1% 的显著性水平上拒绝不存在门限效应，以及只有一个门限值的原假设，似然比率统计值则无法在常用显著性水平上拒绝门限估计值为真实值的原假设。按照门限面板模型的实证过程，理论上还应该对是否存在更多门限的可能进行检验。本章的确也对三重门限以及更多重门限进行检验，检验结果显示确实存在更多重门限，但在双重门限之后，旅游发展的参数估计值差别较小，因此可以将双重门限模型作为本章的基准模型。

表8-4 旅游减贫效应的门限效应检验

模型	门限检验	F统计量	门限值	各显著性水平F统计量临界值		
				1%	5%	10%
模型五	单一门限	26.387 3***	3.677 0	7.134 9	4.027 0	2.758 3
	双重门限	13.883 9***	5.455 4	6.989 9	3.871 4	2.668 2
模型六	单一门限	27.542 0***	3.677 0	6.815 1	3.786 6	2.690 1
	双重门限	13.562 1***	5.455 4	7.063 2	3.888 4	2.511 7
模型七	单一门限	40.632 8***	3.677 0	6.672 0	3.977 9	2.596 9
	双重门限	9.294 8***	5.455 4	7.674 0	4.409 3	2.969 2

数据来源:作者计算得到,***表示在1%的显著性水平上统计显著。

8.5.2 实证结果说明

旅游波动与贫困减缓的关系:本章从两个维度考察了旅游波动对贫困的影响,一是分别纳入了旅游收入波动和旅游人次波动,二是将总体旅游波动分解为国内旅游波动和入境旅游波动。从表8-5中的实证结果来看,旅游人次波动对贫困状况的影响比旅游收入波动更为显著,模型七中国内旅游人次波动和入境旅游人次波动的参数估计值均在1%的显著性水平上统计显著,而模型六中只有入境旅游收入在10%的显著性水平上统计显著。其主要原因在于旅游人次波动是旅游收入波动的来源,而旅游收入波动综合体现了旅游人次、价格、汇率等的波动。因此,旅游人次波动能够更精确捕捉旅游波动情况,接下来对于旅游波动与减贫关系的分析将以模型七作为基准模型。

根据实证结果,旅游波动与贫困减缓的关系集中表现为:总体旅游波动与贫困状况负相关,但国内旅游波动和入境旅游波动对贫困的影响方向相反。总体旅游波动有助于贫困减缓的结论似乎与理论分析的预想结果不符,现有研究通常认为差距较大的旅游淡旺季将会导致淡季旅游目的地的资源闲置和就业困难,从而存在逆转理想预期减贫结果的可能。之所以出现本章的实证结论,我们认为与旅游波动的构成有关,从而进一步细分了国内旅游波动和入境旅游波动与减贫的关系,发现国内旅游波动体现出有效的减贫效果,而入境旅游波动则不利于贫困减缓。以模型七为例,国内旅游人次波动项和入境旅游人次的波动项的参数估计值分别为 -0.22 和 0.07，且均在 1% 的显著性水平上统计显著，国内旅游人次在趋势项的基础上波动 10%，将会导致贫困状况下降 2.2%，而入境旅游人次同等的波动将会导致贫困状况上升 0.7%，其他几个实证模型的结果也大致相同。国内旅游波动有助于减贫的原因在于，国内旅游无论是旅游收入还是旅游人次均呈现上行波动的态势。因此，旅游企业和包括贫困人口在内的旅游从业者形成了国内旅游持续增长的稳定预期，从而减少了因规避风险而采取的分散投资和就业行为，并沿着旅游专业化的方向持续增加旅游物质资本投资和人力资本积累，根据 Croes（2014）的研究，旅游专业化将有效改进旅游的减贫效应。但入境旅游波动则上行波动和下行波动并存，尤其受 2003 年非典的影响，以及 2008 年以来全球金融危机导致的国外经济增速放缓，使得入境旅游表现为显著的下行波动。这将会从两个方面对贫困人口收入提升产生负面作用，一方面入境旅游人次和收入的下降将会通过就业岗位的减少和对经济增长贡献的减少，从直接和间接两方面影响贫困状况；另一方面在上行波动和下行波动并存的情况下，旅游企业和包括贫困人口在内的旅游从业人员将会形成适应性预期，在各项经济决策的前端纳入入境旅游下行波动的预期，采取适当行为规避下行波动的风险，从而带来额外的交易成本，降低旅游发展的减贫绩效。

因此，旅游波动确实能够影响旅游发展的减贫效应，如果在实证研究中遗漏该变量，将会导致模型误设和旅游发展减贫效应参数估计值的偏误。这也是既往实证研究中旅游减贫效应存在争议的可能原因，未来的理论和实证研究应将旅游波动纳入旅游的减贫效应分析。同时，政策层面也应意识到国内旅游波动和入境旅游波动对旅游减贫效应的影响，不仅应该缓解和规避旅游下行波动的负面影响，更为关键的是在政策的制定和实施过程中，理解贫困人口的稳定预期对贫困减缓的重要意义①。

---

① 我们在实地调研中发现，在旅游资源较为丰富以及有特殊经济作物的地区，贫困人口之所以没有充分利用特殊资源实现脱贫，主要原因不仅在于投资能力不足，更重要的是对产业波动的担忧。面临新产业带来的机遇和风险，理性小农以规避风险作为出发点，在生产决策中采取极大化极小策略，而非利润最大化策略。

表 8-5　旅游发展、旅游波动影响贫困减缓的估计结果

解释变量	模型五	模型六	模型七	模型八	模型九
lnrgdp_per	-1.473*** (-5.732 1)	-1.445 2*** (-5.435 3)	-1.643 8*** (-6.315 5)	-1.233 08*** (-4.61)	-1.489 87*** (-5.58)
lnrgdp_per2	0.064 6*** (5.266 7)	0.063 3*** (5.056 4)	0.07*** (5.698 9)	0.056 143*** (4.46)	0.066 052*** (5.26)
lnrtrade	0.016 6*** (3.017)	0.016 2*** (2.928 1)	0.021*** (3.867 7)	0.016 588*** (2.87)	0.021 095*** (3.66)
secondary	-0.104 3 (-0.319 9)	-0.100 6 (-0.308 7)	-0.136 7 (-0.432 2)	-0.171 87 (-0.5)	-0.176 9 (-0.53)
tertiary	-0.407 2 (-1.208 5)	-0.376 (-1.116 4)	-0.426 1 (-1.297 8)	-0.379 32 (-1.08)	-0.405 29 (-1.17)
education	-0.000 4 (-0.019)	0.003 2 (0.159 4)	-0.001 6 (-0.078 5)	-0.017 92 (-0.86)	-0.023 4 (-1.12)
lnrincome_do_hp		-0.019 9 (-0.585 1)		-0.010 3 (-0.29)	
lnrincome_fo_hp		0.030 6* (1.818 8)		0.027 434 (1.56)	
lntourist_do_hp			-0.215 7*** (-4.878 3)		-0.184 09*** (-4.03)
lntourist_fo_hp			0.071 6*** (3.361 7)		0.053 76** (2.43)
lnrincometour				-0.085 32*** (-2.78)	-0.039　13 (-1.28)
lnrincometour(1)	-0.030 7 (-0.980 1)	-0.033 5 (-0.973 1)	0.034 3 (0.986 9)		
lnrincometour(2)	-0.067 8*** (-2.503 6)	-0.072 1** (-2.364)	-0.015 6 (-0.511 2)		
lnrincometour(3)	-0.054 2** (-2.042 5)	-0.058 8** (-1.957 2)	-0.004 8 (-0.160 8)		

数据来源:作者计算得到,括号内为各参数估计值的 *t* 统计量,*、** 和 *** 分别表示在 10%、5% 和 1% 的显著性水平上统计显著。*lnrincometour*(1)、*lnrincometour*(2) 和 *lnrincometour*(3) 分别表示旅游发展的第一、第二和第三阶段。

旅游发展影响贫困减缓的门限效应:通过对于门限效应的检验,旅游发展对贫困状况的影响存在两个门限值。接下来对旅游发展减贫效应的分析将基于双重门限模型进行，门限变量为真实旅游收入的自然对数值，两个门限值分别为 3.6770 和 5.4554，折算为真实旅游总收入为 39.5 亿元和 233 亿元。从模型六的结果来看，当真实旅游总收入小于 39.5 亿元时，旅游发展的参数估计值为 -0.0335，但无法在常用显著性水平上统计显著。当真实旅游总收入介于 39.5 亿元和 233 亿元之间时，旅游发展的减贫效应开始增强，参数估计值为 -0.072 1，真实旅游收入每增加 10%，贫困状况将会下降0.7%，并且能够在 5% 的显著性水平上统计显著。当真实旅游总收入达到或者超过第二个门限值 233 亿元时，旅游发展的减贫效应开始下降，参数估计值下降为 -0.0588，但依然能够在 5% 的显著性水平上统计显著。结合模型七中的参数估计值，我们认为旅游发展对贫困减缓的门限效应集中表现为三段式：第一，在旅游发展的初始阶段，旅游发展并不会体现出显著的减贫效应，甚至受旅游波动和旅游漏损的影响而不利于减贫；第二，在旅游发展超过第一个门限值之后，旅游发展体现出较为显著的减贫作用；第三，随着旅游发展规模的不断扩大，超过第二个门限值之后，虽然旅游发展依然能够促进贫困减缓，但旅游发展的减贫绩效呈现出递减特征。本章的研究结论与杨霞和刘晓鹰的研究结果相一致，他们也认为旅游发展只有经过某一门槛值后才能产生有效的减贫效应。但与他们研究不同的是，本章不仅明确计算出了旅游发展的门限值，而且基于门限面板模型判定了双重门限值和旅游减贫绩效递减的特征，更为契合经验观察。

根据计算出的两个门限值，我们可以对各地区旅游发展与贫困减缓关系的当前阶段进行识别。在所有的 434 个样本中，处于第一阶段、第二阶段和第三阶段的样本分别有 30 个、96 个和 308 个。2013 年的 31 个截面样本中，所有地区真实旅游总收入的自然对数值都超过了 3.6770。介于两个门限值之间，处于旅游发展第二阶段的样本有 3 个，分别是宁夏、青海和西藏，其余 28 个地区真实旅游总收入的自然对数值都大于 5.4554，处于旅游发展的第三个阶段。而在 2000 年，宁夏、青海、西藏和甘肃 4 个省区同处于旅游发展的第一阶段，内蒙古和云南等 14 个省区处于第二阶段，其余 13 个省区处于旅游发展的第三阶段。因此，为了客观认识旅游发展的减贫效应，应秉持辩证和动态视角,一方面基于当前阶段本地区旅游与减贫的关系制定旅游扶贫政策,另一方面还应意识到旅游减贫效应趋于变动的客观事实。由于当前大多数地区的旅游发展已经越过了第二个门限值,在制定旅游减贫相关政策时,应意识到旅游减贫效应已经步入递减区间,此时的政策导向应该是通过对旅游波动的干预,和精准扶贫政策的使用来提升旅游减贫绩效。

控制变量与贫困减缓的关系:模型七的实证结果显示,经济增长与贫困减缓呈非线性关系,二次项和一次项的参数估计值分别为0.07和-1.6438,在经济发展的初始阶段,经济增长具有显著的减贫效应,但随着经济发展水平的持续提升,经济增长的减贫绩效递减。二次产业和三次产业比重的参数估计值为负值,产业结构非农化虽然体现出贫困减缓的效应,但统计意义并不显著,其主要原因在于产业结构非农化进程往往伴生着收入分配情况的变化,从而对贫困减缓产生不确定性。国际贸易体现出不利于贫困减缓的特征,并且统计显著,主要原因在于贫困人口参与国际贸易的机会较少,尤其是在垂直专业化的全球贸易背景下,国际贸易更多的是需要中等及以上技能的劳动力,这显然与贫困人口的资源禀赋不符。受教育回报扭曲、教育质量等因素的影响,受教育年限与减贫的关系更为不确定。

8.6 结语与政策启示

在全面建设小康社会的攻坚阶段,寻找财务和生态可持续的减贫动力来源是重要的现实问题。旅游发展能够有效匹配贫困人口的资源禀赋,是产业扶贫的重要支撑。但理论和实证层面对旅游发展与贫困减缓的关联机制和影响方向并不确定。基于更好地发挥旅游减贫效用的考量,本章引入旅游波动和风险管理的视角对现有理论研究思路进行了统一,使用门限面板模型对2000—2013年我国省级面板数据进行了实证检验。本章的主要结论为:

第一,旅游波动是影响旅游发展减贫效应的重要解释变量,涉及旅游发展和贫困减缓的实证研究应在实证检验中引入旅游波动,尤其是旅游人次波动。同时,研究结果显示国内旅游波动和入境旅游波动的减贫效应不同,国内旅游已经形成了持续增长的预期,有助于旅游企业和包括贫困人口在内的旅游从业者进行专业化供给,从而实现有效减贫。但入境旅游上行波动和下行波动并行,导致旅游从业者为了规避旅游下行波动的风险而产生额外交易成本,损失了旅游发展的部分减贫绩效。因此,未来的理论和实证研究应将旅游波动纳入旅游的减贫效应分析。同时,政策层面也应意识到国内旅游波动和入境旅游波动对于旅游减贫效应的影响,不仅应该通过主动、系统的风险管理缓解和规避旅游下行波动的负面影响,更为关键的是在政策的制定和实施过程中理解贫困人口的稳定预期对贫困减缓的重要意义。

第二,旅游发展的减贫效应存在双重门槛特征。在旅游发展的初始阶段,旅游发展并不会体现出显著的减贫效应,甚至受旅游波动和旅游漏损的影响而不利于减贫;在旅游发展超过第一个门限值之后,旅游发展体现出较为显著的减贫作用;随着旅游发展规模越过第二个门限值之后,旅游发展的减贫绩效呈现出递减特征。因此,应秉持辩证和动态视角客观看待旅游发展与贫困减缓的关系,一方面基于当前阶段本地区旅游与减贫的关系制定旅游扶贫政策,另一方面还应意识到旅游减贫效应趋于变动的客观事实。由于当前大多数地区的旅游发展已经越过了第二个门限值,在制定旅游减贫相关政策时,应意识到旅游减贫效应已经步入递减区间,此时的政策导向应该是通过对旅游波动的干预和精准扶贫政策的使用来提升旅游减贫绩效。

本章可能的政策洞见为:旅游发展中的不确定性意味着在旅游减贫实践中风险与机会并存,而贫困人口的禀赋特征通常使其在面临风险时采取极大化极小策略回避风险,陷入“稳妥的贫困”。因此,在旅游扶贫的政策实践中要进行主动、系统、综合的风险管理,理解外部环境变化对旅游发展冲击的潜在结果,通过旅游需求结构和产业结构的调整提升贫困人口应对风险冲击的韧性,并通过互助、保险等风险应对手段,促进资源在不同风险状态之间的转移。

总之,旅游发展能够较好地契合贫困人口的资源禀赋和当前面临的生态硬约束现实,在经济增长的减贫绩效趋弱的背景下,旅游产业具备成为阶段性重要减贫动力来源的潜力。本章基于旅游波动视角对旅游发展与贫困减缓的关系进行了理论与实证研究,但碍于篇幅所限,本章的研究采取的是比较静态分析的思路。但事实上,旅游波动和旅游发展并非是严格的外生变量,旅游波动和旅游发展情况与目的地的经济发展水平以及旅游产品类型均存在内生关联可能。在下一步的研究中,我们将尝试从更为细致的角度刻画旅游发展的模式,并构建计量模型捕捉变量之间的交互关系。另外,我们还将借鉴价值链分析的思路和方法,对代表性地区和不同旅游发展模式的旅游收入在价值链的流通情况进行案例分析,从微观层面量化分析旅游发展对贫困减缓的影响,从而与宏观层面的实证研究形成补充。

本章参考文献

[1]杨霞,刘晓鹰.旅游流量、旅游构成与西部地区贫困减缓[J].旅游学刊,2013,28(6):47-55.

[2]单德朋.教育效能和结构对西部地区贫困减缓的影响研究[J].中国人口科学,2012 (5):84-94.

[3] Vanegas M S, Gartner W, Senauer B. Tourism and Poverty Reduction: An Economic Sector Analysis for Costa Rica and Nicaragua[J]. Tourism Economics, 2015(21):159-182.

[4] Adiyia B, Vanneste D, Rompaey A V, et al. Spatial Analysis Of Tourism Income Distribution in the Accommodation Sector in Western Uganda [J]. Tourism & Hospitality Research, 2014, 14(1/2):8-26.

[5]Arslanturk Y, Balcilar M, Ozdemir Z A. Time-Varying Linkages between Ttourism Receipts and Economic Growth in A Small Open Economy[J]. Economic Modelling, 2011(28):664-671.

[6]Bai J. Estimating Multiple Breaks One at A Time[J]. Econometric Theory, 1997, 13(3):315-352.

[7]Bennett O, Roe D, Ashley C. Sustainable Tourism and Poverty Elimination: A Report for the Department of International Development[J]. Deloitte

and Touch, IIED and ODI, London, 1999.

[8]Cardenas-Garcia P J, Sanchez-Rivero M, Pulido-Fernandez J I. Does Tourism Growth Influence Economic Development? [J]. Journal of Travel Research,2013(54):206 -221.

[9]Croes R. The Role of Tourism in Poverty Reduction: An Empirical Assessment[J]. Tourism Economics,2014,20(2):207 -226.

[10] Ekanayake E M, Long A E. Tourism Development and Economic Growth in Developing Countries[J]. Social Science Electronic Publishing, 2012 (6).

[11]Eugenio-Martin J L, Martín Morales N, Scarpa R. Tourism and Economic Growth in Latin American Countries: A Panel Data Approach[J]. Social Science Electronic Publishing,2004.

[12]Ghali M A. Tourism and Economic Growth: An Empirical Study[J]. Economic Development & Cultural Change,1976,24(3):527 -538.

[13]Hansen B E, Seo B. Testing for Two-Regime Threshold Cointegration in Vector Error-Correction Models[J]. Journal of Econometrics,2002,110(2): 293 -318.

[14]Hansen B E. Inference When A Nuisance Parameter Is Not Identified Under the Null Hypothesis[J]. Econometrica,1996,64(2):413 -30.

[15]Hansen B E. Sample Splitting and Threshold Estimation[J]. Boston College Working Papers in Economics,2000,68(3):575 -603.

[16]Hansen B E. Threshold Effects in Non - Dynamic Panels: Estimation, Testing,and Inference[J]. Journal of Econometrics,1999,93(2):345 -368.

[17]Hawkins D E, Mann S. The World Bank's Role inTourism Development[J]. Annals of Tourism Research,2007,34(2):348 -363.

[18]Katircioglu S T. Revisiting the Tourism-Led-Growth Hypothesis for Turkey Using the Bounds Test and Johansen Approach for Cointegration[J]. Tourism Management,2009,30(1):17 -20.

[19] Lionetti S, Gonzalez O. On the Relationship between Tourism and

Growth in Latin America[J]. Tourism & Hospitality Research,2012,12(1):15 -24.

[20]Mitchell J, Ashley C. Tourism and Poverty Reduction[M]. Pathways to Prosperity, Earthscan, London,2010.

[21] Mitchell J. An Unconventional but Essential Marriage: Pro - Poor Tourism and the Mainstream Industry[J]. Private Sector & Development,2010,7:3 -6.

[22]Narayan P K. Tourism Demand Modelling: Some Issues Regarding Unit Roots, Co - Integration and Diagnostic Tests[J]. International Journal of Tourism Research,2003,5(5):369 -380.

[23]Nowak J J, Sahli M. Coastal Tourism and 'Dutch Disease' in A Small Island Economy[J]. Tourism Economics the Business & Finance of Tourism & Recreation,2007,13(1):49 -65.

[24]Oh C O. The Contribution of Tourism Development to Economic Growth in the Korean Economy[J]. Tourism Management,2005,26(1):39 -44.

[25]Organization W T. Manual on Tourism and Poverty Alleviation: Practical Steps for Destinations[J]. Manual on Tourism & Poverty Alleviation Practical Steps for Destinations, 2010.

[26]Peterson R R, Cardenas D, Harrill R. Tourism as A Catalyst for Economic Development in Latin America: Setting An Agenda for Policy and Research [J]. Tourism Analysis,2014, 19(1):117 -122.

[27] Pulido - Fernández J I, Cárdenas - García P J, Sánchez - Rivero M. Tourism as A Tool for Economic Development in Poor Countries[J]. Tourism : Zagreb,2014(62):309 -322.

[28]Rosentraub M S, Joo M. Tourism and Economic Development: Which Investments Produce Gains for Regions? [J]. Tourism Management,2009,30(5):759 -770.

[29]Sharpley R, Naidoo P. Tourism and Poverty Reduction: The Case of Mauritius[J]. Tourism & Hospitality Planning & Development,2010,7(2):

145 - 162.

[30]World Bank. World Development Report 2014: Risk and Opportunity - Managing Risk for Development[M]. The World Bank, 2013.

第9章　金融可得性、信贷需求与精准扶贫的理论机制与研究进展

单德朋　郑长德　王英

摘要　构建理论模型分析了金融可得性、信贷需求影响贫困减缓的理论机制，并在线性模型的基础上，引入时间、不确定性和供给约束对线性模型进行了扩展。理论模型显示金融减贫的精准性受金融可得性和贫困人口金融需求数量和结构的影响，并且受金融波动、贫困跨期相关等背景因素的扰动。文章利用现有实证研究的经验证据对理论模型的结论进行了佐证，现有研究中体现的金融减贫的多样化关联可能可以使用本章构建理论模型进行逻辑统一。针对现有研究存在的不足，建议未来相关研究从三个方面进行扩展：第一，实证研究要体现非线性、空间相关性和动态性，并使用多维金融和贫困指标进行稳健性检验；第二，需要引入行为经济学理论，从需求角度设计和营销金融产品，规避拇指法则引致的信贷需求不足；第三，应注意引入社会学理论，体现社会关系偏好，以及“劣币驱逐良币”对群体负债策略的负面影响。

关键词　金融发展；小额信贷；贫困减缓；行为经济学

9.1　问题的提出

在“授人以渔”思想的指引下，现行的反贫困政策通常将改善贫困人口的要素投入能力作为提升贫困人口自我发展能力和实现可持续减贫的重要工具性目标。金融发展能够通过放松收入的当期约束，实现资本的跨时期转移，从而为贫困人口的生产经营活动提供金融匹配，有助于贫困减缓。

Philippon(Philippon T. ,2012)总结了金融系统的作用,包括为家庭和企业的储蓄和信贷提供融通渠道,提供支付工具,便利化商品与劳务的交易,以及为多样化投资决策和风险管理提供保险服务,并为二级市场交易提供信息。很多实证研究也从国家层面发现了金融发展与贫困减缓正向相关的证据(Burgess 和 Pande,2005;Jeanneney 和 Kpodar,2008)。随着格莱珉银行(the Grameen Bank)的成功,各国的发展援助项目均对金融减贫寄予了高度热情和理想预期。《中国农村扶贫开发纲要(2011—2010 年)》在农村扶贫的政策保障中明确提出"积极推动贫困地区金融产品和服务方式创新,鼓励开展小额信用贷款,努力满足扶贫对象发展生产的资金需求。"各集中连片特困地区也均提出"发展村镇银行,培育贷款公司、农村资金互助社等新型农村金融机构,大力发展扶贫小额贷款"。

不仅政策层面对金融减贫进行了高度关注,理论层面也开始对金融发展与贫困减缓的关系进行理论和实证研究。但与政策层面对金融减贫的广泛认同有所差异,金融发展与贫困减缓的关系尚未在理论和实证研究中完全确认。一方面,部分研究认为金融发展可以解决信息不对称等市场失灵情况和小额贷款的高固定成本问题,从而改善贫困人口的信贷可得性,使得贫困人口通过储蓄积累和信贷启动经营活动,带动经济增长和就业提升,从直接和间接影响两个方面实现贫困减缓(Ho 和 Odhimbo,2011)。但另一方面,也有很多的研究认为金融发展与贫困减缓存在多样化关联,而非简单正相关。尤其是在全球金融危机之后,越来越多的学者意识到了金融波动存在对贫困减缓的负面影响。从微观层面看,Banerjee, Duflo, Glennerster 和 Kinnan(2009)对印度海得拉巴的随机对照试验,以及 Becky Yang Hsu(2014)对中国农村信贷项目进行的田野调查显示,金融发展并没有体现减贫效果。从宏观层面看,Fowowe 和 Abidoye(2012)研究了金融发展、通货膨胀以及贸易开放度对贫困减缓的影响,他们的结果表明金融发展并没有降低贫困状况。Khan(2012)和 Shahbaz(2012)用不同金融发展指标对金融发展的减贫效应进行了实证检验,发现金融发展与贫困减缓的关系对金融发展的测度指标以及实证方法的选择较为敏感。Pagano 和 Picca(2012)发现金融危机期间,金融发达程度越高的地区失业上升的可能越大。Jeanneney 和 Kpodar

(2011)也认为贫困人口比富裕人口更容易受金融危机的伤害。

金融发展与贫困减缓在理论与实证研究中的多样化表现意味着,我们对金融扶贫的政策设计过于理想化或者简单化了金融发展这一工具性目的与贫困减缓这一构建性目的的关联。卡尔兰和阿佩尔(2013)在《不流于美好愿景——新经济学如何帮助解决全球贫困问题》一书中强调,金融扶贫政策在制定和实施过程中往往会将金融发展作为唯一的盯住目标,在推动金融扶贫项目时全力谋求金融发展,而后寄希望于金融发展与贫困减缓的水到渠成。这一便利思路极大简化了扶贫项目的评价,但在未厘清金融发展影响贫困减缓的内在机制之前,两者在现实中体现出的多样化关联将影响金融减贫的绩效。

本章的主要目的就是构建理论模型表述金融发展影响贫困减缓的内在机制,对两者存在多样化可能的现有理论和实证研究在同一逻辑框架下进行统一,并通过对现有实证研究结果的归纳,为理论模型提供经验证据支撑,从而为以金融发展推进可持续减贫的政策制定和项目实施提供理论启示。

与现有研究相比,本章的边际贡献在于:引入时间、不确定性和供给约束,对金融发展影响贫困减缓的线性机制进行了理论扩展,给出了分析金融精准扶贫的统一框架。两者多样化关联的原因包括:第一,流向贫困人口的金融供给影响金融发展的减贫作用;第二,贫困人口金融需求数量和需求结构与金融供给的匹配,将会影响金融发展的减贫作用;第三,金融减贫效应还受到金融波动、贫困跨期相关等背景因素的扰动。本章还从跨学科的视角对未来研究方向给出了三种扩展可能,包括实证经济学框架下的扩展、行为经济学扩展和社会学的扩展等方面。

本章后续部分的构成为:第二部分是金融发展与贫困减缓关系的理论模型构建,解析金融发展对贫困减缓的直接、间接影响,并引入时间、不确定性和供给约束对理论模型进行了扩展。第三部分是金融发展影响贫困减缓的经验证据,综合现有研究的证据和结论,对本章的理论模型进行了验证。第四部分是金融发展与贫困减缓未来研究方向。

9.2　金融发展与贫困减缓关系的理论模型构建

9.2.1　金融发展影响贫困减缓的基本模型

现有研究通常将金融发展与贫困减缓的关系置于宏观和微观两个层面进行分析。从宏观层面的研究来看，金融发展影响贫困减缓的机制被设定为“金融发展—经济增长—收入分配—贫困减缓”，即金融发展能够通过刺激经济增长间接影响贫困减缓。因此，金融发展的减贫效应，取决于金融发展所引致的经济增长对贫困人口就业和低技能劳动力要素回报率的影响，并且可以通过不平等程度的变化，捕捉金融发展的异质性减贫效应。从微观层面的研究来看，金融发展主要通过提升信贷和其他金融服务的可得性实现减贫，一方面金融发展通过降低交易成本使得贫困人口从储蓄等金融服务中提升收入和增强抵御外部风险的能力，一方面金融发展也能够提升贫困人口进行生产性投资和其他活动的能力，从而增进就业并改善要素回报。因此，金融发展直接和间接影响贫困减缓的作用靶点为贫困人口的要素投入和要素回报，金融发展与贫困人口收入提升的静态影响机制见图 9 - 1 所示。

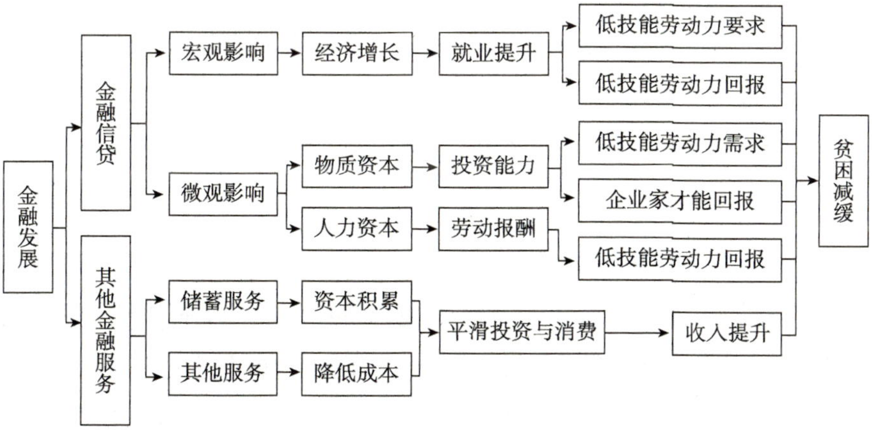

图 9 - 1　金融发展影响贫困减缓的静态影响机制

资料来源：作者绘制。

根据金融发展影响贫困减缓的静态影响机制,可以将贫困人口的收入分为三个来源,即工资性收入、经营性收入和资本收入。

$$y(i,t) = h(i,t)w(i,t) + a(i,t)r_1(i,t) + s(i,t)r_2(i,t) \quad (9-1)$$

其中, $y(i,t)$ 表示第 i 代人在 t 时期的收入状况, $h(i,t)w(i,t)$ 表示工资性收入, $h(i,t)$ 和 $w(i,t)$ 分别表示第 i 代人在 t 时期的人力资本和工资率, $a(i,t)r_1(i,t)$ 表示经营性收入, $a(i,t)$ 和 $r_1(i,t)$ 分别表示投资规模和投资回报率, $s(i,t)r_2(i,t)$ 表示资本收入, $s(i,t)$ 和 $r_2(i,t)$ 分别表示存款规模和存款利率。

$$h(i,t) = h(e(i,t),k(i,t)) \quad (9-2)$$

其中, $e(i,t)$ 表示第 i 代人在 t 时期的能力, $k(i,t)$ 表示第 i 代人在 t 时期人力资本投资累计量(Demirguc - Kunt A,Levine R.,2009)。在人力资本形成过程中,能力和人力资本投资为互补要素①,因此 $\frac{\partial^2 h}{\partial e \partial k} > 0$ 。因此,金融发展影响贫困减缓的机制体现在:第一,金融发展带来经济增长,提升低技能劳动力就业,经济增长对贫困人口的劳动力需求增加,贫困人口劳动力投入数量增加,通过对 $w(i,t)$ 的正向影响改善贫困人口收入。第二,金融发展使得贫困人口生产经营信贷资源增加,从而增加贫困人口物质资本的投入,即通过增加经营性投资规模 $a(i,t)$ 来增加贫困人口收入。第三,金融发展使得贫困人口能够通过放松教育、医疗等消费约束,从而增加贫困人口的人力资本投入,通过增加 $k(i,t)$ 和 $h(i,t)$ 来增加贫困人口收入。第四,金融发展通过提升储蓄等金融服务可得性,提升要素回报能力 $s(i,t)r_2(i,t)$ 。

9.2.2 模型扩展

(1)引入时间的模型扩展

在上述静态分析中,金融发展能够通过直接和间接渠道影响贫困减缓。但从贫困人口收入改善的跨期变化来看,贫困人口的收入还面临上一期的约束。贫困人口的当期人力资本是能力和人力资本累计投资的函数,而当

① 人力资本由先天能力和后天累计投资量构成的观点借鉴自:Demirguc-Kunt A, Levine R. Finance and inequality: Theory and evidence[R]. National Bureau of Economic Research,2009.

期能力则与上一期的能力和本期随机能力有关，即：

$$e(i,t) = \rho e(i,t-1) + \varepsilon(i,t) \quad (9-3)$$

其中，$0 \leq \rho < 1$，表示当期与上期能力的相关系数，$\varepsilon(i,t)$ 表示当期的随机能力，如天生的能力禀赋。当期人力资本累计投资则是上期人力资本和财富存量的函数，即：

$$k(i,t) = k(h(i,t-1), a(i,t-1)) \quad (9-4)$$

将(9-3)和(9-4)代入人力资本 $h(i,t)$ 得：

$$h(i,t) = h(\rho e(i,t-1) + \varepsilon(i,t), k(h(i,t-1), a(i,t-1))) \quad (9-5)$$

且在式(9-5)中，$e(i,t-1) = \rho e(i,t-2) + \varepsilon(i,t-1)$，$k(i,t-1) = k(h(i,t-2), a(i,t-2))$。因此，如果贫困人口的金融可得性较强，所有群体均可通过引入信贷放松人力资本投资的收入约束，从而做出人力资本投资的最优选择，此时 $h(i,t)$ 方差的来源仅来自随机能力 $\varepsilon(i,t)$。但如果金融可得性较差，则贫困人口的人力资本情况与其父辈甚至祖辈的能力和财富存量有关，从而使得金融发展与贫困减缓的关系存在负向相关的可能，即由于金融发展的减贫作用不能抵消贫困自我积累的贫困跨期相关性，从而从结果上表现为金融发展和贫困状况恶化并存。

(2)引入不确定性的扩展

金融发展对三个收入来源的影响还存在两个维度的不确定性：一是工资性收入面临着教育回报率扭曲，从而在考虑人力资本投资的成本时，考虑贫困人口存在因教育而致贫的可能；二是经营性收入面临着经营失败的风险，并且该风险与人力资本的存量负向相关，从而可以将金融发展影响减贫的机制进一步扩展。引入教育回报风险后的工资性收入变为：

$$h(i,t)w(i,t) = h(e(i,t), k(i,t))\eta w(i,t) - k(i,t)r_2(i,t) \quad (9-6)$$

其中，$\eta w(i,t)$ 表示贫困人口形成人力资本后的工资率，$0 \leq \eta \leq 1$ 表示工资率扭曲系数，也代表教育投资回报率的风险。$k(i,t)r_2(i,t)$ 表示教育投资的成本，用教育投资规模与利率的乘积表示。贫困人口人力资本投资的一阶条件为 $mh_k . \eta w(i,t) = r_2(i,t)$，即教育投资的边际收益等于边际成本。

引入经营风险和成本后的经营性收入变为：

$$a(i,t)r_1(i,t) = a(i,t)\sigma r_1(i,t) - a(i,t)r_2(i,t) \tag{9-7}$$

其中,$\sigma \leq 1$ 表示经营风险,$a(i,t)r_2(i,t)$ 表示贫困人口经营性投资的信贷成本,为信贷规模和利率的乘积。贫困人口经营性投资的一阶条件为 $mp_a. \sigma r_1(i,t) = r_2(i,t)$,即经营性投资的边际收益等于边际成本,并且经营风险与贫困人口的人力资本负相关,即:

$$\sigma(i,t) = \sigma_0 - \sigma_1 h(e(i,t),k(i,t)) \tag{9-8}$$

其中,σ_0 表示系统性风险,σ_1 表示人力资本对经营风险的控制。因此,引入工资性收入和经营性收入的不确定,同样会对金融发展与贫困减缓的关系产生扰动。一个可能的情况可以描述为,金融信贷可得后,贫困人口获得经营性投资能力,但人力资本与既往贫困状况正相关,因此经营性风险高于平均水平,从而导致贫困状况的恶化,并且如果以互助组的形式担保信贷,该风险将会形成溢出,从而对当地社区的贫困减缓产生负向影响。

(3)引入金融供给约束的扩展

上述分析仅从金融服务需求的角度分析了金融发展对贫困减缓的影响渠道和影响机制,其基本假设有两点:第一,不存在信贷供给的现实约束,即任何信贷需求都有信贷匹配;第二,信贷利率 $r_2(i,t)$ 为外生变量,且该利率为低于资本平均利润率水平的最高限价值。在信贷供给有限的市场环境中,信贷供给是贷款利率 $r_2(i,t)$ 和贷款成本 $c(i,t)$ 的函数,贷款成本主要来源于信用评级的成本支出。因此,信贷供给 $l_s(i,t)$ 可以表示为:

$$l_s(i,t) = l(r_2(i,t)) - c_0 - c_1(i,t) \tag{9-9}$$

其中,c_0 表示在某一区域进行信贷供给的固定成本(set - up cost),且与信贷供给负相关。式(9-9)为金融发展影响贫困减缓的行为方程之一,另一个行为方程与信贷需求有关,包括人力资本投资的信贷需求 $k(i,t)$ 和经营性投资的信贷需求 $a(i,t)$ 两个部分。该理论模型的均衡条件为信贷供给等于信贷需求,且面临着信贷供给为固定值的约束条件,$l_s(i,t) = \bar{l}$ 。

信贷需求可以表示为:

$$l_d(i,t) = k(h(i,t-1),a(i,t-1)) + a(i,t) \tag{9-10}$$

人力资本信贷需求和经营性投资需求的行为方程分别为式(9-6)和式

(9－7),即:

$$\begin{aligned} h(i,t)w(i,t) &= h(e(i,t),k(i,t))\eta w(i,t) - k(i,t)r_2(i,t) \\ a(i,t)r_1(i,t) &= a(i,t)\sigma r_1(i,t) - a(i,t)r_2(i,t) \end{aligned} \tag{9-11}$$

信贷供给和需求的均衡条件为:

$$\begin{aligned} mh_k.\ \eta w(i,t) &= r_2(i,t) \\ mp_a.\ \sigma r_1(i,t) &= r_2(i,t) \\ l_s(i,t) &= \bar{l} \\ l_d(i,t) &= l_s(i,t) = l(r_2(i,t)) - c_0 - c_1(i,t) \end{aligned} \tag{9-12}$$

通过上述金融发展影响减贫理论机制的分析,两者的关系呈现多样化结果的原因可以从金融供给、金融需求和不确定性三个方面进行解释。

第一,流向贫困人口的金融供给影响金融发展的减贫作用。总量金融供给能否转化为贫困人口的金融供给,需要经过两次分流过程,一是总量供给中流向私人部门的供给分流,二是贫困人口实际可得的供给分流。金融发展的不同测度指标,以及金融发展的可得性是反映流向贫困人口金融供给的重要因素,所以金融发展的减贫作用会受金融总量规模、私人部门信贷规模以及金融可得性的影响。

第二,贫困人口金融需求和金融供给的匹配影响金融发展的减贫作用。贫困人口金融匹配体现在数量匹配和结构匹配两个方面。①从金融数量匹配来看,贫困人口的贷款意愿会受经济机会和风险抵御能力的影响,高利率和经营的高风险导致贫困人口的经营性信贷需求不足,从而在信贷供给充裕的情况下,由于需求不足而导致金融的减贫效应有限。②从金融结构匹配来看,不同的金融服务、金融信贷需求对贫困减缓的影响机制和影响的结果不同。金融信贷服务能够通过改善工资性收入和经营性收入来影响减贫,而存款等金融服务通过改善财产性收入影响减贫,而非生产性的信贷需求对贫困减缓具有负向影响可能。因此,金融减贫效应受贫困人口金融服务匹配的影响。

第三,金融发展和贫困减缓在结果上体现出的关联,还受到金融波动以及其他能够影响贫困的背景因素的扰动。由于贫困人口的信贷需求弹性较小,金融波动尤其是负向金融波动将导致贫困人口的既往投资面临信贷供给约束,从而对金融减贫作用产生负面影响。除此之外,分析金融发展和贫困减缓的关系,还需要将影响减贫的其他背景因素作为控制变量,如经济增长、贫困的跨期相关性、经济增长的就业吸纳力以及教育回报率等。

9.3 金融发展影响贫困减缓的经验证据

现有研究对金融发展与贫困减缓的关系也进行了大量实证研究,现有研究的研究区域、切入视角、研究方法和研究结论虽然有所不同,但整体上我们可以使用本章构建的理论模型对现有研究进行统一,并且现有实证研究也为上述理论模型提供了经验证据。

9.3.1 金融供给约束影响金融减贫效应的经验证据:指标选择与金融可得

(1)金融发展的指标选择影响金融与减贫的关系。金融供给规模与贫困减缓的关系在现有实证研究中并不稳健,究其原因在于金融供给规模的测度指标选择存在差异。

从金融供给规模的测度指标来看,现有研究涉及的金融供给规模测度指标有总体指标和结构指标两种测度方式。总体指标包括:广义货币(M2)占 GDP 的比重(Calderón 和 Liu,2002)、商业银行信贷占中央银行信贷的比重(Rioja 和 Valev,2004),以及股票市场市值总额占 GDP 的比重(Bordo 和 Rousseau,2012)等。结构指标则包括:用私人部门信贷占 GDP 比重表示的非公共部门金融供给(胡宗义,等,2014)、农村信贷占第一产业比重表示的农村金融供给(苏静,等,2014),以及用自筹资金占产值比重的非正规金融供给等(高远东,张卫国,2014)。

从指标选择与金融减贫关系的实证研究来看,Khan 等(2012)的实证分析表明,金融发展与贫困减缓的关系对金融发展指标选择的敏感度较高。如果将广义货币供给作为金融发展测度指标,金融发展与贫困减缓的统计显著性和经济显著性均较低。Odhiamobo(2010)基于赞比亚 1969—2006 年时间序列数据，实证检验了金融发展和贫困减缓的跨期因果关系，因果分析结果表明如果将广义货币供给占 GDP 的比重作为金融发展的测度指标，金融发展和贫困减缓具有双向因果关系，但如果将私人部门信贷占 GDP 比重作为金融发展的代理变量，金融发展能够对贫困减缓产生单向影响。这些研究都表明金融发展与贫困减缓的关系受金融供给度量指标的影响，同时对于各类测度指标的稳健性检验也体现出，相对于广义货币供给，私人部门的信贷供给能够更好地反映贫困人口面临的金融供给约束，并且私人部门信贷的相对值要优于绝对规模指标。

（2）贫困人口的金融可得性影响金融减贫效应。金融发展的减贫作用不仅要依赖金融供给的总体规模和私人部门的信贷规模，还要求金融发展能够被贫困人口实际可得。Kunt 和 Levine（2008）认为金融发展的主要特征应是消除使用金融服务的壁垒，但金融发展的规模测度指标并不能反映这一金融可得性的维度，金融部门的发展并不意味着金融可得性的提升。为了让金融发展更好地服务于贫困减缓，金融规模提升的同时，还需要构建金融规模扩张与贫困人口金融服务获取的通道，即需要提升金融可得性（Bae，Han，Sohn，2012）。

在金融可得性的测度方面，金融可得性涉及以合理的成本得到合理数量的金融服务（Claessens，2006），广义的金融可得性意味着在使用金融服务时无成本，或无价格约束。这一概念类似于“普惠金融”的概念，在普惠金融体系中，每个人都能使用基本的金融服务。Honohan（2008）利用银行账户数量以及平均存款规模作为代理变量估计了不同国家金融服务可得性。测度金融可得性的另一种方法是估计存款、贷款和支付等金融服务的障碍，包括金融服务的空间可得性、可负担性以及非排他性（Genesis，2005；Beck，Kunt 和 Peria，2008）。

在金融可得性与贫困减缓的实证研究方面，Aportela（1999）指出，低收入人群不能储蓄的一个原因是他们存在使用正规金融工具的障碍。他对墨西哥家庭收支调查数据进行了研究，发现墨西哥储蓄机构的增加使得受影响家庭的储蓄率提高了 3% ~5%，并且低收入家庭的储蓄率大约上升了 8%。该研究表明如果为贫困人口提供更充裕的金融工具，他们也可以成为常规储户。Khandker(2005)通过分析孟加拉国的小额信贷计划,对金融可得性与减贫的关系进行了研究,结果表明微型金融使得贫困发生率下降了5%,并提升了参与者的消费水平,从而使得整个村庄的贫困发生率下降了1%。这意味着提升金融可得性不仅有助于贫困人口,而且对其他群体的收入提升有正向溢出作用。Levine,Beck 和 kunt(2007)实证检验了金融分支机构数量与美国贫困人口收入的关系,结果表明金融分支机构的增加提升了金融机构的效率,这反过来推动了贫困人口收入提升。

结合上述分析,涉及金融发展与贫困减缓的实证研究,选取金融供给指标的一个原则是更精确地体现贫困人口可得的数量。一个可得的备选指标是私人部门金融规模占比与贫困人口金融可得性的交互项。

9.3.2 金融需求匹配影响金融减贫效应的经验证据

(1)金融需求的数量匹配对金融减贫效应的影响。刘西川等(2007)认为金融发展实现贫困瞄准的前提有二:一是贫困人口对小额信贷具有有效需求,二是富有人口对小额信贷无需求。在金融供给约束既定的情况下,金融需求是制约金融减贫效应的重要因素。当前研究争论的焦点是贫困人口是否普遍存在金融需求。针对这一问题,王定祥等(2011)认为贫困人口的金融需求较为普遍,贫困人口在金融发展中面临的问题是金融供给约束,而非需求不足。但林万龙和杨丛丛(2012)的研究结果则认为贫困人口缺乏有效信贷需求,农户获得的信贷服务与贫困状况无显著相关性,破解贫困人口的金融需求障碍是发挥金融减贫作用的关键。程恩江等(2008)基于中国北方四县的微观研究则表明,农村金融需求虽然存在,但呈非均质分布,金融需求受生产、投资机会影响,小额信贷并没有自动形成对贫困农户的精确瞄准,而是自动瞄准了境况较好的农户。

现有研究也分析了贫困人口有效金融需求不足的可能原因,认为较高的利率是影响金融需求的主要原因。但程恩江等(2008)则认为贫困人口无法负担较高的借贷固定成本,并且贫困人口缺乏对小额信贷的有效了解是贫困人口有效信贷不足的原因,利率并非影响小额信贷需求的原因。刘西川等(2007)也认为金融产品的营运机制对贫困人口的金融需求产生了负向影响。整借零还的小额信贷制度导致从事种植业和外出务工的贫困人口无法满足定期和经常还款的要求。Mel，McKenzie 和 Woodruff(2008)通过随机对照实验表明，小额信贷对所借款项的用途进行过多限制是贫困人口小额信贷需求不足的一个解释。

(2)金融需求的结构匹配对金融减贫效应的影响。Mel，McKenzie 和 Woodruff(2008)的上述实验结果显示，无附加条件的现金借款者仅将约58%的借款用于生产活动，其他的借款则用于偿债、储蓄以及日常生活开支。这一方面解释了贫困人口小额贷款有效需求不足的原因，另一方面则表明贫困人口的金融需求并非仅仅为了资本获得，其金融需求结构将影响金融发展的减贫效应。根据理论模型，生产性的金融需求将引致有效减贫，而住房、消费、医疗等非生产性金融需求则可能削弱金融发展的减贫效果。现有研究分析了贫困人口的金融需求结构现状，也对金融需求结构的影响因素进行了分析。

针对贫困人口的金融需求现状，黄祖辉等(2007)发现正规信贷用于生产和消费的比重分别是22%和47%，非正规信贷用于消费的比例为46%，这导致增加农业贷款无法有效促进农业经济增长和农民收入提升。马晓青等(2012)进一步发现贫困人口的金融需求结构存在区际差异，河南和四川的农村信贷用于农业生产比重仅为15.1%和4.6%，而信贷借款涉及房屋建造用途的比重却高达78.3%和100%。东部地区生产性借款的比重相对较高。王定祥等(2011)则将非生产性消费进一步细分研究，发现调查样本中有76.21%的农户涉及教育、医疗支出、住房等消费性信贷需求，住房消费占非生产性消费的比重最大。上述分析表明，金融需求普遍存在用于非生产性消费的现实情况，而非微型金融初始设定的生产性用途，金融需求结构是影响金融发展减贫效果的重要因素。

针对贫困人口金融需求结构的成因，现有研究普遍认为贫困人口消费信贷成本较高，且消费信贷供给不足，是贫困人口将生产性信贷用于消费用途的最主要原因。此外，顾宁和范振宇(2012)的研究还认为金融需求结构与农户特征有关，农户家庭人数越多、户主年龄越大，信贷需求用于贷款的可能性越高。而马晓青等(2012)发现金融需求结构存在区际差异的结论，也隐含着金融需求结构受经济机会影响的可能。

9.3.3 金融波动影响金融减贫效应的经验证据

全球金融危机之后,金融发展的减贫作用受到了更多质疑。因为金融发展似乎在金融危机期间导致了更多的失业,特别是在金融系统更为发达的国家(Pagano 和 Picca,2012)。Jeanneney 和 Kpodar(2011)也认为贫困人口比富裕人口更容易受金融危机的伤害。现有研究对金融波动影响贫困人口的机制进行了理论与实证检验,也对上行金融波动与下行金融波动对贫困的异质影响进行了细分研究。

从金融波动对贫困人口的直接影响来看,Jeanneney 和 Kpodar(2011)发现金融波动对贫困人口的负面影响主要在于支付系统的破坏以及无保障的银行倒闭。当存款冻结时,贫困人口不能在其他金融体系中多样化配置他们的存款和投资,金融减贫的"麦金农导管"效应会被抑制,甚至由于人们怀疑金融体系的健康程度而取消储蓄需求。并且,当银行存在困难时,银行将首先限制小额信贷,因为小额信贷的借款人对银行的回报更小,且贫困人口的信贷谈判能力也较差。

从金融波动对贫困人口的间接影响来看,金融波动会经由投资波动、经济波动和物价波动对贫困人口产生间接影响。Chong 等(2015)分析了金融波动通过投资波动对减贫的影响,发现由于投资与金融可得性密切相关,因此金融波动将会恶化并加剧投资波动,进而使得增长不稳定和相对价格变动,这些因素会对贫困人口产生多重的负面影响。Creel 等(2014)和 Ramey(1995)的研究则给出了金融波动影响贫困减缓的一般路径,即金融波动引致经济波动,经济波动会阻碍经济增长,而经济增长是可持续减贫的必要条件,所以金融波动会对贫困人口产生间接的负面影响。Alcaraz(2013)还发现价格波动对贫困状况存在负面影响,因此金融波动中伴生的价格波动不利于贫困人口。

研究金融波动对减贫影响时通常面临的问题是,下行波动可以通过上述直接和间接机制对减贫产生负面影响,但上行波动也会有正向影响。因此,上行波动和下行波动对减贫的细分影响也是当前研究着力解决的问题。

从现有研究结果来看，金融的上行波动和下行波动主要通过经济波动对贫困人口产生非对称影响。de Janvry 和 Sadoulet（2000）发现经济增长平均而言改善了城乡贫困状况，但经济萧条对贫困人口的负面影响强于经济扩张带来的正向影响。经济上行波动和经济下行波动对贫困人口的影响是非对称性的，经济下行的伤害要大于经济上行对贫困人口的改善。但金融波动对贫困产生不对称影响的原因依然值得进一步研究，总体而言，低技能的贫困人口在经济下行时被解雇的可能性较大，因而在经济上行时也面临着较长时期的失业，虽然随着经济上行，他们最终还是会被雇佣，但经济波动切实增加了收入不平等和贫困状况。而且，虽然物价在经济衰退时趋于下降，但上行时的物价上涨更为显著，并且贫困人口对国家最低工资等非指数化工资的依赖更大，包括养老金、国家补贴和转移支付等，所以波动对贫困人口的影响更大。更进一步而言，贫困人口更多地集中于农村地区，工农业产品价格波动的差异也加剧了波动对贫困人口的负面影响。并且，贫困人口缺乏保险，收入下降将显著降低他们在健康、教育方面的投资，从而对人力资本积累产生长期负面影响。

除了上述影响因素之外，现有研究在研究金融与减贫的关系时，为了控制背景因素对金融与减贫关系的扰动，在宏观研究和微观研究时还引入了控制变量。宏观方面的主要控制变量有经济增长、收入不平等、通货膨胀、工农业增长以及贸易开放度等。国内学者还基于中国农村发展的实际情况，引入了水利设施发展程度、自然环境变量、农业生产经营规模、财政支农力度等因素（田银华，李晟，2014）。与国外研究相比，国内研究较少引入的控制变量是通货膨胀率，Fowowe 和 Abidoye（2012）等的研究已经表明贫困状况确实因低通胀而减缓。从微观方面的实证研究来看，常用的控制变量则包括家庭生计变量、贫困人口的人口统计学特征以及交通区位等。

9.4　未来进一步研究方向

本章构建理论模型分析了金融发展影响贫困减缓的机制，并通过引入时间、不确定和供给约束对线性影响机制进行了扩展，识别了金融发展影响贫困减缓存在多样可能的路径。并利用现有实证研究的相关结论对金融发展与减贫的理论关联进行了佐证。结合本章构建的理论模型和对现有实证结论的总结,我们认为金融减贫的未来研究方向体现在三个方面:

第一,基于现有实证研究范式的扩展。现有实证研究存在的问题主要包括模型设定问题、金融和减贫困指标选取问题和金融减贫的理论机制分析问题。因此,未来研究如果继续在当前的实证框架下展开分析,需要进行额外学术关注的研究方向为:①应该关注实证模型的设定问题和计量方法选择问题。应在实证模型设定中注意金融与减贫的非线性特征,如引入二次项或者使用门槛面板模型(苏静,等,2014; 师荣蓉,等,2013);用空间计量模型考虑主要变量的空间相关性(胡宗义,等,2013);使用结构方程模型和工具变量模型考虑金融发展的内生性问题,并且使用动态模型考虑变量之间短期关系与长期关系的区别(胡宗义,等,2014)。Odhiamobo(2010)和Khan 等(2012)的实证研究结果已经表明金融发展与贫困减缓的关系对实证方法选择的敏感度较高,因此采用多种计量模型设定和计量方法进行多维度的稳健性检验,是对金融发展与贫困减缓的关系进行实证研究的关键。②在测度金融发展和贫困时采用多种指标进行比照分析,在测度金融发展时强调对于金融供给、金融可得性、金融需求数量匹配、金融需求结构匹配的细分测度,在测度贫困时综合使用贫困发生率、贫困距、平方贫困距以及多维贫困指数(单德朋,2013)。不仅要强调金融发展对贫困发生率的影响,而且为了深入探索金融减贫的机制,还要分析金融发展对贫困距和平方贫困距等贫困人口收入分配的影响。③在实证分析中应在自由度允许和不违背基本计量原则的情况下,引入更多经证实能够影响贫困状况的控制变量。除了经济增长、贸易开放度、通货膨胀率、收入分配等控制变量之外,还需要考虑贫困的空间相关性、贫困的跨期相关性等(单德朋,2012)。④在对金融发展与贫困减缓的关系进行实证研究的同时,也应该强调对金融发展与贫困减缓影响机制的分析,国外文献已经梳理出的三条可能路径包括金融发展的导管效应、就业效应和劳动报酬效应等,具体可以基于本章构建的理论模型,使用结构方程模型(SEM)等分析思路,利用宏观和微观数据库进行检验确认。

第二,基于行为经济学的扩展。在假定金融发展中不存在金融供给和金融可得性的约束,那么金融连接减贫的"最后一公里"为贫困人口的金融需求数量和需求结构。大量随机控制实验已经表明,贫困人口面临信贷供给和其他金融服务供给时的行为决策与经济学的"理性人"假定有所悖离,而更为现实地表现为行为经济的特征。因此,在研究金融减贫的关系,以及制定和实施金融减贫的政策时,应注意当前研究范式与行为经济学的结合。根据本章的理论模型和现有研究的经验证据,尤为重要的几个行为经济学扩展包括:①从产品需求者的角度出发,强调营销的作用,而非仅从供给角度打造最好的产品,而后寄希望于产品的自我营销。传统的信贷模型认为,影响信贷需求的因素是利率、投资机会和贴现率。但行为经济学的研究却表明,有较好减贫预期的金融产品并不能自动实现自我推销。我们在金融减贫实践中应充分考虑产品营销的作用,从信贷需求者的角度考虑问题,使用可行的营销手段谋求更大规模的信贷需求匹配。至于可行的营销手段需要根据具体实施区域进行特性判定,现有研究中已经体现出的营销手段有将信贷项目与某个具有公信力的组织或个人相结合、树立典型案例、更为契合当地的产品宣传单等。②在信贷产品设计时,考虑需求者面临过度信息供给时通常使用拇指法则进行决策。微观经济学对消费者理论的分析表明,当预算线扩展时,消费者做出最优选择所得到的效用水平大于等于之前的效用水平,即更多的选择至少不会更差。但现实中贫困人口面临着多种金融服务选择时(选择过载),很难对各种选择进行权衡比较,从而推迟做出需求决定,甚至放弃选择而倾向于保持现状。③要充分意识到贫困人口的实际信贷需求的非生产性和多样性。基于该客观事实,对信贷使用方式进行约束并非最好选择,这只会增加贫困人口获得信贷的交易成本,并减少贫困人口的信贷需求。为此,多样化的信贷供给对贫困人口尤为必要,如消费信贷、教育信贷、住房信贷等。

第三,基于社会学的扩展。①在信贷活动中权衡考虑群体合作的优点和问题。信贷机构在信贷供给时面临信息不对称,无法在贷款之前准确核实贫困人口的收入情况、抵押物的所有权,也无法在贷款之后有效监督贫困人口的信贷使用和还款意愿等道德风险问题。这对信贷供给形成了抑制,为此,常用的方法是采用群体负债贷款的方法,利用社会资本为信贷合同提供支持,集体相互审核贷款资质,并相互监督借款使用和还款行为。这为信贷机构提供了以低成本解决信息不对称的可行策略,但未来研究应该充分意识到集体负债贷款会导致“劣币驱逐良币”现象。在群体成员发生违约行为时,违约成本将被最具还款能力且最契合信贷目标特征的群体负担,从而导致群体负债链条趋于不稳定。②信贷政策制定时要充分意识到,群体负债贷款要求的相互审核和相互监督在中国农村社会中很难实现。在农耕社会中,社会关系相对固化,村民维护社会关系的偏好要强于短期的货币收益偏好(Hsu,2014)。这导致在信贷资格审核和相互监督时,村民会有意回避承担外部信贷机构的代理人角色,从而导致舶来的群体负债模式面临水土不服问题。

本章参考文献

[1]马晓青,刘莉亚,胡乃红,王照飞.信贷需求和融资渠道偏好影响因素的实证分析[J].中国农村经济,2012(5):65-77.

[2]王定祥,田庆刚,李伶俐,王小华.贫困型农户信贷需求与信贷行为实证研究[J].金融研究,2011(5):124-138.

[3]田银华,李晟.金融发展减缓了农村贫困吗——基于省际面板数据的实证研究[J].首都经济贸易大学学报,2014(5):22-29.

[4]师荣蓉,徐璋勇,赵彦嘉.金融减贫的门槛效应及其实证检验——基于中国西部省际面板数据的研究[J].中国软科学,2013(3):32-41.

[5]刘西川,黄祖辉,程恩江.小额信贷的目标上移:现象描述与理论解释——基于三省(区)小额信贷项目区的农户调查[J].中国农村经济,2007,15(8):23-34.

[6]苏静,胡宗义,肖攀.中国农村金融发展的多维减贫效应非线性研究——基于面板平滑转换模型的分析[J].金融经济学研究,2014(4):86-96.

[7]林万龙,杨丛丛.贫困农户能有效利用扶贫型小额贷款服务吗?

[J]. 中国农村经济,2012(2):35 -45.

[8]迪恩. 卡尔兰,雅各布. 阿佩尔. 不流于美好愿景——新经济学如何帮助解决全球贫困问题[M]. 北京:商务印书馆,2014.

[9]单德朋. 教育效能和结构对西部地区贫困减缓的影响研究[J]. 中国人口科学,2012 (5): 84 -94.

[10]单德朋. 民族地区贫困的测度与减贫因素的实证研究[D]. 西南民族大学,2013.

[11]胡宗义,李鹏. 农村正规与非正规金融对城乡收入差距影响的空间计量分析——基于我国31省市面板数据的实证分析[J]. 当代经济科学,2013,35(2):71 -78.

[12]胡宗义,张俊,唐李伟. 农村正规金融发展的减贫效应——基于PVAR模型的经验验证[J]. 现代财经 :天津财经大学学报, 2014(8): 67 -78.

[13]顾宁,范振宇. 农户信贷需求结构分析[J]. 农业经济问题,2012(8):73 -78.

[14]高远东,张卫国. 中国农村非正规金融发展的减贫效应研究[J]. 西南民族大学学报:人文社会科学版,2014,35(12): 116 -120.

[15]黄祖辉,刘西川,程恩江. 中国农户的信贷需求:生产性抑或消费性[J]. 管理世界,2007(3):73 -80.

[16]程恩江,等. 信贷需求:小额信贷覆盖率的决定因素之一[J]. 经济学(季刊),2008,7(4):1391 -1414.

[17] Abhijit Bannerjee, Esther Duflo, Rachel Glennerster, Cythia Kinnan. " The Miracle of Microfinance? Evidence from a Randomized Evalution. "[Z]. Poverty Action Lab Working Paper 101,2009(5)

[18] Alcaraz, C. Inflation and poverty in méxico 1993—2009 [Z]. Mexican Stata Users Group Meetings,2013.

[19] Aportela, F. Effects of Financial Access on Savings by Low Income People[R]. Banco de Mexico, Research Department, Mimeo,1999(12).

[20] Bae K,Han D,Sohn H. Importance of Access to Finance in Reducing Income Inequality and Poverty Level[J]. International Review of Public Admin-

istration,2012,17(1): 55 -77.

[21] Beck T,Demirgüç - Kunt A,Peria M S M. Banking Services for Everyone? Barriers to Bank Access and Use around the World[J]. The World Bank Economic Review,2008,22(3): 397 -430.

[22] Bordo M D,Rousseau P L. Historical Evidence on the Finance-trade-growth Nexus[J]. Journal of Banking & Finance,2012,36(4): 1236 -1243.

[23] Burgess,Robin and Pande,Rohini. Do Rural Banks Matter : Evidence from the Indian Social Banking Experiment [J]. American Economic Review, 2005, 95 (3). 780 -795.

[24] BY Hsu. Alleviating Poverty or Reinforcing Inequality? Interpreting Micro-finance in Practice, with Illustrations from Rural China[J]. The British Journal of Sociology,2014,65(2):245 -263.

[25] Calderón C,Liu L. The Direction of Causality between Financial Development and Economic Growth[J]. Journal of Development Economics 2003, 72(1): 321 -334.

[26] Chong,T. L. ,Cebula, R. J. ,Peng,F. ,& Foley,M. Explaining the Financial Instability Hypothesis with Endogenous Investment: a Nonlinear Model Predictive Control Approach [J]. Journal of Mathematical Finance,2015.

[27] Claessens S. Access to Financial Services: A Review of the Issues and Public Policy Objectives[J]. The World Bank Research Observer,2006,21 (2): 207 -240.

[28] Creel,J. ,Hubert,P. ,& Labondance,F. Financial Stability and Economic Performance[M]. Social Science Electronic Publishing,2014.

[29] de Janvry, A. , and E. Sadoulet. "Growth, Poverty, and Inequality in Latin America: A Causal Analysis,1970—1994," [J]. Review of Income and Wealth,2000,46(3): 267 - 87.

[30] Demirguc-Kunt A,Levine R. Finance and Inequality: Theory and Evidence[R]. National Bureau of Economic Research,2009.

[31] Fowowe,B. ,Abidoye,B. A Quantitative Assessment of the Effect of

Financial Development on Poverty in African Countries. [Z]. Department of Economics, University of Ibadan, Nigeria,2012.

[32] Genesis. An Inter-Country Survey of the Relative Costs of Bank Accounts[Z]. Johannesburg, South Africa,2005.

[33] Ho,S - Y. ,Odhiambo,M. N. Finance and Poverty Reduction in China: An Empirical Investigation [J]. International Business & Economics Research Journal,2011(10) ,103 - 114.

[34] Honohan P. Cross-country Variation in Household Access to Financial services[J]. Journal of Banking & Finance,2008,32(11): 2493 -2500.

[35] Khan, A. D. , Ahmad, I. , Jan, W. U. Financial Development and Poverty Alleviation: Time Series Evidence from Pakistan [J]. World Applied Sciences Journal,2012(18):1576 -1581.

[36] Khandker S R. Microfinance and Poverty: Evidence Using Panel Data from Bangladesh[J]. The World Bank Economic Review,2005,19(2): 263 -286.

[37] Kunt,A. ,& Levine,R. Finance, Financial Sector Policies,and long-run Growth. [M]. Social Science Electronic Publishing,2008.

[38] Levine,R. ,Kunt,A. ,& Beck,T. Finance,Inequality and the Poor. [J]. Journal of Economic Growth,2007,12(1),27 -49.

[39] Pagano,M. ,& Pica,G. Finance and Employment[Z]. Csef Working Papers,2012, 27(69), 5 -55.

[40] Philippon T. Has the US Finance Industry Become Less Efficient? On the Theory and Measurement of Financial Intermediation[R]. National Bureau of Economic Research,2012.

[41] Ramey, G. , and V. A Ramey. "Cross-country Evidence on the Link Between Volatility and Growth," [J]. American Economic Review, 1995, 85(5):1138 -51.

[42] Rioja F,Valev N. Does One Size Fit All? a Reexamination of the Finance and Growth Relationship[J]. Journal of Development Economics,2004,74(2): 429 -447.

[43] SG Jeanneney, K Kpodar. Financial Development and Poverty Reduction: Can There Be a Benefit without a Cost? [J]. The Journal of Development Studies, 2011, 47(1): 143 - 163.

[44] Shahbaz, M.. Multivariate-based Granger Causality between Financial Deepening and Poverty: The Case of Pakistan. Paper Presented, 13 th Annual Research Conference on "Population Wellbeing: A Development Imperative" Was Held at Institute of Business Administration (IBA) [Z]. Karachi (Pakistan), 2012.

[45] Suresh de Mel, David McKenzie and Christopher Woodruff. Returns to Capital: Results from a Randomized Experiment [J]. Quarterly Journal of Economics, 2008, 123(4): 1329 - 1372.

第10章　金融可得性、经济机会与贫困减缓

单德朋　王英

摘　要　基于信贷需求内生的视角，引入信贷约束和经济机会构建理论模型分析了金融发展、经济机会与贫困减缓的关系，并利用门限面板模型对四川集中连片特困地区扶贫统计监测县进行了实证检验，结果表明：金融发展和金融可得性对平均收入改善具有显著积极作用，但金融发展和金融可得性并未体现出显著的益贫性，经济机会对于农村人均纯收入提升和低收入人口数量减少均具有显著积极效应。贫困人口经济机会的缺乏将导致贫困人口生产性信贷需求不足，除非个人随机能力足够强，或者不存在消费信贷，否则贫困人口的收入将因消费信贷而停止增长，甚至出现负增长。因此，在全面建成小康社会和扶贫攻坚阶段，改善农村经济机会是比盯住金融发展更为精准的减贫目标设定方式。“金融撬动”应该更倾向于瞄准对贫困人口能力和经济机会的撬动，并在金融扶贫过程中从信贷供给和需求两个方面进行疏导和改善，增加贫困人口实际可得的信贷匹配。

关键词　金融发展；金融可得性；经济机会；贫困减缓

10.1　问题的提出

“因为穷，所以穷”是内生增长理论对于贫困地区和贫困人口不发达状态的有力论断。在贫困语境下，贫困人口由于物质资本和人力资本的匮乏，参与经济增长并获取回报的能力不足，但却被动接受经济增长带来的物价上涨、环境污染等负外部性，从而形成贫困的自我锁定，甚至形成贫困的代际转移和持久贫困。因此，如何通过提升贫困人口的自身能力实现可持续

减贫是减贫政策制定和实施过程中的重要问题。基于破解贫困自我锁定困局的考量,政策层面通常在“授人以渔”的理念下,通过对资本匮乏的现状进行外部冲击来谋求贫困减缓,进行“金融扶贫”或者“金融撬动”。各级各类扶贫政策文本均对金融在减贫中的作用进行了尤为重点的强调。但与政策层面的高度热情相比,金融与减贫的理论和实证研究结论却并不统一。现有研究发现大量证据表明金融发展并不能自动引致贫困减缓。由此,值得我们反思的问题是,为什么在理论研究对金融减贫作用并不确定的情况下,政策的制定和实施如此笃定?以及为了更好地实现金融减贫,我们应该强调的政策盯住目标究竟应该是什么?如何在政策盯住目标的便利性和精准性之间体现权衡?

通过梳理减贫政策,我们发现现有减贫政策制定和实施的基本理念是:从宏观层面强调经济增长对贫困减缓的间接作用,从微观层面强调放松资本约束对减贫的直接作用,并进一步把减贫政策的盯住目标具体化为经济增长目标和金融发展目标,直接追求经济增长或者金融发展,而后寄希望于经济增长和金融发展自动实现贫困减缓,而非将贫困减缓作为直接盯住目标(单德朋,等,2012)。因此,此类政策在进行工具性目标和构建性目标的选择时,基于便利性的考量,选择了较为容易观测和较为容易实现的目标。但是,在尚未厘清金融发展与贫困减缓关联机制的情况下,这种便利性的政策导向可能会导致片面追求金融发展这一工具性目标,却无法实现贫困减缓这一构建性目标,从而失却了盯住目标的精准性。因此,从理论上厘清金融扶贫的内在机理,透析金融引致减贫的可靠路径是金融扶贫工作中面临的重要理论问题。对于该问题的深入研究有助于科学设定金融减贫组合目标的具体靶点和目标位序,提升金融减贫政策的精准性。

为了解析金融发展影响贫困减缓存在多样化可能的内在机理,我们就必须考虑金融发展的现实特征和金融减贫的微观基础。在资本自由流动和存在集聚外部性的背景下,金融发展的减贫效应体现出双重不平衡:第一,从空间差异来看,各地区物质资本和人力资本的存量不同,技术水平也有所差异,因此资本的产出效率存在不同,等量规模的金融发展所引致的减贫效应存在空间差异。第二,从个体差异来看,不同群体存在禀赋差异,参与经济发展获取劳动报酬的能力，以及抵御风险的能力具有显著差别。因此，金融发展的减贫效应存在个体差异。并且，上述的双重不平衡会随着金融发展的逐利选择而自我强化，即金融发展具有内生性属性，资本产出效率高的地区和获利能力更强的个体得到金融支持的可能性更大。

沿着上述思路，本章的一个洞见是，经济机会影响了金融发展的减贫效应，经济机会的提升在发挥金融减贫作用中扮演着重要角色。经济机会包括了宏观层面的区域经济机会以及微观层面的个体经济机会。本章的逻辑不仅能够解释金融发展与贫困减缓存在多样化关联的现实特征，而且能够为更好地实现金融减贫提供更为可靠的盯住目标。从本章的视角来看，经济机会的缺乏是制约金融减贫效应的关键链接，经济机会的缺乏一方面内生导致贫困人口和贫困地区的金融发展状况较差，另一方面也限制了贫困人口分享经济发展的能力。因此，在金融减贫政策的制定和实施上，我们认为贫困人口经济机会的提升应该是更为精准的金融减贫盯住目标。

为了对金融发展、经济机会与贫困减缓的关系进行实证检验，我们从三个方面对实证过程进行了限制，以期得到更为稳健的结果。第一，为了规避区际资本产出效率和金融发展的显著差异，我们设定了相对微观和同质的研究样本，以四川县级行政区划为基本研究单位。这不仅有效规避了背景异质性对金融减贫效应的扰动，而且四川作为较早进行农村金融试点的省份，是既往金融减贫研究的重要观测区域，对该样本的实证研究有助于进行横向比照。第二，金融发展的贫困效应存在显著的非线性特征，为此我们使用门限面板模型对金融发展的减贫效应进行了实证检验。第三，从多个维度对实证结果进行了稳健性检验，为了规避金融发展受经济机会内生影响的问题，使用了宏观金融供给和信贷可得两个不同金融发展指标。在反映贫困状况时，从农村居民人均纯收入和低收入人口数量两个维度来反映四川集中连片特困地区扶贫统计监测县的贫困状况演化。后文的研究结论显示，金融发展对这两个不同贫困代理变量的影响并不一致，金融发展更倾向于对平均收入提升有显著积极作用，但益贫性不足，从而对理解金融与减贫的多样化关联提供了丰富的政策启示。

本章后续部分的安排如下：第二部分是文献述评，对相关研究进行了评述,并明确了本章的研究思路和边际贡献;第三部分是理论模型和经验假说,构建理论模型分析了金融可得、经济机会与贫困减缓的理论关系,并给出经验假说;第四部分是计量模型与变量选择,交代了实证检验的计量模型设定、方法和数据选择;第五部分是实证检验与结果说明;最后一部分是结语和政策建议。

10.2 文献述评

尽管理论层面和政策层面都认为金融发展是实现贫困减缓的重要因素,但是已有的实证研究却得到了大量金融发展与贫困减缓不相关甚至负相关的证据。从微观层面看,Banerjee et al. (2009)对印度海得拉巴的随机对照试验,以及 Hsu(2014)对中国农村信贷项目进行的田野调查显示,金融发展并没有体现减贫效果。从宏观层面看,Jeanneney et al. (2011)以及 Fowowe et al. (2012)等的研究结果也表明金融发展并没有降低贫困状况。鉴于政策层面对于金融减贫的高度关注和实证结论的冲突,学者们基于更好发挥金融减贫作用的考量,分析了金融发展与贫困减缓呈现多样化关联的可能原因。

在现有研究中,很多学者认为金融发展未能体现出显著减贫效应的主要原因在于不平等。金融发展影响贫困减缓的机制被设定为"金融发展—经济增长—收入分配—贫困减缓",即金融发展能够通过刺激经济增长间接影响贫困减缓(Levine et al. ,2007)。因此金融发展的减贫效应取决于金融发展引致的经济增长对贫困人口就业和低技能劳动力要素回报率的影响,并且可以通过不平等程度的变化,捕捉金融发展的异质性减贫效应。从基于中国样本的实证研究来看,金融发展显著加剧了中国的不平等程度(余玲铮,等,2012;苏鹏,等,2014)。因而,金融发展引致的不平等成为金融未能体现出显著减贫效应的重要原因(苏基溶,等,2009)。从不平等的角度分析金融与贫困减缓的多样化关联既符合金融发展引致贫困减缓的理论关联,也符合中国不平等程度扩大的事实,是分析金融发展与贫困减缓的重要视角。但一个值得追问的问题是,为何金融发展会导致收入不平等程度的加剧？细究该问题，我们会发现金融发展之所以引致了区际收入不平等和人口统计特征的收入不平等，是因为各地区和不同人口之间的经济机会存在差异，在同等金融发展背景下，参与经济发展的能力有所不同。因此，不平等程度的变化是个内生变量，内生于经济机会的差异，经济机会是解释金融发展导致收入不平等恶化，以及金融发展无法体现有效减贫效应的关键变量。

现有研究在解释金融与减贫多样化关联时，经常提及的另一个原因与金融发展的指标选择以及金融可得性有关。从指标选择与金融减贫关系的实证研究来看，金融发展与贫困减缓的关系对金融发展指标选择的敏感度较高。如果将广义货币供给作为金融发展测度指标，金融发展与贫困减缓的统计显著性和经济显著性均较低，相对于广义货币供给，私人部门的信贷供给能够更好地反映贫困人口面临的金融供给约束，并且私人部门信贷的相对值要优于绝对规模指标(Khan et al. ,2012)。金融发展的减贫效应受指标选择影响的原因在于不同指标反映的金融可得性存在差异，金融部门的发展并不意味着金融可得性的提升。为了让金融发展更好地服务于贫困减缓，金融规模提升的同时，还需要构建金融规模扩张与贫困人口金融服务获取的通道，即需要提升金融可得性(Bae et al. ,2012)。因此，金融可得性是金融发展未能体现显著减贫效应的关键因素(温涛，等，2016)。但我们需要进一步探究的问题是，不同地区和个体金融可得性存在差异的原因是什么？很多学者认为金融分支机构的数量以及金融服务，尤其是贷款服务的门槛是影响金融可得性的重要因素。但实际上金融分支机构的数量和贷款服务的门槛都是内生的，金融服务的供给内生于金融服务对象的经济机会和金融需求。因此，经济机会才是影响金融可得性差异的根本原因。

沿着上述思路，我们认为从经济机会的角度来理解金融发展与贫困减缓的多样化关联，是更为贴近微观机制的视角。与我们的视角相接近的研究是卡尔兰和阿佩尔(2013)的研究，他们从行为经济学的角度认为影响金融减贫作用的关键因素是贫困人口的信贷需求不足而非信贷供给不匹配。基于中国的实证研究也表明，贫困人口缺乏有效信贷需求，破解贫困人口的金融需求障碍是发挥金融减贫作用的关键(林万龙，等，2012；谢玉梅，等，

2016)。从金融需求角度展开的研究,确实极大丰富了金融与减贫多样化关联的解释,但未能够对金融需求不足的原因进行解释,也未能考虑金融需求的动态变化。我们基于经济机会的视角,对既往金融发展与贫困减缓的多样化关联进行了统一,将金融与减贫的关系更为直接的界定为"金融发展—经济机会—金融可得—经济机会—精准扶贫",既考虑了经济机会对贫困人口分享经济发展能力的影响,又考虑了经济机会对于贫困人口金融可得性以及金融需求的内生影响。

10.3 理论模型与经验假说

在同一贫困地区考虑这样一个经济,经济中存在 N 个单工人企业,每个企业 j 的所有者初始资本为 e_j ,其初始资本状况表示不同个体的贫困程度,企业的生产函数为: $y_j = \bar{A}k_j^{\alpha}L_j^{1-\alpha}$,由于企业为单工人企业,因此生产函数可以表示为:

$$y_j = \bar{A}k_j^{\alpha} \tag{10-1}$$

其中, $\bar{A} = \varepsilon^{\eta}$ 表示总体生产效率, $\varepsilon \geq 1$ 为个体的随机能力, $\eta \geq 0$ 为个体的经济机会,随机能力越强,经济机会越多则总体生产效率越高。

企业 j 可使用的最大资本量为 $k_j = \eta_j e_j$, k_j 与初始资本 e_j 以及获得的信贷支持正相关,其中 η 不仅反映了企业的经济机会,而且能够正向反映企业所能够获得的信贷可得性。企业 j 的信贷缺口为 $k_j - e_j$ 。假定利率水平为 r ,企业信贷成本为 $r(k_j - e_j)$ 。企业选择资本使用量 k_j 以最大化利润 π 。

$$\pi = \bar{A}k_j^{\alpha} - r(k_j - e_j) = \varepsilon^{\eta}k_j^{\alpha} - r(k_j - e_j) \tag{10-2}$$

利润最大化的约束条件为 $k_j \leq \eta_j e_j$ 。企业利润最大化时的资本使用量取决于式(10-2)的一阶条件,也即资本边际产出 mpk_j 与实际利率 r 的比较。具体而言,如果 $mpk_j > r$,则企业将会持续借贷,直到形成信贷约束,此时企业的资本使用量为 $k_j = \eta_j e_j$;如果 $mpk_j < r$,企业将会选择不生产而将所有资本借出;如果 $mpk_j = r$,借贷与否无差别。该临界利率为:

$$r = \alpha\varepsilon^{\eta}k_j^{\alpha-1} \tag{10-3}$$

本模型将经济环境设定为贫困地区，鉴于贫困地区资本的总体存量和个体的资本占有量相对较少，因此贫困地区无论是贫困人口还是非贫困人口的资本边际产出均尚未体现显著的资本边际产出递减，资本边际产出递减不能够影响个体的信贷决策。但信贷决策受不同个体经济机会差异的影响，如果个体经济机会超过了某个临界值，该个体将根据其信贷上限使用资本，此时 $k_j = \eta_j e_j$ ，如果经济机会低于该临界值，那么该个体仅需要必要信贷量，并且我们假定所有经济机会低于临界值的个体的总体必要信贷量为 k_m ，该临界值为：

$$\eta = \ln(\frac{r}{\alpha\varepsilon}k_j^{1-\alpha}) \tag{10-4}$$

在信贷供给总量固定时，各主体使用的总资本量等于初始资本与固定的信贷供给之和，于是均衡条件为：

$$k_m + \sum_0^{m-1} ve_j = \sum_0^{m-1} e_j + \bar{M} \tag{10-5}$$

引入个体的经济机会和信贷约束后，各行为主体的收入增长率取决于个体的生产能力如何。

第一，如果 $\eta < \ln(\frac{r}{\alpha\varepsilon}k_j^{1-\alpha})$ ，行为主体的经济机会不足以使其信贷行为获得足够的回报以补偿利息支出，即资本使用的边际成本小于利率。该行为主体无投资性信贷需求，但为了维持必要的教育、医疗和其他消费支出，有消费性信贷需求，消费信贷的规模为 k_m ，其生产函数为 $y_j = \varepsilon^{\eta} e_j^{\alpha}$ ，其收入增长率为：

$$g_j = s\varepsilon^{\eta} e_j^{\alpha-1} - (\delta + r) \tag{10-6}$$

收入增长率与经济机会正相关，除非个人随机能力足够强，使得新增资本大于资本折旧和利息，或者不存在消费信贷，否则该主体的收入将因消费信贷而停止增长，甚至体现负增长。因此，经济机会将影响贫困人口的信贷需求，经济机会缺乏的贫困人口无投资性信贷需求，但存在消费性信贷需求。生产能力不足和消费信贷的存在对贫困人口的收入改善产生了负面影响。

第二,如果 $\eta > \ln(\frac{r}{\alpha\varepsilon}k_j^{1-\alpha})$,行为主体资本使用的边际产出大于信贷成本,该主体有无穷大的信贷需求,但面临金融可得性的信贷约束。为了简化推导,我们令生产函数(10 - 1)中的 $\alpha = 1$,此时总体生产函数为:

$$Y = \varepsilon^{\eta_1} k_m + \eta_j \sum_{0}^{m-1} \varepsilon^{\eta_j} e_j \tag{10 -7}$$

将总资本使用的均衡条件(10 - 5)代入(10 - 7),得到总产出的最终表达式为:

$$Y = \varepsilon^{\eta_1} \bar{M} + \varepsilon^{\eta_1} \sum_{0}^{m-1} e_j + \eta_j \sum_{0}^{m-1} (\varepsilon^{\eta_j} - \varepsilon^{\eta_1}) e_j \tag{10 -8}$$

式(10 - 8)是关于经济机会 η_j 的增函数,经济机会越多则贫困人口的信贷可得性越强,面临的信贷约束越少。同时,产出还受总体信贷约束 $\bar{M}$ 的影响,在后文中我们将 $\bar{M}$ 定义为该区域的总体金融发展情况,总体金融发展水平越高则对贫困人口产出的制约越少。

根据式(10 - 6)和式(10 - 8),我们可以得到两个经验假说:

经验假说一,给定其他条件,贫困人口的收入水平受总体信贷供给的影响,用信贷规模表示的金融发展水平与贫困人口的收入改善正相关。

经验假说二,给定其他条件,贫困人口的经济机会能够正向影响贫困人口的信贷需求和信贷可得性,经济机会越多则金融发展的减贫效应更为显著。

接下来,我们将针对这两个经验假说进行实证检验。此外,由于信贷供给的投向能够更为明确反映信贷需求的动机是消费信贷还是投资性信贷,因此我们还将细分不同的信贷投向,分析金融可得、经济机会与贫困减缓的关系。

10.4 计量模型与变量选择

10.4.1 计量模型设定

根据现有研究,金融发展与贫困减缓的关系呈现非线性特征,但在设定门限变量时有两种不同的设定方法，第一种方法将经济发展设定为门限变量（张兵，等，2015），认为金融发展的减贫效应在不同的经济发展阶段会有不同表现，另一种则以金融发展为门限变量（苏静，等，2013）。鉴于四川集中连片特困地区扶贫统计监测县金融发展离散程度更小，且金融发展的门槛效应内生于经济发展不同阶段的事实，本章将经济发展作为门限变量，后文在实证检验中给出了门限效应和门限数量的统计检验，检验结果表明金融发展的减贫效应普遍存在两个门限值。本章使用的实证模型为：

$$y_{it} = \alpha_i + \beta'_1 x_{it} I(q_{it} \leq \gamma_1) + \beta'_2 x_{it} I(\gamma_1 < q_{it} \leq \gamma_2) + \beta'_3 x_{it} I(\gamma_2 < q_{it}) + \varepsilon_{it} \quad (10-9)$$

下标 t 表示某个时间点。y_{it} 表示被解释变量，q_{it} 表示门限变量，x_{it} 表示由解释变量构成的 k 维向量。$I(.)$ 为示性函数，ε_{it} 为随机扰动项，且服从均值为0，方差为 σ^2 的独立正态分布，即 $\varepsilon_{it} \sim iid(0,\sigma^2)$。如果存在门槛效应，则当 q_{it} 小于或大于某个特定值 γ 时，解释变量的参数估计值 $\beta_1 \neq \beta_2 \neq \beta_3$。

10.4.2 变量选择与数据来源

（1）主要被解释变量。贫困状况是本章的主要被解释变量，我们分别用农村居民人均纯收入和低收入人口数量从不同维度反映贫困状况。农村居民人均纯收入来源于历年《中国区域经济统计年鉴》，低收入人口数据来源于2005—2012年《四川省扶贫统计监测年表》。由于低收入人口在2012和2011年无统计，故缺少两年共计114个样本。在实证分析中，我们以农村居民人均纯收入作为基本被解释变量，而将低收入人口数量在稳健性检验中作为贫困的对照指标。

（2）金融发展指标。现有研究通常从金融发展规模和金融可得性两个方面反映地区间金融发展差异，本章沿袭了国内同类研究，使用金融机构存贷款余额反映地区金融发展规模，数据来源于历年《中国区域经济统计年鉴》。现有研究在反映金融可得性时使用金融机构数量作为代理变量，但从四川集中连片特困地区扶贫统计监测县的金融机构来看，其金融机构以信用合作社为主，金融机构数量标准差极小。为此，我们使用了金融机构贷款量作为金融可得性的代理变量,数据来源于 2005—2012 年《四川统计年鉴》。

(3)经济机会指标。本章从农村经济机会、政府经济机会和宏观经济机会三个方面来反映经济机会,农村经济机会用乡村从业人员中的非农林牧渔就业比重表示,其计算公式为:1 -(农林牧渔就业/乡村从业人员数)。政府经济机会用政府预算收入占预算支出的比值表示,宏观经济机会则用经济密度表示,计算公式为:地区生产总值/面积。其中,农林牧渔就业和乡村从业人员数来源于 2005—2012 年《四川省扶贫统计监测年表》,政府预算收入、预算支出、地区生产总值以及行政区划面积来源于历年《中国区域经济统计年鉴》。

(4)控制变量。参照既往研究中得到的其他减贫因素,我们选取的控制变量包括:经济增长,用人均地区生产总值表示,数据来源于历年《中国区域经济统计年鉴》;城市化率,用非农人口比重表示,数据来源于 2005—2012 年《四川省扶贫统计监测年表》;产业结构,用第二产业占工农业产值比重表示,数据来源于《四川省扶贫统计监测年表》。上述变量的描述性统计见表 10 -1 所示。

表 10 -1 变量描述性统计

变量(单位)	样本量	均值	标准差	最小值	最大值
金融发展规模(万元)	456	216733.7	261154.7	2336	1516334
金融机构贷款占存款比重(%)	456	0.46239	0.433853	0.03	3.62
金融机构贷款(万元)	456	108366.7	134780.6	1168	758167
农户直接贷款(万元)	456	330.1702	471.1695	0	2160.92
经济密度(元/平方千米)	456	633797.4	900757.2	4252.99	5690667
农村经济机会(%)	456	0.204918	0.14693	0.007837	0.541578
政府经济机会(%)	456	0.11261	0.159714	0.01	2.91
低收入人口(万人)	342	3.466637	5.082128	0.03	33.58
农民人均纯收入(元)	456	2950.801	1194.882	1158	6780
人均地区生产总值(万元)	456	9314.787	7211.256	294.39	85127
城市化率(%)	456	0.167103	0.07938	0	0.461667
工业占工农业产值比(%)	456	0.483399	0.206827	0.09	0.94

资料来源:作者计算得到。

10.5　实证检验与结果说明

10.5.1　实证检验过程

本章实证检验使用的数据为 57×8 的面板数据，由于时间较短，故不进行数据平稳性检验。在实证检验过程中，我们首先以农民人均纯收入作为贫困的代理变量，分析了金融发展规模与贫困减缓的关系，检验结果见表10－2所示，其中模型一、模型二和模型三分别在固定效应、单门限和双门限的模型设定下得到。

针对现有研究中体现出的金融漏损可能，我们还区别了金融发展规模与金融可得性在减贫效应上的差异，金融可得性与贫困减缓的实证分析结果见表10－3所示，其中模型七、模型八和模型九同样依次基于固定效应、单门限和双门限的模型设定得到。

我们在所有实证模型中都纳入了经济机会变量，并从农村经济机会、政府经济机会和总体经济机会三个不同维度对经济机会进行了细分，以识别不同经济机会对贫困减缓的影响。同时，为了考察经济机会对金融减贫效应的影响，我们还在实证检验中纳入了经济机会与金融发展的交互项，其中模型四和模型十中分别纳入了经济增长与金融发展规模以及经济增长与金融可得性的交互项。

农村居民人均纯收入只是贫困减缓中的一个代理变量，我们还使用了低收入人口数量作为贫困的代理变量基于门限面板模型进行了实证检验。金融发展以及金融可得性与低收入人口数量的门限回归结果见表10－2模型五、模型六和表10－3模型十一、模型十二所示。需要说明的是，由于研究样本2011和2012年低收入人口数据缺失，以低收入人口为被解释变量的实证模型使用 57×6 的面板数据。由于样本量的不同，在稳健性检验的结果比照中，只比较变量参数估计值的方向和显著性，不对参数估计值的大小进行横向比较。但依然可以通过对比表10－2和表10－3的结果，来比较金融发展规模和金融可得性减贫效应的区别。

在对参数估计结果进行分析之前，还需要对门限效应是否存在以及门限值的真实性进行检验。本章首先基于残差平方和最小原则依次确定两个门限值,然后使用 Bootstrap 方法模型 F 统计量的渐进分布及其在各个常用显著性水平上的临界值,从而对不存在门限效应的原假设进行检验。门限回归检验结果见表 10 - 4 所示。根据检验结果,表 10 - 2 模型五、模型六和表 10 - 3 模型十一、模型十二由于双门限检验无法在常用显著性水平上统计显著,故在这四个实证模型中以单门限结果作为分析依据。

表 10 - 2 金融发展规模、经济机会对贫困减缓的影响

变量	农村居民人均纯收入为贫困代理变量				低收入人口为代理变量	
	模型一	模型二	模型三	模型四	模型五	模型六
金融发展与经济机会交互项				-0.0062 (0.0050)		0.0605* (0.0353)
农村经济机会	0.6312** (0.3180)	0.4555 (0.3087)	0.3245 (0.3016)	0.8816* (0.4640)	-1.3670 (1.3365)	-4.5930** (2.3058)
宏观经济机会	0.0000 (0.0000)	-0.0000 (0.0000)	-0.0000 (0.0000)	-0.0000 (0.0000)	-0.0000 (0.0000)	-0.0000 (0.0000)
政府经济机会	-0.2373*** (-0.2373)	-0.2044*** (-0.2044)	-0.2106*** (0.0672)	-0.2074** (0.0672)	-0.0601 (0.2144)	-0.0223 (0.2148)
经济发展	0.3343*** (0.0304)	0.2605*** (0.0324)	0.2186*** (0.0327)	0.2043*** (0.0336)	0.0842 (0.1103)	0.0543 (0.1113)
产业结构	-0.0835** (0.0392)	-0.0765** (0.0379)	-0.0960*** (0.0371)	-0.1045*** (0.0376)	-0.0214 (0.2332)	-0.0144 (0.2324)
城市化率	-0.5754*** (0.2077)	-0.5818*** (0.2006)	-0.4296** (0.1977)	-0.4589** (0.1999)	0.0259 (0.8411)	-0.1147 (0.8421)
金融发展(1)	0.2789*** (0.0193)	0.2623*** (0.0189)	0.2313*** (0.0195)	0.2178*** (0.0223)	0.3993*** (0.0840)	0.5262*** (0.1117)
金融发展(2)		0.2780*** (0.0186)	0.2465*** (0.0193)	0.2360*** (0.0220)	0.4234*** (0.0818)	0.5499*** (0.1099)
金融发展(3)			0.2592*** (0.0185)	0.2489*** (0.0214)		

数据来源:作者计算得到,括号内为各参数估计值的 t 统计量,*、**和***分别表示在 10%、5% 和 1% 的显著性水平上统计显著。金融发展(1)表示在金融减贫非线性效应的第一阶段,其他依次为第二阶段和第三阶段。

表 10－3　金融可得性、经济机会对贫困减缓的影响

变量	农村居民人均纯收入为贫困代理变量				低收入人口为代理变量	
	模型七	模型八	模型九	模型十	模型十一	模型十二
金融发展与经济机会交互项				-0.0074 (0.0063)		0.0625* (0.0373)
农村经济机会	0.9369*** (0.3550)	0.6808** (0.3417)	0.4895 (0.3324)	0.9740* (0.5277)	-1.3575 (1.3238)	-4.4708* (2.2807)
宏观经济机会	-0.0000 (0.0000)	-0.0000 (0.0000)	-0.0000 (0.0000)	-0.0000 (0.0000)	-0.0000 (0.0000)	-0.0000 (0.0000)
政府经济机会	-0.2530*** (0.0802)	-0.2607*** (0.0766)	-0.2284*** (0.0744)	-0.2302*** (0.0743)	-0.0601 (0.2133)	-0.0228 (0.2137)
经济发展	0.4146*** (0.0329)	0.3375*** (0.0338)	0.2616*** (0.0357)	0.2611*** (0.0357)	0.0856 (0.1094)	0.0601 (0.1102)
产业结构	-0.1995*** (0.0489)	-0.2065*** (0.0468)	-0.2067*** (0.0452)	-0.2059*** (0.0452)	-0.0042 (0.2320)	0.0041 (0.2313)
城市化率	-0.7196*** (-0.7196)	-0.4874** (0.2285)	-0.5233** (0.2211)	-0.4741** (0.2249)	0.0242 (0.8364)	-0.1114 (0.8376)
金融发展(1)	0.2034*** (0.0219)	0.1673*** (0.0217)	0.1594*** (0.0210)	0.1459*** (0.0239)	0.4220*** (0.0831)	0.5515*** (0.1134)
金融发展(2)		0.1868*** (0.0217)	0.1770*** (0.0211)	0.1636*** (0.0239)	0.4456*** (0.0807)	0.5745*** (0.1114)
金融发展(3)			0.1952*** (0.0204)	0.1816*** (0.0235)		

数据来源：作者计算得到，括号内为各参数估计值的 t 统计量，*、**和***分别表示在 10%、5%和 1%的显著性水平上统计显著。金融发展(1)表示在金融减贫非线性效应的第一阶段，其他依次为第二阶段和第三阶段。

10.5.2　实证结果说明

(1)金融发展规模与贫困减缓的关系。金融发展规模对平均收入改善具有显著积极作用，但金融发展规模并未体现出显著的益贫性。如果将农村居民人均纯收入作为贫困状况的代理变量，金融发展规模具有显著的减贫效应，并且金融减贫效应体现出明显的非线性特征，随着经济发展水平改善，金融减贫效应更为显著。根据模型四，金融减贫效应存在两个门限，在经济发展的三个阶段金融减贫效应的参数估计值分别为0.2178、0.2360和0.2489,且均在1%的显著性水平上统计显著。该结论与师荣蓉、徐璋勇、赵彦嘉(2013)的研究结论一致,这表明随着经济发展水平和平均回报率的不断提升,金融发展带来的信贷约束放松能够获得更有效的收入改进作用。但如果将低收入人口数量作为贫困状况的代理变量,模型五则得到了不同的结论。金融发展对低收入人口数量影响的参数估计值显著为正,且随着经济发展水平的不断提高,金融发展的负向减贫效应更为显著,从0.3993提高到0.4234,且在1%的显著性水平上统计显著,这与其他金融减贫研究的结论形成了冲突。可能原因在于现有研究未能找到反映贫困的更准确变量,而是将恩格尔系数、农村居民人均纯收入等消费或收入指标作为贫困的代理变量。鉴于金融发展与居民收入相关的内生性问题,金融发展对农村居民人均纯收入提高的正向作用并不能作为金融减贫效应的有力证据。相较于收入指标,低收入人口数量是反映贫困状况的更准确变量。因此,实证结果倾向于表明金融发展规模虽然对四川集中连片特困地区扶贫统计监测县农村居民人均纯收入具有正向影响,但该种影响是非均质的,其对中等及以上收入水平的农村居民的收入提升作用更为显著。金融发展并未体现足够益贫性的备选解释为:一方面,金融发展规模是金融机构存贷款余额的表征,但金融发展与减贫之间还需要依赖金融可得性这一中间通道的通畅,所以接下来我们也分析了金融可得性与贫困减缓的关系;另一方面则与贫困人口的金融服务需求和可得的信贷供给匹配有关(黄祖辉,等),如果贫困人口金融服务需求不足则无法发挥金融发展对于贫困人口资本跨期优化配置的作用(马晓青,等,2012),贫困人口可得的信贷供给匹配也会因资本的趋利属性而无法被贫困人口真正使用。因此,在后文我们也将从经济机会的角度分析经济机会不足引致的金融服务需求不足问题,这将导致金融发展任务和贫困减缓目标的偏离。

(2)金融可得性与贫困减缓的关系。金融可得性与贫困减缓的关系与金融发展规模的减贫效应类似,如果将农村居民人均纯收入作为贫困代理变量,模型九表明金融可得性体现出逐渐增强的减贫效应。但如果将低收入人口数量作为贫困的代理变量,模型十一的结果则表明金融可得性与低收入人口数量正相关,并没有体现出正向减贫效应。这表明基于农村人均纯收入提升的目的,增加金融机构在贫困县的贷款投放是改善经济发展和平均收入水平提升的重要因素,但这并不会带来农村人口收入结构的改善。值得注意的是,金融发展规模和金融可得性的减贫效应存在显著区别,比较模型三和模型九以及模型六和模型十二,我们发现金融可得性对于农村居民人均纯收入提升的正向影响小于金融规模,金融可得性对于低收入人口数量的负向减贫效应则更大。但现有研究结论普遍表明金融可得性比金融发展规模具有更直接和显著的减贫效应。为了解释本章实证结论与现有研究结论的不一致,我们考察了互助资金信贷以及信贷扶贫资金中的扶贫到户贷款情况,试图从更为微观的金融可得性来分析金融可得性的减贫效应,详见表10-5所示。2011年四川集中连片特困地区57个扶贫统计监测县中仅有27个县有互助借款,占总体的47%,扶贫户和扶贫低保户获得的借款占互助借款的29%,扶贫到户贷款占扶贫信贷资金的35%。四川集中连片特困地区贫困人口可得的信贷比重较小,并且人均信贷规模较小也意味着互助信贷有较高的集中度,即少数规模较大的借款占总体借款的份额较大。因此,宏观层面的金融可得性与贫困人口的金融可得并非水涨船高的线性相关,而是具有高集中度和非益贫的特征,这也是金融可得未能有效体现减贫的重要原因。结合金融发展规模与贫困减缓的关系,实证证据更倾向于认为金融减贫效应受限于贫困人口的金融服务需求,而非取决于金融机构基于市场行为在贫困县的信贷活动。接下来我们将从经济机会的视角考察贫困人口金融服务需求不足的解释,以期理解金融减贫绩效的更深入机理。

(3)经济机会与贫困减缓的关系。金融服务不足的一个重要原因是经济机会的缺乏(迪恩·卡尔兰,雅各布·阿佩尔,2014;林万龙,杨丛丛,2012),实证结果表明以经济密度表征的宏观经济机会对于贫困减缓的经济影响不显著,以财政收入支出比表征的政府经济机会对农村居民人均纯收入提升具有显著负向影响,但以农村非农林牧渔就业表征的农村经济机会则表现出显著的减贫效应。如果以农村居民人均纯收入为贫困代理变量,模型四和模型十的结果显示无论是将金融发展规模还是将金融可得性作为金融发展指标,农村经济机会均体现出显著的减贫效应,参数估计值分别为0.8816和0.9740,且在常用显著性水平上统计显著。如果以低收入人口数量为贫困的代理变量,模型六和模型十二的实证结果显示,农村经济机会对农村人均纯收入和低收入人口数量影响的参数估计值分别为-4.5930和-4.4708,农村经济机会的减贫效应统计显著。因此,改善农村经济机会是比盯住金融发展更为可靠的减贫目标设定方式,这与申云等(2016)的研究结论一致。金融发展能够在贫困人口已经开始发展的情况下发展得更好,但无法作为贫困人口发展的初始动力,即金融发展对于收入提升具有“锦上添花”作用,但对于贫困减缓尚未体现“雪中送炭”。因此,“金融撬动”更倾向于对发展速度的撬动,能够让年收入中速增长的群体以更快的速度增长,但无法有效解决贫困人口因经济机会不足而导致的增长停滞问题。

从其他解释变量与贫困减缓的关系来看,经济增长对于农村居民人均纯收入有显著正向影响,工业占工农业产值比重和人口城市化率也对农村居民人均纯收入体现出显著的负向作用,上述三个指标对于低收入人口数量均没有体现出统计显著的减贫作用。这表明四川集中连片特困地区扶贫统计监测县经济增速加快是平均收入提升的重要保障,但由于产业发育的滞后,产业结构的演化和城市化的推进尚未能体现减贫效应。表10-1显示,工业占工农业产值比重的最小值为0.09,平均值为0.48,四川集中连片特困地区扶贫统计监测县产业结构以农业为主导产业,这也是产业结构和城市化在当前阶段尚未体现显著减贫效应的主要原因。

表10-4　金融效应的门限效应检验

模型	门限检验	F统计量	门限值	各显著性水平F统计量临界值		
				1%	5%	10%
模型三	单一门限	29.4300***	8.6029	7.1990	3.9194	2.6295
	双重门限	13.8839***	8.9706	6.6675	3.7718	2.6858
模型四	单一门限	29.5583***	8.6029	6.6367	3.8112	2.6742
	双重门限	22.8691***	9.1360	7.5706	4.0458	2.9246
模型五	单一门限	3.0574*	9.3747	7.6577	4.2878	2.6715
	双重门限	1.5978	8.7847	7.2084	3.7599	2.4575

续表

模型	门限检验	F 统计量	门限值	各显著性水平 F 统计量临界值		
				1%	5%	10%
模型六	单一门限	2.9741 *	9.3747	6.4439	3.6144	6.4439
	双重门限	1.8702	8.7847	7.8970	3.8935	2.2474
模型九	单一门限	38.4212 * * *	8.9522	7.0847	4.5394	2.8625
	双重门限	28.0485 * * *	8.6029	6.9280	3.6654	2.7047
模型十	单一门限	37.4719 * * *	8.9522	5.8709	3.4987	2.5681
	双重门限	28.3384 * * *	8.6029	6.9406	3.8376	2.6233
模型十一	单一门限	2.6416 *	8.1609	6.9289	3.7942	2.7462
	双重门限	2.1443	8.7847	6.6583	3.6414	2.2011
模型十二	单一门限	2.5183 *	9.3747	7.0373	4.0525	2.71923
	双重门限	2.4487	8.1609	7.4484	4.1247	2.3725

数据来源：作者计算得到，* 和 * * * 分别表示在 10% 和 1% 的显著性水平上统计显著。

表 10－5　四川集中连片特困地区扶贫统计监测县信贷可得性（2011 年）

地区	互助资金累计借款人次（人次）	互助资金发放借款（万元）	扶贫户和扶贫低保户借款（万元）	信贷扶贫资金（万元）	扶贫到户贷款（万元）	人均互助资金借款（元）	扶贫户和扶贫低保户贷款比重（%）	扶贫到户贷款比重（%）
古蔺县	791	660	435	1147	430	8344	66	37
叙永县	5379	895	75	1147	430	1664	8	37
北川县	324	76	13	1146	430	2360	17	38
平武县	460	8	1	1146	430	167	6	38
青川县	270	64	41	1147	430	2370	64	37
旺苍县	5796	3615	1088	1167	450	6237	30	39
剑阁县	246	147	78	1130	430	5959	53	38
苍溪县	2456	83	72	1147	717	338	87	63
沐川县	2515	665	480	3600	1100	2642	72	31
马边县	772	278		9199	899	3605	0	10
仪陇县	5673	3896	356	1180	430	6868	9	36
屏山县	1180	357	109	1146	430	3024	30	38
万源市	142	27	8	1580	1130	1887	32	72
宣汉县	4315	1658	304	1147	430	3842	18	37

续表

地区	互助资金累计借款人次（人次）	互助资金发放借款（万元）	扶贫户和扶贫低保户借款（万元）	信贷扶贫资金（万元）	扶贫到户贷款（万元）	人均互助资金借款（元）	扶贫户和扶贫低保户贷款比重（%）	扶贫到户贷款比重（%）
南江县	1371	1850	1083	1146	430	13494	59	38
通江县	835	189	17	1147	430	2263	9	37
平昌县	3662	1393	278	1147	430	3804	20	37
理县	6900	320	280	0		464	88	
松潘县	58	16	16	0		2738	100	
泸定县	126	44	17	800	800	3492	39	100
九龙县	126	44	17	0		3492	39	
白玉县	294	103	43	0		3510	42	
金阳县	230	60		420	420	2609	0	100
雷波县	840	37		430	430	438	0	100

数据来源:作者根据2011年《四川省扶贫统计监测年表》整理得到。

10.6 结论与政策启示

本章基于内生增长理论构建理论模型对金融发展与贫困减缓的关系进行了理论分析,认为经济机会是制约金融发展减贫效应的关键中间变量。基于四川集中连片特困地区扶贫统计监测县面板数据,使用门限面板模型对金融发展、经济机会与贫困减缓的关系进行了实证研究,并区分金融发展规模和金融可得性,以及区分不同的贫困代理变量进行稳健性检验。结果表明:

第一,理论模型显示,若贫困人口的经济机会不足以使其信贷行为获得足够的回报以补偿利息支出,即资本使用的边际成本小于利率,则该行为主体无投资性信贷需求,但为了维持必要的教育、医疗和其他消费支出,有消费性信贷需求。因此,贫困人口的收入增长与经济机会正相关,除非个人随机能力足够强,使得新增资本大于资本折旧和利息,或者不存在消费信贷,否则该主体的收入将因消费信贷而停止增长,甚至体现负增长。所以,经济机会将影响贫困人口的信贷需求,而信贷需求不足则影响金融可得的减贫效应，金融发展规模所表征的信贷约束将对资本边际产出大于信贷成本的有能力主体产生制约影响。

第二，金融发展规模和金融可得性对平均收入改善具有显著积极作用，但金融发展规模和金融可得性并未体现出显著的益贫性。主要原因在于宏观层面的金融发展规模和金融可得性与贫困人口的金融可得并非水涨船高的线性相关，而是具有高集中度，对贫困人口的实际覆盖有限。贫困人口实际可得信贷支持偏低的原因在于经济机会欠缺导致的信贷需求不足，因此金融减贫效应受限于贫困人口的经济机会和金融服务需求，而非取决于金融机构基于市场行为在贫困县的信贷活动。针对农村经济机会减贫效应的实证结果也表明，经济机会对于农村人均纯收入提升和低收入人口数量减少均具有显著积极效应。

在当前阶段，金融发展能够在贫困人口已经开始发展的情况下发展得更好，但无法作为贫困人口发展的初始动力，即金融发展对于收入提升具有"锦上添花"作用，但对于贫困减缓尚未体现"雪中送炭"。因此，在全面建成小康社会和扶贫攻坚阶段，改善农村经济机会是比盯住金融发展更为精准的减贫目标设定方式。"金融撬动"应该更倾向于瞄准对于贫困人口能力和经济机会的撬动，并在金融扶贫过程中从信贷供给和需求两个方面进行疏导和改善，增加贫困人口实际可得的信贷匹配。

本章参考文献

[1]马晓青，等. 信贷需求和融资渠道偏好影响因素的实证分析[J]. 中国农村经济，2012(5)：65－77.

[2]申云，彭小兵. 链式融资模式与精准扶贫效果——基于准实验研究[J]. 财经研究，2016(9)：4－15.

[3]苏基溶，廖进中. 中国金融发展与收入分配、贫困关系的经验分析——基于动态面板数据的研究[J]. 财经科学，2009(12)：10－16.

[4]苏鹏，孙巍. 金融发展收入分配效应的实证研究——基于中国省际数据的面板门限回归[J]. 数量经济研究，2014(2)：91－99.

[5]苏静,胡宗义,肖攀.中国农村金融发展的多维减贫效应非线性研究——基于面板平滑转换模型的分析[J]. 金融经济学研究,2014(4):86-96.

[6]余玲铮,魏下海.金融发展加剧了中国收入不平等吗?——基于门槛回归模型的证据[J]. 财经研究,2012(3):105-114.

[7]张兵,翁辰.农村金融发展的减贫效应——空间溢出和门槛特征[J]. 农业技术经济,2015(9):37-47.

[8]林万龙,杨丛丛. 贫困农户能有效利用扶贫型小额贷款服务吗?[J]. 中国农村经济(2):35-45.

[9]迪恩·卡尔兰,雅各布·阿佩尔.不流于美好愿景——新经济学如何帮助解决全球贫困问题[M]. 北京:商务印书馆,2014:91-120.

[10]单德朋,郑长德. 经济发展方式减贫效应的微观机制与影响因素述评[J]. 经济问题探索 (11):161-166.

[11]黄祖辉,刘西川,程恩江.中国农户的信贷需求:生产性抑或消费性[J]. 管理世界,2007(3):73-80.

[12]温涛,朱炯,王小华.中国农贷的"精英俘获"机制:贫困县与非贫困县的分层比较[J]. 经济研究,2016(2):111-125.

[13]谢玉梅,等.精准扶贫与目标群小额信贷:基于协同创新视角的个案研究[J]. 农业经济问题,2016(9):79-88.

[14]Bannerjee A,Duflo E,Glennerster R,Kinnan C. The Miracle of Microfinance? Evidence from a Randomized Evalution [R]. Poverty Action Lab Working Paper,2009:101.

[15]Bae K, Han D, Sohn H. Importance of Access to Finance in Reducing Income Inequality and Poverty Level [J]. International Review of Public Administration,2012,17(1): 55-77.

[16]Fowowe,B. ,Abidoye,B. A Quantitative Assessment of the Effect of Financial Development on Poverty in African Countries. [D]. University of Ibadan, Nigeria,2012.

[17]Hsu BY. Alleviating Poverty or Reinforcing Inequality? Interpreting Micro-finance in Practice with Illustrations from Rural China [J]. The British

journal of sociology,2014,65(2):245 - 263.

[18]Jeanneney SG,Kpodar K. Financial Development and Poverty Reduction: Can There Be a Benefit without a Cost? [J]. The Journal of Development Studies,2011,47(1): 143 - 163.

[19]Khan,A. D. ,Ahmad,I. ,Jan,W. U. Financial Development and Poverty Alleviation: Time Series Evidence from Pakistan [J]. World Applied Sciences Journal,2012(18):1576 - 1581.

[20]Levine,R. ,Kunt,A. ,Beck,T. Finance,Inequality and the Poor [J]. Journal of Economic Growth,2007,12(1):27 - 49.

第11章　贫困陷阱、发展援助与集中连片特困地区的减贫与发展

郑长德

摘　要　文章从贫困陷阱理论分析集中连片特困地区的贫困致因，并提出发展援助的政策选择。文章首先基于标准的索洛—斯旺经济增长模型，分析贫困陷阱的机制，然后主要依据四川省集中连片特困地区的数据，分析了贫困陷阱在这些地区的表现，包括地理第一性驱动的空间贫困陷阱，地理第二性（市场发育程度低和文化因素）驱动的贫困陷阱及因极度稀缺驱动的行为贫困陷阱。最后给出了通过外部的发展援助进行贫困治理的政策选择。

关键词　集中连片特困地区；贫困陷阱；发展援助；减贫与发展

11.1　问题的提出

贫困地区，特别是集中连片特困地区是全面建成小康社会的短板，十八大以来根据我国贫困人口和减贫工作的新特点，提出的“精准扶贫，精准脱贫”已成为新阶段贫困治理的方针指引，各地区特别是连片贫困地区正在开展大规模的贫困精准治理。目前，贫困人口集中分布的连片特困地区（目前的592个国家扶贫开发工作重点县全在集中连片特困地区），实际上是多重不利条件的叠加，既有因地理条件不利而导致的贫困，又有因市场失灵、制度（文化）缺陷导致的贫困，而且这些因素通常是相互加强的，使得绝对贫困成为一种持续的现象。

贫困的持续（代际传递）在区域层面上可以从贫困县的演变反映出来。

我国的贫困县制度是 1986 年开始的。1986 年国务院贫困地区开发领导小组会议规定的贫困县标准是：1985 年全县人均年纯收入 150 元以下的县；1985 年全县人均年纯收入 150 ~ 200 元的革命老区县和民族自治县；井冈山、赣南、闽西南、武陵山、大巴山、大别山、太行山和沂蒙山等对革命贡献大、影响大的革命老根据地当中一部分 1985 年全县人均年纯收入 200 ~ 300 元的县，以及内蒙古、青海、新疆等少数民族困难县。按此标准，全国有 331 个国家重点扶持的贫困县。1988 年又把 1984—1986 年 3 年的人均纯收入 300 元以下的纯牧区县（旗）和 200 元以下的半牧区县（旗）列入重点扶持对象，全国共有 27 个牧区和半牧区县。这样，20 世纪 80 年代全国有 358 个国家重点扶持的贫困县（国家级贫困县），到 2012 年国家扶贫开发工作重点县调整时，这 358 个贫困县中绝大多数依然是国家扶贫开发工作重点县。

我国的扶贫开发已经持续了 30 多年，贫困县制度也已实行了 30 年。虽然贫困县的标准随时代变化有所调整，但贫困县的名录总体上维持不变。因此，贫困的持续存在是连片特困地区的重要特点。贫困持续的一个重要机制就是贫困陷阱（Poverty trap）。贫困陷阱是一个经济体处于持续欠发达状态而陷入恶性循环，使得贫困成为自我维持的状态，简言之，贫困陷阱就是穷是因为穷。

本文从贫困陷阱理论分析集中连片特困地区的贫困致因，并提出发展援助的政策选择。文章首先基于标准的索洛—斯旺经济增长模型，分析贫困陷阱的机制，然后主要依据四川省集中连片特困地区的数据，分析了贫困陷阱在这些地区的表现，最后给出了通过外部的发展援助进行贫困治理的政策选择。

11.2　基础模型：索洛—斯旺模型

新古典经济增长模型主要是由索罗（Solow，1956）和斯旺（Swan，1956）构造的。根据新古典经济增长模型，增长过程由三个方程描述[①]：

① 这里对索洛—斯旺模型的描述见郑长德. 中国少数民族地区的后发赶超与转型发展［M］. 北京：经济科学出版社，2014：201 – 203.

(1)供给面,具有规模报酬不变特征的生产函数,技术进步外生,该生产函数表明,当前产出是当前资本存量 K 和劳动 L 的函数,一般可用柯布—道格拉斯生产函数,

$$Y = F(K,L) = AK^{\alpha}L^{1-\alpha} \tag{11-1}$$

其中,A 表示生产率参数,$0 < \alpha < 1$。

(2)需求面,两部门经济中,设 s 是储蓄率,则有,

$$I = S = sY \tag{11-2}$$

③资本积累方程(索洛方程),资本积累依赖于投资、资本折旧 δ,在劳动力外生增长的情况下还依赖于劳动力增长 n ,

$$\dot{K} = sY - (n + \delta)K \tag{11-3}$$

由于存在规模报酬不变,方程(11-1)和(11-3)写出人均形式有,

$$y = f(k) = Ak^{\alpha} \tag{11-1a}$$

$$\dot{k} = sf(k) - (n + \delta)k \tag{11-3a}$$

新古典经济增长模型的图解如图 11-1 所示。

根据方程(11-3a),如果投资 $sf(k)$ 大于 $(n + \delta)k$,资本存量的变化量为正,即资本存量增加;相反,如果投资 $sf(k)$ 小于 $(n + \delta)k$,资本存量将减少;如果投资 $sf(k) = (n + \delta)k$,那么资本存量保持不变,这一资本存量水平被称为稳态水平(k^{ss}),对应的稳态产出为 y^{ss} 。如果资本存量不等于稳态水平,那么随着时间推移,资本存量将向稳态移动。

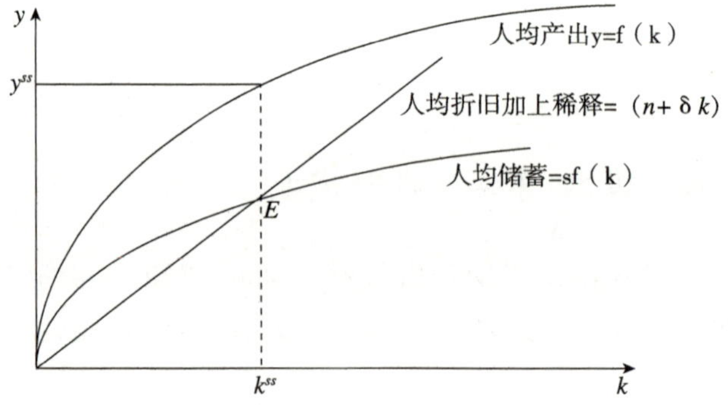

图 11-1 新古典经济增长模型的图解

如果储蓄率提高（对于贫困地区，提高储蓄率的一种方式就是接受援助），投资率也相应提高，如图 11－2，储蓄曲线由 $s_1f(k)$ 上升到 $s_2f(k)$，结果稳态资本存量由 k_1^{ss} 增加到 k_2^{ss}，对应地产出也要增加。

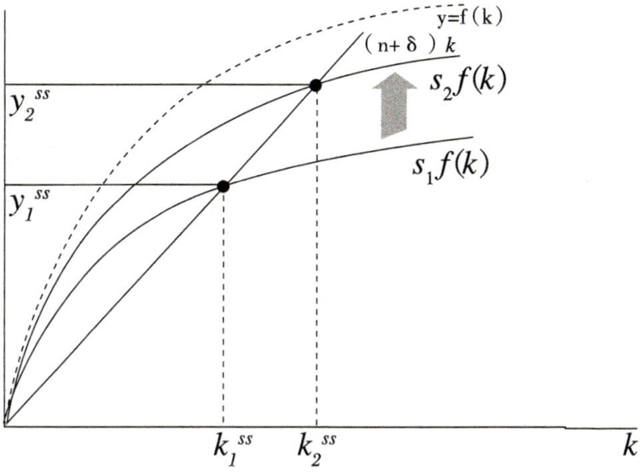

图 11－2　储蓄率上升对稳态的影响

利用方程（11－1a）和（11－3a），稳态资本存量和稳态产出分别为：

$$k^{ss} = \left(\frac{sA}{n+\delta}\right)^{1/(1-\alpha)} \tag{11-4}$$

$$y^{ss} = A^{1/(1-\alpha)}\left(\frac{s}{n+\delta}\right)^{\alpha/(1-\alpha)} \tag{11-5}$$

式（11－5）说明，一个经济体的劳均产出稳态水平如何取决于储蓄率（投资率），如果一个经济体的投资率高，那么它的产出稳态水平也较高。假设有两个经济体，除投资率外，其他均相同。设 s_i 和 s_j 分别为它们的储蓄率（投资率），这样两个经济体的劳均产出稳态水平分别为：

$$y_i^{ss} = A^{1/(1-\alpha)}\left(\frac{s_i}{n+\delta}\right)^{\alpha/(1-\alpha)}, \quad y_j^{ss} = A^{1/(1-\alpha)}\left(\frac{s_j}{n+\delta}\right)^{\alpha/(1-\alpha)}$$

它们的劳均稳态水平的产出比率为：

$$\frac{y_i^{ss}}{y_j^{ss}} = \left(\frac{s_i}{s_j}\right)^{\alpha/(1-\alpha)} \tag{11-6}$$

如果经济体 i 的投资率为 30%，经济体 j 的投资率为 10%，设 $\alpha = 1/3$，

这样就有:

$$\frac{y_i^{ss}}{y_j^{ss}} = \left(\frac{30\%}{10\%}\right)^{1/3/(1-1/3)} = 1.732$$

因此,这两个经济体其他条件完全相同,仅仅因为储蓄率(投资率)的差异,收入就相差 1.732 倍。

11.3 贫困陷阱的生成机制:对索洛—斯旺模型的修正

在索洛—斯旺模型的图解中,有三条线,分别表示储蓄函数、生产函数和折旧函数。在标准的索洛—斯旺模型中,要求这三个函数满足一些假设:新古典生产函数(凸性且满足稻田条件),存在唯一且稳定的稳态;金融市场完全,储蓄全部转化为投资;折旧和人口增长率是外生给定的;等等。伊斯坦利(Easterly ,2005)讨论的贫困陷阱的三个"经典"来源就是从这三个函数开始的:低收入水平上的低储蓄;生产函数的非凸性;马尔萨斯陷阱。这三个都与多重均衡有关,分别由储蓄函数的形状、生产函数的形状和折旧曲线驱动。

11.3.1 低收入,低储蓄

贫困陷阱是由于穷人的储蓄率低,物质资本积累难以跟上折旧和人口增长。这可能是由于生存约束——低于某个收入水平,人们为了生存就必须消费其全部收入。在这种情况下,为了保证未来时期相同的生存约束也被满足,穷人要储蓄足够多才行。因此,在这个模型中,索洛—斯旺模型在资本的低端处被打破。产出不能低于某个水平,以保持生存消费 $c_{\min}$ + 的"生存储蓄 $s_{\min}$ ",即 $f(0)$ 没有意义,相反有 $f(k_{\min})$, $k_{\min}$ 是维持家庭在生存消费水平上必要的资本数量。随着产出增加,这个约束将被放松,回到标准的索洛—斯旺模型,储蓄是产出的固定份额。如图 11 -3 所示,有三个稳态均衡: k_{low}^* 、k_{mid}^* 和 k_{high}^* ,只有 k_{low}^* 和 k_{high}^* 这两个极端的均衡是稳定均衡。k_{mid}^* 定义了门槛值。如果经济位于这点之下,就会收敛到低资本—产出均衡 k_{low}^* 。如果经济在这个门槛之上,就会收敛到"好"的均衡 k_{high}^* 。

在这种情况下,完全投资于新资本的援助将提高储蓄曲线,暂时会离开

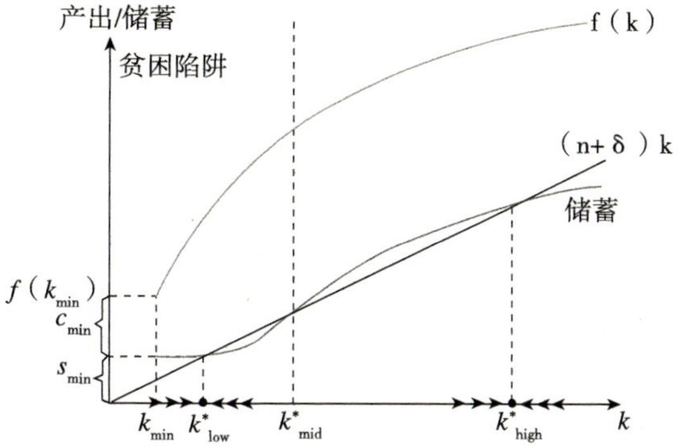

图 11 – 3　有生存约束经济的贫困陷阱

资料来源：伊斯坦利（Easterly，2005）。

低水平均衡，如图 11 – 4 所示，折旧线 $(n+\delta)k$ 不再在 k 轴的低端与储蓄线相交。为避免贫困陷阱，需要的就是长期供给充分的援助直到经济越过 k_{mid}^{*} 门槛。

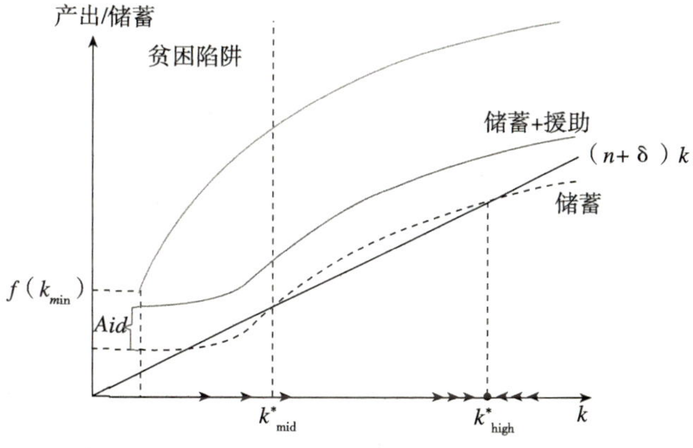

图 11 – 4　援助对储蓄的影响

资料来源：伊斯坦利（Easterly，2005）。

11.3.2　生产函数非凸

同样的结论可以通过假设不同的生产函数形状获得。关键是规模报酬递增，至少在一定范围的资本—劳动比率内是规模报酬递增的。假设储蓄率固定，生产函数有下面的特性，从而不满足稻田条件：

$$f(0)=0, f'>0, f''(k)=\begin{cases}<0, 0<k<k_a \\ >0, k_a<k<k_b \\ <0, k>k_b\end{cases} \quad (11-7)$$

显然这个生产函数是非凸的。在这种情况下,索洛—斯旺模型的图形如图 11 -5。有两个稳定均衡 k_{low}^* 和 k_{high}^* 和非稳定的“门槛”均衡 k_{mid}^* 。外国援助对经济的影响和“穷人储蓄太少”的故事相同:它将暂时提高储蓄曲线,使经济翻过门槛。

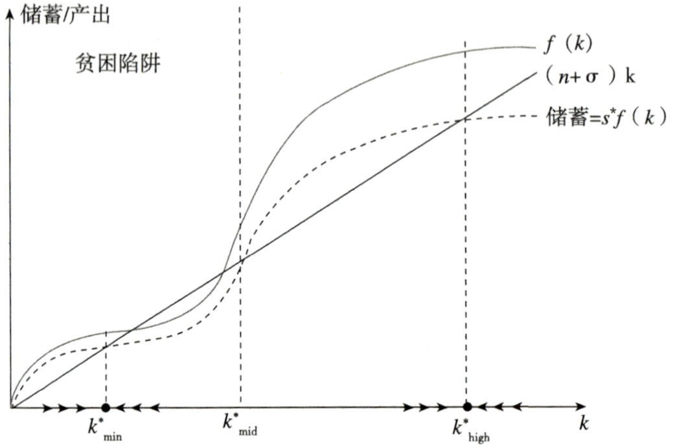

图 11 -5　生产函数非凸与贫困陷阱

资料来源:伊斯坦利(Easterly ,2005)。

11.3.3　马尔萨斯陷阱

对索洛—斯旺模型的第三个明显的修订能产生多重均衡,是异常的折旧曲线的假设。与不变人口增长假设相反,令 n 是产出的函数,若收入水平低,系统就像马尔萨斯经济那样行为,其中生产率的全部增加被人口增加抵消(图 11 -6)。只有当人力资本的收益变得足够高使得人们从宁愿更多地投资于婴儿转换为更多地投资于儿童,结果才会避免贫困陷阱。

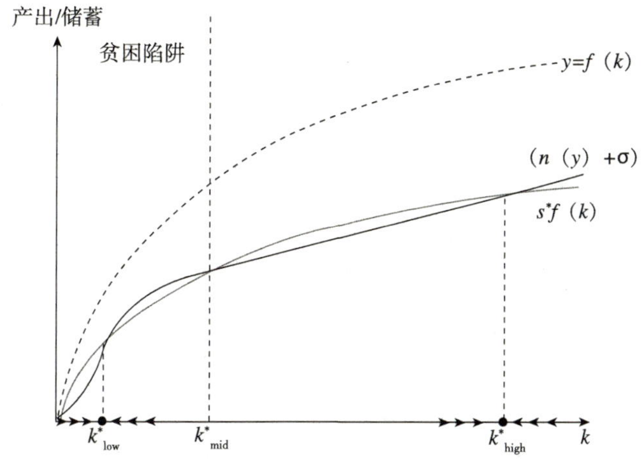

图 11-6　索洛—斯旺模型中的马尔萨斯贫困陷阱

资料来源：伊斯坦利(Easterly，2005)。

11.4　连片特困民族地区的贫困：以四川为例

改革开放以来，基于经济增长的反贫困战略取得了阶段性的成绩，四川省贫困人口的规模、分布、结构与贫困的致因发生了显著变化，贫困出现了新的特征。

11.4.1　贫困人口多，贫困程度深

2013 年底四川省 183 个县(市，区)，4355 个乡镇，其中 88% 的县市区、95% 以上的乡镇有建档立卡贫困户。2015 年底，四川有贫困人口 497.65 万人，占全国 5575 万贫困人口的 8.65%，超过四川省人口占全国人口的比例；四川省 2015 年贫困发生率 7.7%，高于同年全国 5.7% 的贫困发生率 2 个百分点。

11.4.2　贫困户的构成

从贫困人口的构成看，如表 11-1 所示，全省的贫困户中，扶贫户占 73.2%，扶贫低保户占 21.48%，低保户占 4.78%，五保户占 0.55%。在贫困人口中，扶贫户占 74.57%，扶贫低保户占 21.07%，低保户占 4.14%，五保户占 0.21%。各片区的构成与全省的构成基本一致。

从各类贫困户在全省的分布看(表 11-2)，主要在四大片区，贫困户分布中，扶贫户占 62.25%，扶贫低保户占 58.59%，低保户占 51.55%，五保户占37.09%。

贫困人口中,四大片区占全省的比例分别为:扶贫户 64.98%,扶贫低保户 63.38%,低保户 55.65%,五保户 40.06%。在四大片区中,尤以秦巴山片区占比最大(表 11 -1)。表 11 -1 还说明,片区外主要以“插花式”贫困为主。

表 11 -1　四川省建档立卡贫困户属性及帮扶情况统计表(2013 年度,%)

	贫困户				贫困人口			
	扶贫户	扶贫低保户	低保户	五保户	扶贫户	扶贫低保户	低保户	五保户
全省合计	73.20	21.48	4.78	0.55	74.57	21.07	4.14	0.21
四大片区	74.93	20.69	4.05	0.33	75.48	20.80	3.59	0.13
秦巴山片区	76.36	19.62	3.65	0.37	76.95	19.57	3.33	0.15
乌蒙山片区	71.84	19.01	8.83	0.31	74.41	18.33	7.14	0.12
大小凉山彝区	77.00	21.93	0.92	0.15	77.27	21.94	0.74	0.05
高原藏区	65.16	30.88	3.71	0.25	63.34	32.29	4.25	0.12
片区外	70.52	22.70	5.91	0.88	72.95	21.56	5.13	0.35

数据来源:全国扶贫建档立卡信息管理平台。

表 11 -2　四川省建档立卡贫困户属性及帮扶情况统计表(2013 年度,占全省%)

	五保户				扶贫低保户			
	户数(户)	人数(人)	户数(户)	人数(人)	户数(户)	人数(人)	户数(户)	人数(人)
四大片区	62.25	64.98	58.59	63.38	51.55	55.65	37.09	40.06
秦巴山片区	43.18	43.00	37.81	38.70	31.61	33.47	28.44	30.17
乌蒙山片区	7.90	8.71	7.13	7.60	14.88	15.04	4.64	4.98
大小凉山彝区	6.81	8.59	6.61	8.63	1.25	1.49	1.76	1.78
高原藏区	4.36	4.68	7.05	8.45	3.81	5.65	2.25	3.14
片区外	37.75	35.02	41.41	36.62	48.45	44.35	62.91	59.94

数据来源:全国扶贫建档立卡信息管理平台。

从贫困户的收入构成看,全省的基本情况是,500 ~ 1000 元户数占比 0.2%,1000 ~1500 元户数占比 12.9%,1500 ~2000 元户数占比 24.5%,2000 ~2500 元户数占比 41.1%,2500 ~2736 元户数占比 21.3%。各片区贫困户收入构成情况见表 11 -3。

表 11－3　四川省建档立卡贫困户人均收入分组情况统计表(2013 年度)

	500～1000 元户数占比(%)	1000～1500 元户数占比(%)	1500～2000 元户数占比(%)	2000～2500 元户数占比(%)	2500～2736 元户数占比(%)
全省合计	0.2	12.9	24.5	41.1	21.3
四大片区	0.2	12.7	24.0	41.9	21.2
秦巴山片区	0.1	10.3	22.6	43.3	23.6
乌蒙山片区	0.2	13.3	24.4	43.0	19.1
大小凉山彝区	0.9	25.7	31.6	31.2	10.7
高原藏区	0.6	14.6	24.7	41.9	18.3
片区外	0.1	13.2	25.3	39.8	21.5

数据来源:全国扶贫建档立卡信息管理平台。

11.4.3　贫困人口的人口学特征

从年龄结构看,60 岁以上的老年人口占比较高。如图 11－7,2013 年四川省贫困人口中 60 岁以上的人口占 31.35%,其次是 40～50 岁,占比 18.35%,以下依次为:18～30 岁占 15.95%,50～60 岁占 13.21%,30～40 岁占 11.76%,18 岁以下占 9.29%。当然,各片区有差异,大小凉山彝区和高原藏区中,18～30 岁的贫困人口占比较高。

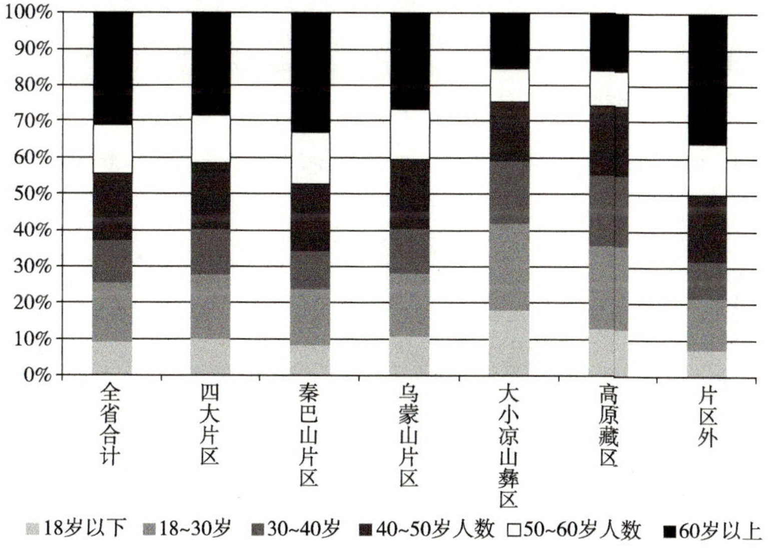

图 11－7　四川省建档立卡贫困人口年龄分组

数据来源:全国扶贫建档立卡信息管理平台。

从受教育程度看,受教育程度低的人口占比高。全省贫困人口中,文盲或半文盲占18.72%,小学占47.20%,两者合计超过65%。各片区的情况如图11-8,基本特征与全省情况类似。从健康状况看,四川省贫困人口中,长期慢性病占比较高,达到26.05%。在劳动能力方面,贫困人口中丧失劳动力和无劳动力的比重超过45%,而技能劳动力比重不足1%。因此,贫困人口的人力资本水平低,既是贫困的原因,也是贫困的结果(表11-4)。

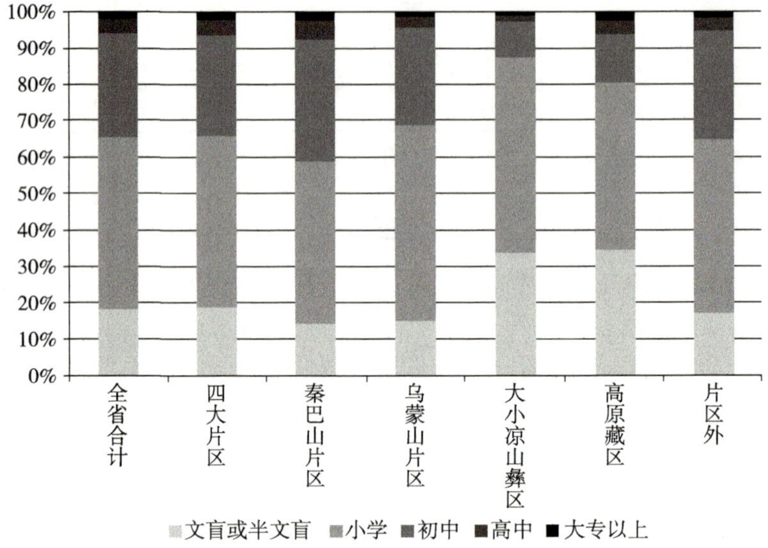

图11-8 四川省建档立卡贫困人口文化程度情况统计表(2013年度)

数据来源:全国扶贫建档立卡信息管理平台。

表11-4 四川省建档立卡贫困人口健康状况和劳动能力类型统计表(2013年度,%)

	健康状况				劳动力能力类型			
	健康	长期慢性病	患有大病	残疾	普通劳动力	技能劳动力	丧失劳动力	无劳动力
全省合计	66.01	26.05	5.75	2.19	52.23	0.50	9.88	37.40
四大片区	70.55	22.92	5.02	1.51	54.24	0.52	8.60	36.63
秦巴山片区	63.68	28.70	6.00	1.62	52.61	0.65	10.06	36.67
乌蒙山片区	71.09	20.54	5.77	2.59	53.11	0.37	10.07	36.45
大小凉山彝区	93.63	4.77	1.08	0.53	58.03	0.19	2.71	39.07
高原藏区	86.99	10.22	2.32	0.47	62.61	0.29	4.35	32.75
片区外	57.87	31.67	7.05	3.40	48.57	0.45	12.16	38.82

数据来源:全国扶贫建档立卡信息管理平台。

11.4.4　贫困的代际传递和慢性贫困

20 世纪 80 年代四川有 15 个国家重点扶持的贫困县(国家级贫困县),到 2012 年国家扶贫开发工作重点县调整时,这 15 个中有 13 个(86.67%)依然是国家扶贫开发工作重点县;1994 年《国家八七扶贫攻坚计划》确定的国家重点扶持的贫困县,四川有 31 个,这个数据和具体县到 2006 年《中国农村扶贫开发纲要》实施时没有变化,到 2012 年这 31 个中有 25 个(80.65%)依然属于国家扶贫开发工作重点县。同时,2012 年四川省的国家扶贫开发工作重点县增加为 36 个。这些数据说明,一开始就是国家级贫困县的,2012 年依然是国家级贫困县的概率在 80% 以上[①](表 11-5)。

表 11-5A　四川省"国家级贫困县"的转移矩阵(1986—2012 年)

1986—1988 \ 2012	国家级贫困县	非国家级贫困县
国家级贫困县	0.8667	0.1333
非国家级贫困县	0.1386	0.8614

表 11-5B　四川省"国家级贫困县"的转移矩阵(1994—2012 年)

1994 \ 2012	国家级贫困县	非国家级贫困县
国家级贫困县	0.8065	0.1935
非国家级贫困县	0.0733	0.9267

资料来源:作者计算。

11.4.5　多维贫困

贫困是一个多维度的现象。四川的农村贫困,特别是四大片区的贫困,不仅表现在收入贫困上,更表现在受教育程度、基本公共服务的获得等方面,呈现出多维贫困的特点。贫困户多种多样的致贫原因充分说明了贫困的多维性(表 11-6)。就全省而言,因病致贫比例为 53.9%,缺资金致贫比例为 46.6%,缺技术致贫比例为 31.8%,缺劳动力致贫比例 23.2%,此外还有因残、因学、因灾、缺水、交通条件落后、自身发展能力不足等致贫的。

---

① 郑长德. 中国西部民族经济调查(2014)[M]. 北京:经济科学出版社,2015:37-39.

表 11-6 四川省建档立卡贫困户致贫原因情况统计表(2013 年度)

地区	因病比例(%)	因残比例(%)	因学比例(%)	因灾比例(%)	缺土地比例(%)	缺水比例(%)	缺技术比例(%)	缺劳力比例(%)	缺资金比例(%)	交通条件落后比例(%)	自身发展力不足比例(%)	其他比例(%)
全省合计	53.9	5.2	5.9	4.5	2.0	2.0	31.8	23.2	46.6	9.5	6.6	12.7
四大片区	47.7	3.7	7.0	5.4	2.6	2.5	36.1	20.0	54.1	12.1	6.7	15.7
秦巴山片区	54.6	3.5	6.5	4.7	0.8	1.9	38.9	16.8	56.0	8.6	4.9	17.5
乌蒙山片区	50.7	6.7	5.9	7.6	1.7	2.3	24.8	26.0	36.4	11.4	11.2	11.5
大小凉山彝区	15.3	2.4	8.7	6.5	12.6	6.4	38.3	20.6	68.5	30.0	8.2	10.2

数据来源:全国扶贫建档立卡信息管理平台。

11.4.6 贫困人口的地理分布

2013 年底四川省共有建档立卡贫困户的贫困县 161 个,覆盖 4159 个乡镇 43919 个行政村,有贫困户 211.01 万户,贫困人口 624.6 万人,贫困发生率为 9.61%。从空间分布看,主要集中于秦巴山区、乌蒙山区、大小凉山彝区和高原藏区等四大连片特困地区,合计 88 个县(其中 36 个是国家扶贫开发工作重点县),表现为“贫困的空间集聚”。2013 年 88 个连片特困地区贫困县的贫困发生率平均为 13.89%,其中最高的是峨边县,为 24.76%,其次是德格县,24.05%,最低的是前锋区,为 7.39%。同时,片区外的“插花”贫困现象依然存在。根据各县的贫困发生率,可以把这些县划分为如下几种类型(图 11-9),可以看出:重度贫困县主要分布于高原藏区和大小凉山彝区①。

① 资料来源:作者根据四川省扶贫与移民局调查数据整理。

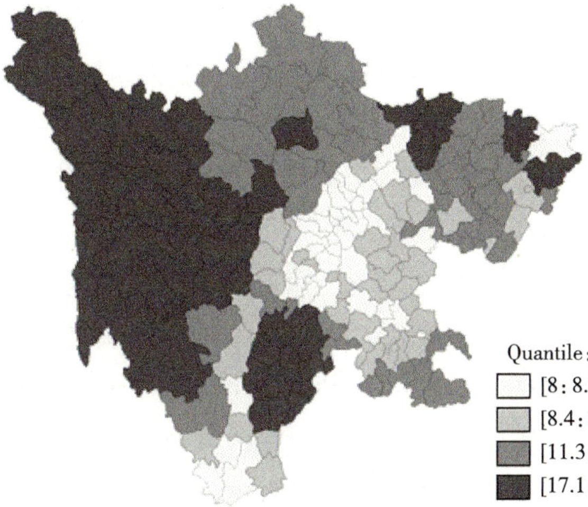

图 11－9　四川省贫困地图示意(2015 年)

资料来源:作者绘制。

11.5　连片特困地区的贫困致因:基于贫困陷阱的思考

贫困问题往往是多种因素相互作用的结果。基于贫困陷阱理论,连片特困地区的贫困致因可以区分出三种基本的类型:地理第一性引起的空间贫困陷阱、地理第二性(市场不完全等外部摩擦)驱动的贫困陷阱及行为贫困陷阱。

11.5.1　空间贫困陷阱

所谓地理第一性(first nature),由一个地区所处的自然区位所决定的地理不利状态,区位偏僻,自然条件相对恶劣、地理破碎等使得低水平均衡成为自我维持的状态,从而陷入贫困状态。考虑两个家庭,除了居住的地区不同外,其他均相同。地区的不同主要表现在由地理条件决定的物质资本、人力资本和社会资本(简言之为地理资本,geographic capital)禀赋等方面。如果生活在地理资本丰裕的地区的家庭,生活水平随时间推移而提高,而生活在地理资本短缺的地区,生活水平基本保持不变,就存在空间贫困陷阱(spatial poverty trap)(Kate Bird, Kate Higgins and Dan Harris,2010)。四川连片特困地区,距四川省经济政治核心区——成都,最近的有 170 公里(公路里程),最远的超过 1300 公里。远离经济核心区,获得核心区“发展红利”的溢出和“思想溢出”少,是贫困的重要因素。图 11-10 绘出了各县的农村贫困发生率与距成都距离间的拟合关系,可以看出,解释力是显著的。从各县看,行政村的贫困状况与县域内中心城市(县城)和城镇的距离呈现出显著的负向关系,离县城(或镇)近的村,联系方便,容易受到扶贫部门的重视,各项扶贫措施和扶贫政策叠加,农民收入增加快,有的村实际上早已脱贫,基本实现了小康;而远离县城(镇)的村,特别是高原藏区和大小凉山彝区的高山和半高山地区的村,由于居住区位偏远,基础设施落后,信息封闭,与外界交流困难,阻碍了这些地区的发展,贫困程度最深。

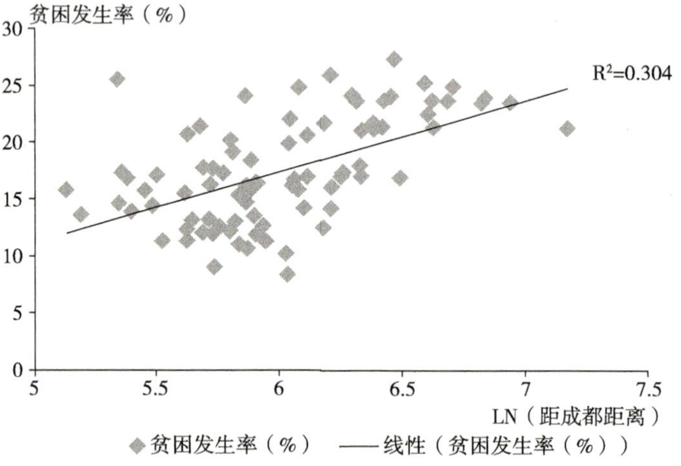

图 11-10 空间贫困陷阱

资料来源:作者绘制。

11.5.2 第二性驱动的贫困陷阱

所谓第二性(second nature),是指一个地区发展的历史基础,包括市场基础、文化等。贫困地区在市场经济的发育程度方面普遍存在市场缺失、市场不完善和市场失灵等问题,由此导致居民不能充分利用市场机制配置资源而陷入贫困状态。对索洛—斯旺模型的偏离所揭示的几类贫困陷阱就是由此引起的。例如,资本市场的重要功能就是在不同时间和不同风险状态间配置资源，由于资本市场不完善，储蓄技术、贷款技术及风险管理技术的缺失和不完全，穷人不能有效地积累资本到门槛水平，或者不能有效地管理风险，从而引起基于储蓄的贫困陷阱。生产技术的非凸性约束的一个重要表现就是资本的不可分性，比如如下的生产技术就受到非凸性约束：

$$q = Af(\underline{k}),若\ K \geq k = \underline{w},其他$$

其中 $0 \leq \underline{w} < Af(\underline{k})$ 是生存活动的收益（Maitreesh Ghatak，2015）。假设生存活动不需要资本，只有劳动。该技术要求要进行生存活动外的经营活动，必须要有最低规模的资本要求，如果达不到此最小规模，该活动就不能发生，引起基于技术非凸性的贫困陷阱。此种非凸性可以解释为反映除资本市场外其他投入市场（比如土地市场、人力资本市场等）的不完善。人口统计陷阱，或者称之为马尔萨斯陷阱，主要是指贫困地区人口增长快引起的持续贫困状态。贫困地区主要产业是传统农业，而传统农业的主要投入就是劳动力，同时外部市场机会少，由此引起生育率高，产生越穷越生，越生越穷的恶性循环。图11－11是四川省161个建档立卡贫困户的县的贫困发生率与人口增长率间的拟合关系，两者呈现出明显的正相关关系。

第二性引致的贫困陷阱还有一种是基于文化或传统制度因素的贫困陷阱，由于传统文化或风俗习惯等因素引起的在婚丧嫁娶等红白喜事方面的超额消费而陷入贫困状态。根据我们的调查，此种情形在贫困地区是较为普遍的。

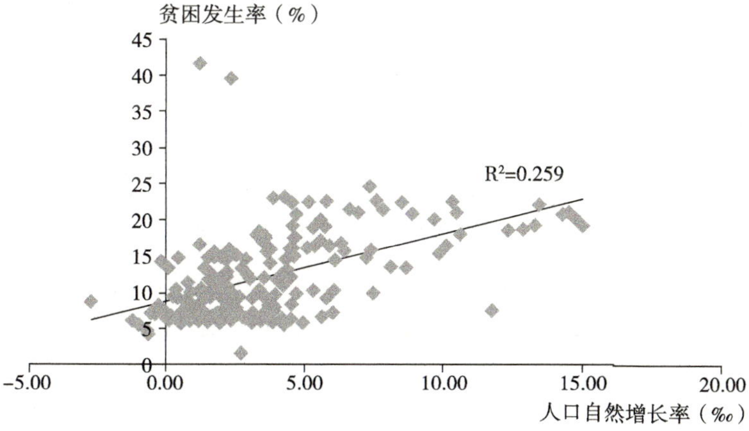

图11－11　人口统计的贫困陷阱

资料来源：作者绘制。

11.5.3 行为贫困陷阱(稀缺驱动的贫困陷阱)

前面的贫困陷阱均假设穷人的偏好是位似偏好。实际上,资源的极度稀缺,降低了穷人的"带宽(bandwidth)"(塞德希尔·穆来纳森,埃尔德·沙菲尔,2014),即降低认知能力和执行控制力,导致穷人的偏好是非位似偏好,产生行为偏差,陷入贫困,又可称之为"行为贫困陷阱"。在非位似偏好中,穷人可能对未来的贴现太大,太倾向风险厌恶,可能不太关心自己的小孩,或者可能受到各种行为偏差的约束。

11.6 援助如何帮助贫困地区走出贫困陷阱

从贫困陷阱理论出发分析连片特困地区的贫困致因,可以得到一些重要的政策启示。

其一,对于空间贫困陷阱的治理,基础设施建设和贫困人口的迁移是最重要的两个政策选择。特别是边远贫困地区,建设通组、通村、通乡、通县的道路网,实现乡域、县域一体化,并由此融入省域和全国的一体化,是治理空间贫困陷阱的优先选择,同时建设和提升电网、水网及互联网的水平,扩大贫困地区居民的机会可能性曲线。在边远地区中,对于生态脆弱地区及改善地理不利成本极高的地区,移民搬迁是一个选择,要注意的是迁移人口的文化适应和就业机会的获得。

其二,对于市场摩擦产生的贫困陷阱及基于储蓄的贫困陷阱,在地区层面,外部资金支持的主要投向应该是基础设施建设;在个人与企业层面的政策选择是,发展普惠金融技术,包括储蓄技术、贷款技术和风险管理技术,完善金融市场,同时要完善社会安全网,包括社会保障和社会救助制度;对于基于技术非凸性的贫困陷阱,首先的政策是投资于穷人的教育与健康,普遍提高贫困地区居民的教育水平和健康水平,同时促进技术进步;对于基于人口统计的贫困陷阱,通过教育和传统产业的改造,使穷人在小孩的数量与质量的权衡中,注重质量,特别注重女童人力资本水平的提升。

其三,对于基于文化(制度)驱动的贫困陷阱,除了加强文化建设外,可以考虑征收消费税,抑制超额消费。

其四，对于行为贫困陷阱而言，稀缺是根本原因，发展教育，提高认知能力和执行控制力，提高健康水平是重要的政策选择，此外，给穷人一次性转移，也是可供选择的政策工具。

本章参考文献

[1] [美]塞德希尔·穆来纳森，埃尔德·沙菲尔. 稀缺：我们是如何陷入贫穷与忙碌的[M]. 杭州：浙江人民出版社，2014：15 + 183.

[2]郑长德，主编. 中国西部民族经济调查(2014)[M]. 北京：经济科学出版社，2015：37 – 39.

[3]郑长德. 中国少数民族地区的后发赶超与转型发展[M]. 北京：经济科学出版社，2014：201 – 203.

[4]Easterly, William. Reliving the 1950s: The Big Push, Poverty Traps and Takeoffs in Economic Development，2005.

[5]Kate Bird, Kate Higgins and Dan Harris. Spatial Poverty Traps：An Overview[DB/OL]. ODI Working Paper 321，www. odi. org. uk，2010.

[6]Maitreesh Ghatak. Theories of Poverty Traps and Anti–Poverty Policies [R]World Bank Economic Review, Manuscript, NYU，2015，29(suppl 1).

[7]Solow, Robert. A Contribution to the Theory of Economic Growth[J]. Quarterly Journal of Economics，1956，70 (1), 65 – 94.

[8]Swan，T. W. Economic Growth and Capital Accumulation[J]Economic Record, 1956，32(2)：334 – 361.

第 12 章　精准扶贫政策的地方实践研究

郑长德　单德朋

摘　要　文章基于对凉山彝族自治州喜德县的调查,分析了贫困村及贫困人口致贫原因,总结了喜德县精准扶贫与精准脱贫的实践,分析了精准扶贫与精准脱贫工作中的问题,提出完善精准扶贫与精准脱贫的政策建议。

关键词　民族地区;贫困;精准扶贫;精准脱贫

12.1　问题的提出

当前,贫困问题依然是我国经济社会发展中最突出的“短板”,脱贫攻坚形势复杂严峻。根据国务院印发的《“十三五”脱贫攻坚规划》,从贫困现状看,截至 2015 年底,我国还有 5630 万农村建档立卡贫困人口,主要分布在 832 个国家扶贫开发工作重点县、集中连片特困地区县和 12.8 万个建档立卡贫困村,多数西部省份的贫困发生率在 10% 以上,民族 8 省区贫困发生率达 12.1%。现有贫困人口贫困程度更深、减贫成本更高、脱贫难度更大,依靠常规举措难以摆脱贫困状况。从发展环境看,经济形势更加错综复杂,经济下行压力大,地区经济发展分化为缩小贫困地区与全国发展差距带来新挑战;贫困地区县级财力薄弱,基础设施瓶颈制约依然明显,基本公共服务供给能力不足;产业发展活力不强,结构单一,环境约束趋紧,粗放式资源开发模式难以为继;贫困人口就业渠道狭窄,转移就业和增收难度大。因此,实现到 2020 年打赢脱贫攻坚战的目标,时间特别紧迫,任务特别艰巨。

根据我国贫困人口的新特点和扶贫开发工作面临的新形势,2013 年 11 月,习近平总书记在湖南湘西,首次强调精准扶贫的重要意义,提出“实事求是、因地制宜、分类指导、精准扶贫”。2015 年 6 月，习总书记在贵州重申：“扶贫开发贵在精准、重在精准、成败之举在于精准。”结合中央的“六个精准”“四个施策”要求，“精准”已经成为当前阶段的扶贫开发工作的共识。近年来，扶贫工作从国家、区域层面，不断深入到县、村、贫困户。随着精准扶贫工作不断推进，结合案例调研，深入了解精准扶贫政策的地方实践，具有重要意义。本研究选择的调研地点——四川省凉山彝族自治州喜德县属于国家级贫困县，因其特殊的历史地理原因，新中国成立后，一直是需要国家重点扶持的贫困地区。本研究希望通过实地调研，真实、客观地掌握贫困县扶贫开发的基础条件、面临问题、关键举措、诉求建议等，并对其扶贫开发规律、扶贫工作经验进行系统总结和提升，以期为国家完善精准扶贫政策、健全扶贫开发机制提供科学的参考。

12.2　喜德县县情与经济发展现状基本情况

凉山州喜德县于 1953 年建县，地处四川省彝族聚居区腹地，位于凉山彝族自治州中北部，全县幅员面积 2206 平方公里，有耕地 18.9 万亩，林地 49.02万亩，天然草场 114.16 万亩；辖 24 个乡镇、170 个行政村、3 个社区、602 个村民小组，人口 22.3 万人，彝族占 90.5%，农业人口占 91.1%，是一个以农为主的山区彝族聚居县。1993 年被列为国定贫困县，2001 年被确定为国家扶贫开发工作重点县，2010 年被确定为乌蒙山片区扶贫攻坚县①。

12.2.1　自然环境②

喜德县位于四川西南部、凉山彝族自治州中北部。地理位置介于东经 102°11′36″～102°42′56″，北纬 27°53′15″～28°31′12″。位于乌蒙山区西部，北距省府成都 483 公里，南距州府西昌 78 公里，距 108 国道 28 公里。东有马古梁子为屏，与昭觉县接壤；南有安宁河围绕，与西昌相望；西以娃来火普、以鞍山为界，与冕宁县毗邻；北有小相岭、瓦吉木梁子拱卫，与越西相连；中

① 资料来源于中共喜德县委喜德县人民政府 2015 年 8 月 16 日向国务院扶贫办调研组的工作汇报。

② 资料来源于《凉山彝族自治州喜德县“十三五”脱贫攻坚总体规划》。

部突起红毛梁子——风波顶鸟瞰全境。县城坐落在海拔1843米的洪积坡上,城区呈扇形分布,有“扇城”之称。

喜德县位于川滇南北构造带北段,安宁河断裂带的东侧。整个县城地形东北高,西南低,呈东北向西南倾斜。境内海拔一般在2000米以上,最高处海拔4500.4米,最低海拔1600米,相对高差2900米。根据地貌分类,喜德县地貌分为:平坝、台地、深丘、低中山、中山、高山等七种类型,其中又以低中山、中山地貌为主,占喜德县土地面积的94.42%。喜德县境内小河支沟十分发达,主要呈树枝状密布全境,由北向南依次有尼波河、孙水河、热水河、西河、东河五条主要河流,全部发源于本县。其中,孙水河最长,自东向西贯穿全境,汇水面积1400平方公里,全长110公里。其余河流总长102公里。诸河以瓦吉木梁子为分水岭,以北的尼波属大渡河—岷江水系,以南的其余4条河都属于安宁河—金沙江水系。

喜德县地处低纬度高海拔区,具有冬季干燥而无严寒,夏季温凉多雨而无酷暑,四季不分明的典型季风气候;气温日较差大,年较差小,具有风多、夜雨多、冰雹多的高原气候特点。年均温度14℃,最热月7月份,平均气温21℃;最冷月1月份,平均气温5.5℃,年均降水量1006毫米,88.4%的降水量集中在5—10月份;年均陆面蒸发量960毫米,1—4月平均湿度在40%以下,多干风;5—12月湿度在60%以上。年均无霜期255天,年均日照时数2052.7小时,太阳辐射能122604卡/平方厘米,光合有效辐射57624卡/平方厘米,光能资源充足但利用率低。

12.2.2 经济社会发展

2015年喜德县全县地区生产总值为191406万元,同比下降0.5%,其中:第一产业增加值65531万元,增长4.3%;第二产业增加值56190万元,下降11.8%;第三产业增加值69685万元,增长8.4%。三次产业占地区生产总值的比重分别为:34%、29%和36%,见表12-1。

从经济发展总量来看,喜德县经济总量较小,属于典型的经济贫困县。2014年喜德县地区生产总值占凉山州地区生产总值的1.5%,人均地区生产总值为凉山州和四川省平均水平的40.27%和32.73%。喜德县城镇居民人均可支配收入和农村居民人均村收入分别为全州平均水平的79.57%和64.48%。

受中国总体经济增速放缓影响，2014年和2015年喜德地区生产总值出现负增长，增长率分别为-4.8%和-0.5%。其中，第二产业尤其是工业产出下降明显，2015年喜德第二产业和工业的增长率分别为 -11.8%和-24.9%。第一产业增速也有所放缓，增长率由2014年的4.5%下降到2015年的4.3%。但第三产业增速有所提升，从2014年的6.3%上升到2015年的8.4%。第二产业和工业产出下降的原因在于铁矿石原矿和生铁产量的大幅下降，受矿产储藏和国际市场铁矿石价格波动的影响，2014年喜德县铁矿石原矿和生铁产量分别下降了35.6%和86.7%，但铁合金产量同比增长33.3%。

通过上述对喜德县经济社会发展指标的分析可以得到如下几点结论：第一，喜德县经济社会发展条件极为薄弱，属于典型的经济不发达县，经济不发达是喜德县贫困现象的主因。第二，经济新常态背景下，受限于相对单一和同质化的工业产品体系，喜德县当前的工业发展模式不足以应对消费结构的多样化变迁，工业发展存在进一步回落的可能，这给喜德县如期完成减贫目标和全面建成小康社会目标提出了挑战。第三，随着交通基础设施的改善，给喜德县特色农牧业、特色旅游业和原有工业体系的价值链攀升带来了机遇，也是经济新常态下，喜德县实现经济发展动力切换的重要抓手。

表12-1　喜德县经济和社会发展主要统计指标

统计指标	2013年	2014年	2015年
地区生产总值(万元)	197930	191458	191406
第一产业(万元)	56678	60650	65531
第二产业(万元)	82421	67393	56190
第三产业(万元)	58831	63415	69685
人均地区生产总值(元)	11960	11499	
城镇居民人均可支配收入(元)	17459	18786	19217
农村居民人均纯收入(元)	4560	5329	6347

数据来源：《喜德统计年鉴(2014)》、"喜德县2016年一季度及全年主要经济指标预计情况表"。

12.3 喜德县贫困现状与致贫原因分析

12.3.1 喜德县贫困分布

2015年底,喜德县通过精准扶贫回头看工作,最终全县核定贫困对象为8716户33861人,贫困发生率为13.31%,贫困村136个。其中贫困村贫困户为7038户28150人,非贫困村(插花户)1762户5711人。通过调阅四川省脱贫攻坚“六有”信息平台喜德县24个贫困乡共计8800户贫困户的家庭微观数据,全县贫困户分布在24个乡镇,其中:光明镇588户2049人;冕山镇529户1623人;拉克乡244户703人; 贺波洛乡487户1850人;则约乡139户547人;红莫镇481户1908人;鲁基乡475户1849人;东河乡439户1762人;李子乡520户1832人;北山乡326户1452人;西河乡328户1213人;两河口镇643户2128人;且拖乡259户822人;巴久乡351户1488人;博洛拉达乡165户675人;洛莫乡242户1222人;沙马拉达乡290户1279人;米市镇436户1705人;洛哈镇411户1519人;依洛乡309户1283人;热柯依达乡248户992人;额尼乡219户891人;尼波镇353户1596人;乐武乡318户1473人,详见表12-2所示。喜德县贫困村和贫困户在高山、二半山地区体现出显著的空间集聚特征。

表12-2 喜德县贫困人口的分布

乡镇	贫困人口占全县贫困人口比例(%)	贫困发生率(%)	乡镇	贫困人口占全县贫困人口比例(%)	贫困发生率(%)
光明镇	6.05	8.16	北山乡	4.29	30.60
冕山镇	4.79	11.12	西河乡	3.58	57.22
红莫镇	5.63	17.42	东河乡	5.20	23.82
两河口镇	6.28	19.33	且拖乡	2.43	20.53
米市镇	5.04	26.90	博洛拉达乡	1.99	30.52
洛哈镇	4.49	32.69	沙马拉达乡	3.78	27.39
尼波镇	4.71	22.38	巴久乡	4.39	35.81
拉克乡	2.08	8.11	洛莫乡	3.61	44.36

续表

乡镇	贫困人口占全县贫困人口比例（%）	贫困发生率（%）	乡镇	贫困人口占全县贫困人口比例（%）	贫困发生率（%）
则约乡	1.62	17.14	依洛乡	3.79	39.02
贺波洛乡	5.46	19.73	热柯依达乡	2.93	49.11
鲁基乡	5.46	18.67	额尼乡	2.63	38.29
李子乡	5.41	19.03	乐武乡	4.35	26.02

资料来源：作者根据调查数据计算。

12.3.2　喜德县贫困村致贫原因分析

据调查，喜德县贫困村的主要致贫原因有：

第一，贫困村自然条件差、环境恶劣。喜德县贫困村普遍分布在坡度较陡，地形复杂的边远山区、高寒山区，耕地面积虽多，但土层较薄，土地贫瘠，造成粮食产量低，加之贫困地区自然灾害频繁，常出现旱灾、雪灾、霜冻、冰雹等自然灾害天气，导致贫困群众的生产生活得不到保障。

第二，贫困村基础设施落后。一是交通、水利、电力电信等基础设施建设落后，贫困群众行路难、吃水难、通信难的问题仍然比较突出。贫困村80%的村民小组和村民聚居点不通公路，20%的村民小组通土路，已通道路路基狭窄、路面破烂。二是大部分贫困村已实施了人畜饮水安全工程，但由于水源枯竭或遇干旱天气，贫困群众生活用水仍然缺乏；贫困村农田水利设施急需改造，工程性缺水较为突出。三是有 136 个贫困村村委会还未通宽带、没有网络电商平台和电信设施。

第三，产业结构单一，群众生产技术落后。贫困村主要以种植苦荞、燕麦、土豆等粮食作物为主，经济作物少，畜牧业良种率低，农产品商品率低。贫困群众缺乏农业科技实用技术，沿用传统耕作方式，种养业科技含量低，产出低。贫困村特色产业因缺乏资金扶持，未成规模，经济收入主要靠零星种养和外出务工。

第四，公共服务设施落后。①教育落后且成本高。贫困地区师资力量、教学质量、教育基础设施差，制约了贫困村长远发展；大部分贫困村距离学校较远且学生年龄较小，需长期有人在集镇租房陪读；幼儿园、高中、职业技术院校的学费或生活费较高,贫困家庭负担重;大学本科、专科学费和生活费较高,每年教育成本在10000元以上,贫困户无能力支付子女教育费用。②医疗卫生条件落后。贫困地区村卫生室基础设施较差、医疗条件落后、医疗器械缺乏等问题较为普遍;医疗卫生人员素质参差不齐,业务水平不高。③公共文化设施落后。贫困村现有的公共文化设施大多是20世纪80年代前后建造的一批农村文化设施。大部分贫困村没有文化活动场所,村民文化生活匮乏,加之文化事业经费严重不足,导致文化发展的整体水平不高,现有公共文化设施不能很好地满足人民群众日益增长的精神文化需求。

第五,贫困群众思想意识有待提高和村"两委"班子作用发挥不够。①贫困群众思想意识、文化水平受经济社会发展程度和受教育程度等各方面因素的影响,观念落后、劳动技术技能不高、市场意识不强、市场信息获取方式狭窄,"等、靠、要"思想严重,缺乏自力更生、艰苦创业精神,贫困户增收脱贫难度大。②有部分贫困村级党组织软弱涣散,干部思想观念保守,不担当不作为,缺乏带领群众致富的本领。

12.3.3 喜德县贫困户致贫原因分析

喜德县农村贫困人口致贫原因主要有:因缺发展资金致贫(占50.9%)、因缺技术致贫(占11.83%)、因交通条件落后致贫(占8.89%)、因缺劳动力致贫(占8.05%)、因学致贫(占5.77%)、因病致贫(占2.88%)、因自身发展动力不足致贫(占2.28%)、因残致贫(占2.08%)、因灾致贫(2.08%)、因缺土地致贫(占2.08%)、因缺水致贫(占2.01%)(见图12-1)。

具体来看:

(1)因缺发展资金致贫家庭有4479户,占总户数50.90%。缺发展资金主要体现在农村贷款困难,存在没抵押贷不到款的现象,贫困户想脱贫致富但缺乏启动资金。

(2)因缺技术致贫家庭有1041户,占总户数11.83%。缺技术主要体现为贫困户有土地有劳动力,但缺乏科学生产技术,导致农产品单位产量低、质量差、效益低。

(3)因生活环境恶劣、交通条件落后致贫家庭有782户,占总户数

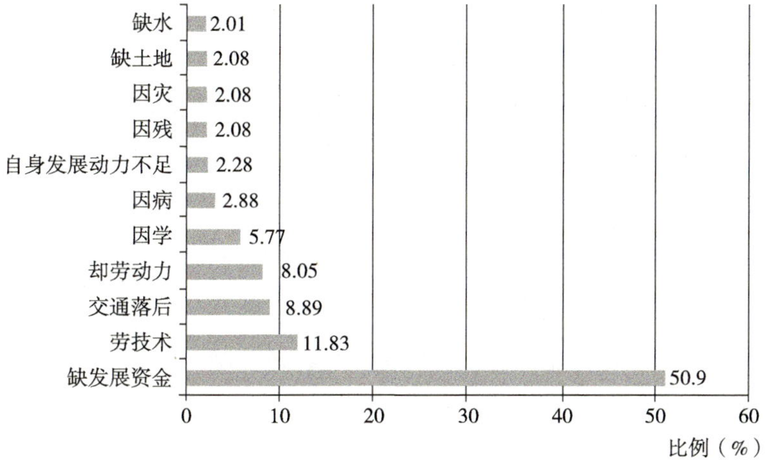

图 12－1　喜德县贫困人口致贫原因分析

资料来源：作者根据调研数据绘制。

8.89%。该类贫困群众普遍居住在边远山区，基础设施薄弱，组社道路不通，生产资料和农产品运输难，农产品转化商品率低。

（4）因缺劳动力致贫家庭有 708 户，占总户数 8.05%。这类贫困户家庭成员以 60 岁以上的老人为主，无法从事体力劳动，缺乏脱贫致富劳动力。

（5）因学致贫家庭有 508 户，占总户数 5.77%。这类贫困家庭中至少有一人就读幼儿园、高中、职业院校或大学，家庭因学费或生活费较高导致家庭致贫。

（6）因病致贫家庭有 253 户，占总户数 2.88%。这类贫困家庭中有长期慢性病或重大疾病患者，通常无钱治疗，往往采取“以拖代治”的方式，结果病情加重，造成“越穷越病、越病越穷”恶性循环。

（7）因自身发展动力不足致贫家庭有 201 户，占贫困户总户数 2.28%。这类贫困群众基本上都是安于现状，“等、靠、要”思想严重，缺乏生产技能和发展意识及长期维持低收入水平。

（8）因残致贫家庭有 183 户，占总户数 2.08%。这类贫困家庭中有残疾人成员，不仅对家庭没有收入的贡献，反而还增大支出，导致家庭长期陷入贫困之中，依靠自身能力难以脱贫。

(9)因灾致贫家庭有285户,占总户数2.08%。这类家庭因地震、洪涝、滑坡、泥石流等自然灾害而遭受巨大经济损失,陷入贫困。

(10)因缺土地致贫家庭有183户,占贫困户总户数2.08%。这类家庭的土地拥有量还是在1983年第一轮土地承包时确权的土地,但30多年过去后,家庭人口有大的增长,导致人均耕地面积减少而致贫。

(11)因缺水致贫家庭有177户,占总户数2.01%。这类家庭大多数居住在高海拔的山岭中,人畜饮水管网未能引水到户,同时没有生产用水设施,虽有土地和人力资源,可是生产用水得不到保障,使得土地和人力资源严重浪费,导致家庭收入低下而致贫。

11.3.4 抽样贫困村贫困情况

调研中随机抽取了两个贫困村,基本情况如下:

两河口镇布曲洛村贫困情况,布曲洛村距离县城20公里,距离最近乡镇10公里,全村共340户,1560人,其中男性812人,女性748人,男女性别比为109:100,全村有劳动力480人,外出务工30人。2015年建档立卡贫困户75户,其中汉族2户,彝族73户。贫困人口303人,贫困发生率18.40%,主要致贫原因为缺资金(32.0%)、缺技术(32.0%)和因学致贫(25.3%)。从主要致贫原因来看,2户因交通条件致贫,24户因缺技术致贫,2户因缺劳动力致贫,1户因缺水致贫,24户因缺资金致贫,1户因病致贫,19户因学致贫,4户因自我发展能力不足致贫。从贫困户属性来看,19户为低保贫困户,56户为一般贫困户。从户主的文化程度来看,仅1户户主为初中文化程度,35户户主为文盲或半文盲,其余39户户主为小学文化程度。有12户户主无劳动能力,其余63户户主为普通劳动力。

洛莫乡尔库村贫困情况,尔库村距离县城46公里,距离最近乡镇7公里,全村共156户,464人,均为彝族,其中男性287人,女性177人,男女性别比例为162:100。全村共有劳动力264人,外出务工50人。2015年建档立卡贫困户34户。贫困人口181人,贫困发生率为30.89%,主要致贫原因为缺资金(5.89%)和交通条件差(94.11%),有32户贫困户的主要致贫原因为交通条件落后,另外2户的主要致贫原因为缺资金。从贫困户属性来看,16 户为低保贫困户,其余 18 户为一般贫困户。从户主的文化程度来看,2 户户主为初中及以上文化程度,2 户户主为文盲或半文盲,其余 30 户户主为小学文化程度。有 2 户户主无劳动能力,其余 32 户为普通劳动力。

12.4　喜德县精准扶贫与精准脱贫实践与成效

2011—2015 年喜德县累计投入各类扶贫资金 10.7 亿元,贫困发生率由 2011 年的 32.58% 下降到 2015 年的 13.31%。其中 2015 年投入各类扶贫资金 8131 万元,减少贫困人口 6784 名,完成率为 100%。相关主要工作和成效如下:

12.4.1　精准识别和“回头看”工作

第一,规范进行贫困识别工作。贫困户的评选以农户收入为基本依据,综合考虑健康、教育、住房等情况,通过村民自治、群众参与、民主评议、逐级审核和公示公告等方式,按照农户申请、村民代表大会民主评议和票决、村委会审查公示、乡(镇)人民政府审核公示、县级人民政府审定公告的工作流程对贫困户进行精准识别。从贫困户抽样调查数据来看,30 户贫困户中有 2 户对贫困户的评定基本了解,1 户不了解,其余 27 户贫困户均了解贫困户的评定。30 户贫困户中有 1 户没有参加贫困户评定,其余 29 户均参加。所有贫困户名单均在村内进行公示,30 户贫困户中有 2 户认为贫困户识别结果基本准确,其余 28 户认为贫困户识别结果准确。从评估组核实的资料来看,两个抽样贫困村均提供了《贫困人口识别村民代表大会民主评议材料》《贫困人口识别公示材料》和《贫困人口识别公告材料》。

第二,精准识别“回头看”工作。2015 年 10 月 25 日开始,喜德县开展精准识别“回头看”工作,对贫困农户信息进行精准比对和纠错,并按“六有”要求进行建档立卡和信息录入。将贫困户信息数据与公安部、房管部门、财政人社部门、工商部门、残联、民政部门和住建部门进行了信息数据比对,对不合格对象进行清退,并对精准识别结果进行了更正。评估组调阅了《两河口镇关于建档立卡贫困户信息数据对比及清理的报告》,涉及的问题主要包括:①户主及家庭成员身份信息不真实 737 人;②户主身份证号码不准确 27

人;③户主与家庭成员不属于同一户口簿42人;④在城镇自建住房5户8人;⑤财政供养人员的贫困户人数21人;⑥购买汽车的贫困户24人;⑦个体工商户4人;⑧漏录系统的残疾贫困户4人;⑨不属于民政部门低保户的低保贫困户178人;⑩不属于民政部门低保户的低保户56人。洛莫乡也根据信息比对情况对精准识别结果进行了更正,根据《四川省喜德县洛莫乡扶持对象复核结果统计表》,洛莫乡共清退贫困户80户,清退率为22%,完全新进49户,新进率19.27%,非整户新进人数28人。尔库村清退3户,清退率为8%,完全新进2户,新进率7.73%,非整户新进人数1人。

12.4.2 精准扶贫和全面扶贫相结合推进扶贫攻坚①

第一,在贫困人口精准识别的基础上,采取精准扶贫政策,因户因人施策推动精准脱贫。喜德县采取的主要精准扶贫政策包括加强贫困乡镇、村组、农户分类识别,实行档案建立到人、素质提升到人、帮扶责任到人、项目规划到户、扶持资金到户、产业发展到户的减贫脱贫机制,加快推进减贫进程。评估组调阅了两河口镇和洛莫乡《实施“五个一批”“七个一批”扶贫攻坚行动到户情况基础表》,均对布曲洛村和尔库村贫困户2016年扶贫攻坚行动进行了明确规划。并且从《喜德县两河口镇2015年减贫人员帮扶措施明细表》来看,布曲洛村纳入2015年减贫目标计划的建卡贫困人口均有明确的帮扶责任人,其中18户贫困户的帮扶责任人为村书记吉瓦伟真,15户为村主任阿的木沙,7户为村会计阿苦克古。脱贫帮扶措施均为种植养殖及主道道路硬化,帮扶效果来看,有8户贫困户2015年减贫后年纯收入超过2736元,占目标计划数的20%。通过精准扶贫政策的实施,布曲洛村有5户实现脱贫退出贫困户,尔库村有19户退出贫困户。从脱贫户入户调查来看,其收入水平已经超过2736元的贫困线标准,并且贫困户退出也经过规范流程,24户脱贫户中有3户认为贫困户退出并不准确,2户对退出结果不认可,3户对脱贫结果不认可。有2户贫困户对帮扶规划方案基本满意,1户对农技员工作基本满意,其他脱贫户均对帮扶责任人和规划方案表示满意。从

① 本部分数据资料来源于喜德县委县政府在精准脱贫成效工作汇报会上所作报告《喜德县2015年脱贫攻坚工作情况汇报》。

贫困户抽样调查结果来看,50%的贫困户对于帮扶规划方案基本满意,其余10户对帮扶方案表示满意。

第二,以脱贫工程为载体对喜德县减贫工作进行了整体推进。①改善基础设施。泸喜路和冕中路改造工程基本完成,建设通乡公路67.4公里,通村公路105公里,硬化村道280公里。新增沟渠30公里,铺设和维修饮水管道70公里,解决26个村1万人安全饮水问题。经评估组实地调研,尔库村全村已经解决安全饮水问题,但输水管道尚在地表,待农闲时节将组织村民出工下埋管道。尔库村1座便民桥亟需修葺,驻村第一书记多次申报尚未有回应。②发展支撑产业。建成高标准农田3.6万亩,种植烤烟1.26万亩,马铃薯18万亩,种植核桃15万亩,花椒12.8万亩及其他经济林木10.7万亩,建设生猪、肉羊、肉牛标准化养殖基地39个。农技培训2.5万人次,劳务输出4.9万人次,收入达5.9亿元。③建设新村新寨。启动17个彝家新寨建设,发放“四件套”1200套,安装电视机、太阳能热水器共计1527台。④均衡发展教育事业。5所学校教学楼、学生宿舍、教师周转房、5所乡镇公办幼儿园、70个村幼教点、21所中小学校食堂投入使用。⑤提升医疗卫生水平。7个乡镇卫生院、30个村卫生室和6个中心卫生院职工周转房建成投入使用,开工71个村卫生室、5个乡镇卫生院职工周转房。新农合参合率达99.06%,并加强以艾滋病为主的重大疾病防治,巩固血吸虫传播阻断成果。

第三,扶贫攻坚保障工作。①构建运行流畅的组织领导体系,县乡均成立党政“一把手”负总责的脱贫攻坚领导小组,搭建全域脱贫攻坚工作体系,制定《乌蒙山片区(喜德县)区域发展与扶贫攻坚实施规划2015年度实施方案》《喜德县大凉山彝区“十项扶贫工程”2015年实施方案》,县领导小组与23个乡镇签订《脱贫攻坚工作目标责任书》,建立扶贫攻坚工作专题报告和动态上报制度,推动工作加快落地落实。②构建督促有力的推进体系,将脱贫攻坚工作纳入综合目标绩效考核,实施“一票否决”。制定《喜德县脱贫攻坚工作督查管理细则》,建立责任、措施、资金、项目、工作“五到户”机制,健全资金监管制度和激励问责制度,强化监督管理。③推动驻村帮扶工作落地。加强“第一书记”在驻村帮扶中的作用,印发《喜德县第一书记工作手册》《喜德县扶贫攻坚驻村干部管理制度》《喜德县干部驻村帮扶工作考核细则》。成立县扶贫开发协会,落实县级领导干部“五个一”“双联”工作制度,31 名县级领导干部均落实帮扶贫困村、贫困户任务。④建立贫困户退出标准和机制,按照退出程序和标准展开贫困户退出工作,全程公开,并接受社会监督。强化贫困村贫困户退出工作的督促检查,把实施贫困退出工作作为重点督查内容,组织开展定期督查和专项检查,并组织复查。

12.5 精准扶贫与精准脱贫中存在的问题

12.5.1 精准识别中存在的问题

第一,由于贫困人口的收入具有不确定性,贫困人口对于人均纯收入这一货币化概念的自我认知不够客观,这给喜德县贫困的精准识别带来了困难。喜德县农村人口的收入主要来源包括:转移支付、种植收入、养殖收入和外出务工收入。鉴于外出务工家庭收入一般高于 2736 元贫困线的实际情况,贫困人口的收入主要依赖于转移支付和种植、养殖收入。除了转移支付有账目追踪之外,种植和养殖收入存在较大的不确定性。这使得贫困识别过程中,很难使用贫困线来客观定义贫困与否。

第二,布曲洛村和尔库村村内收入差距较小,在建档立卡户规模控制的情况下,给贫困的主观识别带来了困难,从而导致贫困识别中的规模排斥现象。并且未列入贫困户的家庭也普遍面临着收入偏低的实际情况。

第三,贫困人口对于建档立卡和贫困识别结果具有过高的理想预期,从而导致贫困识别过程中出现由于信息不对称导致的逆向选择和道德风险。

第四,贫困识别为某一时间点上的静态识别,没有对家庭未来收入、支出以及风险进行动态调整,从而导致贫困瞄准偏误。

第五,在贫困主观识别过程中,由于不同家庭社会资本的差别,很难利用投票这一程序公平的手段达成精准扶贫的结果公平,从而出现精准识别中的精英俘获。

12.5.2 精准扶贫中存在的问题

第一,在扶贫政策实施过程中存在短期目标与中长期目标的权衡。根据县政府汇报,基层政府需要按时向上级政府汇报脱贫进度,但受限于反贫困的客观规律,常规和理性的减贫政策无法在短期见效。这使得基层政府面临着迎合上级政府政策还是把握当地减贫节奏的权衡,使得资金使用无法体现最优绩效。

第二,扶贫政策的盯住目标存在盯住微观贫困主体还是贫困区域的权衡。贫困人口对于公共服务改善的响应并不积极,普遍存在"别人过得我过得"的心态。盯住贫困主体收入和住房改善的减贫政策能够得到贫困人口的最积极响应,但这将以牺牲公共基础设施的改善为代价,如何在多元减贫目标过程中科学设定目标盯住对象和位序是喜德县当前精准扶贫工作中面临的重要问题。

第三,扶贫项目的实施存在经济增长和消除绝对贫困的短期权衡替代,并且扶贫资金的使用存在预算硬约束和基层弹性的权衡。

第四,由于现有制度对于对口帮扶的权责利尚未完全厘定,帮扶效果主要依赖于帮扶来源的主观偏好,对口帮扶对于本地自我发展能力提升的效果不明显。

第五,彝区贫困存在"直过民族"的特性问题,彝区贫困不等于一般意义上的经济发展问题,也不同于四川省普遍的贫困问题,但现有减贫政策未能充分考虑彝区贫困的特殊性。

12.5.3 扶贫保障中存在的问题

第一,基层扶贫工作人员工作强度大,"五加二、白加黑",且无加班报酬,对上文牍工作偏多,使得扶贫力量下沉基层的力度不够。

第二,精准识别和精准扶贫对于村级党组织倚重较大,但村级层面的资源、能力和责任不能有效匹配。

第三,扶贫管理层级过多导致贫困状况和减贫绩效的反馈存在失真现象。

第四,彝区移风易俗是彝区脱贫的重要胜负手,但基层政策受限于资源无法全力施为。

12.6 完善精准扶贫与精准脱贫的对策建议

12.6.1 完善"建档立卡"识别方式

在扶贫政策具体实践中,"建档立卡"识别贫困户和确定贫困户规模的方式有待完善。

改进"建档立卡"以"人均纯收入"标准认定贫困户的单一方式,综合考虑错综复杂的贫困状况。最新的官方扶贫标准是国务院扶贫办《扶贫开发建档立卡工作方案》(国开办发〔2014〕24 号),以 2013 年农民人均纯收入 2736 元(相当于 2010 年 2300 元不变价)作为识别标准。这种方式存在不少问题:"人均纯收入"的界定指标,难以周全考虑生病、残疾、丧失劳动能力、上学、结婚等复杂因素导致的开销和生活困难;"人均纯收入"存在统计上的操作困难,农民的存量资产和流量收入、物质收入和货币收入难以归结到统一的口径。这导致在现有的识别程序中矛盾纠纷普遍存在。针对这些状况,需要开展全面的排查工作,摸清每村每户每人的贫困状况;还需建立扶贫对象、贫困规模的核算清单,厘清各类有形无形的贫困原因,使扶贫工作更为立体和周全。

对"建档立卡"以逐级分配"下指标"确定贫困户识别规模的方式进行改进,避免将建档立卡名额当作政策福利使用。当前贫困户识别规模,按照国家发布的全国农村贫困人口规模作为基数,结合各省统计核定。这种分配指标的方式,容易引致"打破头"争抢建档立卡贫困户名额的情况,不能精准地惠及真正的贫困人口。在贫困人口分布集中的地方,非建档立卡户的贫困问题难以解决。尤其是人均纯收入在 2736 ~ 3000 元的贫困临界人口,他们的生活困难没有得到重视。因此,可以考虑改进贫困户及其规模的界定方式,按照贫困程度,分梯度制定识别标准、扶贫政策,使扶贫政策更精准地惠及更多的群体。

12.6.2 促进政策覆盖的统筹协调

扶贫政策需要解决政策交叉重复和覆盖面不足的问题。

扶贫工作中需要协调扶贫办和民政部的工作交叉、低保户和贫困户政

策重复覆盖的问题。 国家的贫困人口分为贫困户、贫困低保户、低保户、五保户四类。扶贫工作中,“建档立卡”主要识别扶贫户和扶贫低保户,分别指家庭年均纯收入低于国家农村扶贫标准,有劳动能力和劳动意愿的农户,和有劳动能力和劳动意愿的低保户。而家庭人均纯收入低于当地最低生活保障标准的,因病、因残、年老体弱、丧失劳动能力、生活条件困难等原因长年生活困难的则纳入低保户行列。在现有的建档立卡贫困户和低保户的确定中,由于指标较为紧张,往往会把低保户、贫困户指标加总起来分配,以照顾到更多的贫困人口。但需要注意的是,扶贫户、扶贫低保户属于扶贫办工作对象,而低保户和五保户则属于民政部的工作对象,这使扶贫工作出现部门职能重复覆盖的问题。

对国家扶贫资金只解决重点村的扶贫支出,而非重点村只能由地方财政自筹的扶贫资金缺口统筹考虑。 贫困县绝大多数处于经济欠发达的中西部地区,无论是地区还是县域层面的经济本身就缺乏活力,存在缺少资金的问题。建议国家对贫困县非重点村的扶贫资金制定全额补贴的政策或是相应的补助标准,减轻资金自筹的压力。

12.6.3　建立政策落地的保障机制

针对易地搬迁、金融贷款等落地实施较为困难的扶贫政策,建立相应的保障机制。 我国的扶贫政策中财政政策较多,金融政策较少且实施困难。以邮储银行提供的小额贷款为例,贫困户和企业的贷款额度分别为 5 万和 20 万,还款周期只有短短一年。农户所从事的种植业、养殖业往往需要较长的投资回报周期,多数贫困户很难达到批贷条件,难以从金融扶贫中受益。在易地搬迁过程中,由于耗资巨大、搬迁补贴资金不足,除了国家给予的扶贫资金外,各级地方政府和贫困人口需要自筹解决部分资金,面临着一定的压力。并且,建档立卡户和非建档立卡户获得的资金补贴额度差距较大。搬迁后的移民还面临着就业等生计问题。因此,针对政策落地实施、操作执行中的困难,建立更好的保障机制,是扶贫政策的改进方向。

扶贫项目普遍缺乏省级层面的顶层设计,有待建立验收标准。 调研中发现,项目普遍缺乏顶层设计,按照什么标准执行,由什么主体评估尚不明确;对脱贫人口认定的评估模糊不清;基层扶贫的机构和队伍建设不足,从事扶贫工作的多为兼职人员,在组织上没法充分保障;在资金管理上,扶贫项目的前期费用无资金来源,给县财政带来压力。针对这些问题,有待省级、市级层面出台相关的细则、目标。

12.6.4 构建后续工作的动态机制

调研中,贫困县对扶贫政策的动态机制提出了一定的诉求。

脱贫人口极易出现返贫现象,有待建立对脱贫人口的动态追踪机制。根据十八届五中全会要求,到2020年,要确保5630万农村贫困人口全部如期脱贫、贫困县全部摘帽。而贫困县往往处于老、少、边、穷地区,受自然环境、地理位置等因素的制约,很多农民增收渠道单一。扶贫政策应将返贫的现象纳入考虑范围,并强化贫困人口的脱贫基础。

贫困县对贫困退出机制存在很多迷惑,有待完善确立后续扶贫工作相关机制。贫困县往往长期依赖扶贫政策带来的相关福利。退出贫困县按什么标准执行、退出后有没有相关奖励、退出后是否有相应政策的延续?例如2020年全面脱贫后的3~5年,后续扶贫相关工作如何开展不得而知。因此,有必要建立明确的动态机制,使扶贫政策具有一定的可持续性。

12.6.5 构建可持续减贫的政策体系

第一,减贫政策要盯住经济机会创造。经济增长是统领喜德县短期减贫目标和长期发展目标的最关键因素,包括对口援助在内的外部资源应盯住如何依托日趋改善的交通基础设施以及当地特色农牧业和第三产业,实现经济发展方式的转变。

第二,减贫政策要盯住自我发展能力提升。教育是根除喜德县绝对贫困的根本所在,从减贫的工具性目标来看,教育对于人力资本形成、外出务工、农业效率提高、移风易俗等都具有决定性作用。

第三,减贫政策要盯住风险管理。农畜产品价格波动、自然灾害、重大疾病对于减贫效果的巩固以及贫困人口的能动选择都具有重要影响,构建多位一体的风险管理系统是放大减贫绩效的关键。

第四,减贫政策要寻找县乡政府、村以及贫困人口的最大公约数,在各减贫利益相关者中谋求最为顺畅的减贫资源下沉渠道。

第五,彝区减贫政策要体现彝区贫困的特殊表现(消费贫困)、特殊的致贫原因,对彝区贫困进行专项研究,单独对待。

第六,对各级政府的减贫绩效考核要体现贫困减缓的规律,从短期考核转向阶段性考核。建议第三方评估只进行中期评估,不进行年度评估。

本章参考文献

[1]国务院印发的《"十三五"脱贫攻坚规划》.

[2]中共喜德县委 喜德县人民政府 2015 年 8 月 16 日向国务院扶贫办调研组的工作汇报.

[3]《凉山彝族自治州喜德县"十三五"脱贫攻坚总体规划》.

[4]《喜德统计年鉴(2014)》.

[5]《喜德县 2015 年脱贫攻坚工作情况汇报》.

第 13 章　国家深度贫困地区脱贫奔康与可持续发展研究

郑长德

摘　要　本章基于新经济地理学和新结构经济学的基本框架，分析了国家深度贫困地区——“三区三州”贫困的特殊性、禀赋特征对贫困的影响，提出通过提升禀赋结构实现减贫与可持续发展，最后就“三区三州”深度贫困地区的区域发展与减贫提出了若干政策建议。

关键词　深度贫困地区；精准扶贫；可持续发展；新经济地理学；新结构经济学

13.1　问题的提出

2017 年 6 月 23 日，习近平总书记在山西太原市主持召开深度贫困地区脱贫攻坚座谈会。座谈会上，总书记准确研判了深度贫困地区脱贫攻坚的现状、难点和任务距离，高屋建瓴地提出了加快推进深度贫困地区脱贫攻坚的 8 条要求（新华社，2017－06－24）。从国家层面看，深度贫困主要指“三区”“三州”（以下简称“三区三州”）和“三类人”：“三区”即西藏、新疆南疆四地州（包括喀什地区、和田地区、克孜勒苏柯尔克孜自治州以及阿克苏地区）和四省藏区（包括四川省的阿坝藏族羌族自治州、甘孜藏族自治州和木里藏族自治县；甘肃省甘南藏族自治州；青海省海北藏族自治州、黄南藏族自治州、海南藏族自治州、果洛藏族自治州、玉树藏族自治州、海西蒙古族藏族自治州；云南省迪庆藏族自治州），在空间上主要是青藏高原及周边地区；“三州”即甘肃的临夏回族自治州、四川的凉山彝族自治州和云南的怒江傈傈族自治州，这 3 个自治州均位于青藏高原东缘的藏彝走廊上；“三类人”即因病致贫人群、因灾和市场行情变化以后返贫的人员、贫困老人（新华社，2017－07－05）。

西部大开发以来，特别是最近几年的以“精准”为总基调的脱贫攻坚开展以来，“三区三州”的反贫困取得了显著成效。但由于特殊的地理历史环境和发展阶段，这些地区深度贫困的局面没有根本改变。据统计，“三区”“三州”贫困人口占全国贫困人口总量的 8.2%，贫困发生率约为 16.69%，相当于全国平均水平的 3.7 倍，是全国典型的深度贫困地区（黄康生，2017）。

“三区三州”深度贫困地区的脱贫攻坚事关全国 2020 年脱贫攻坚的目标是否能够完成，意义重大，但任务艰巨。党和政府高度重视“三区三州”的减贫与发展，十八大以来，先后召开第六次西藏工作座谈会、第二次新疆工作座谈会，国家发展改革委和国家民委联合发布了《关于支持四川省凉山彝族自治州云南省怒江傈僳族自治州甘肃省临夏回族自治州加快建设小康社会进程的若干意见》。贯彻好落实好这些会议精神和意见，是实现“三区三州”如期脱贫和加快小康社会进程的根本保证。

本章基于新经济地理学和新结构经济学的基本框架，分析了“三区三州”贫困的特殊性、“三区三州”的禀赋特征对贫困的影响，提出通过提升禀赋结构实现减贫与可持续发展，最后就“三区三州”深度贫困地区的区域发展与减贫提出了若干政策建议。

13.2　国家深度贫困地区贫困的特殊性

首先，区域发展水平低。以县域为单位，属于欠发达地区（所在省区）的最不发达地区。例如，四川省凉山彝族自治州，2015 年全州人均地区生产总值 28276 元，相当于四川省全省的 76.89%，全国的 56.56%；2015 年农村居民人均可支配收入 9422 元，相当于全省的 91.95%，全国的 82.49%；全州 17 个县市，有国家扶贫开发重点县 11 个，属于国家 14 个连片特困地区中的乌蒙山片区，截至 2015 年底该州还有绝对贫困人口 37.2 万人，贫困发生率为

13.4%①。再如,云南怒江傈僳族自治州是云南省扶贫攻坚的主战场之一,全州4个县(市)均为国家扶贫开发工作重点县,2015年底全州人均地区生产总值20895元,相当于云南省的72.54%,全国的41.80%,有14.84万绝对贫困人口,贫困发生率为33.1%,贫困发生率不仅居云南省之首,在全国也位居前列②。西藏、四省藏区和南疆地州农村居民收入与支出情况如表13-1所示。因此,整体上,"三区三州"地处全国经济欠发达省区,又是这些省区的最不发达地区。经济发展水平是减贫的必要条件,由于"三区三州"发展不足,发展水平低,脱贫基础薄弱。

表13-1 连片特困地区及西藏、四省藏区和南疆农村居民收入与消费

地区	农村常住居民人均可支配收入							农村常住居民人均消费支出						
	(元)			名义增速(%)				(元)			名义增速(%)			
	2013	2014	2015	2012	2013	2014	2015	2013	2014	2015	2012	2013	2014	2015
全部片区	5956	6724	7525	15.1	15.4	12.9	11.9	5327	5898	6573	11.3	14.2	10.7	11.4
西藏	6553	7359	8244	16.6	15.0	12.3	12.0	4102	4822	5580	8.2	20.4	17.6	15.7
四省藏区	4962	5726	6457	18.9	12.9	15.4	12.8	4691	5010	5437	19.2	12.5	6.8	8.5
南疆三地州	5692	6403	7053	21.4	14.5	12.5	10.2	4803	5033	5207	16.0	18.7	4.8	3.5

资料来源:中国农村贫困监测报告2016。

其次,区域总体贫困。区域经济发展水平低的另一个表现就是区域总体贫困。例如,临夏回族自治州是中国两大回族自治州之一,其州情的基本特点可以概括为"一多三穷"。其中的"三穷",就是民穷、县穷、州穷。民穷,主要是贫困面大,生活条件差,全州共有耕地216万亩,70%分布于干旱半干旱区和高寒阴湿区,人均耕地仅为1.07亩,人地矛盾十分突出。县穷、州穷,主要是经济发展严重滞后,各项主要经济指标远远低于甘肃和全国平均水平,处在全省14个市州和全国少数民族自治州后列,八县市均为六盘山片区集中连片特困县(张江,2017)。西藏、四省藏区和南疆地州的贫困情况如表13-2所示。以村为例,"三区三州"无论是贫困村还是非贫困村,致富能人少,高收入家庭少,大多处于临界贫困状态,返贫概率高,脱贫稳定性低。

① 数据根据《四川统计年鉴》(2016年)计算。
② 数据根据《云南统计年鉴》(2016年)计算。

表 13－2　连片特困地区及西藏、四省藏区和南疆的贫困

地区	贫困人口(万人)					贫困发生率(%)				
	2015	2011	2012	2013	2014	2015	2011	2012	2013	2014
全部片区	6035	5067	4141	3518	2875	29.0	24.4	20.0	17.1	13.9
西藏	106	85	72	61	48	43.9	35.2	28.8	23.7	18.6
四省藏区	206	161	117	103	88	42.8	38.6	27.6	24.2	16.5
南疆三地州	159	122	104	99	90	38. 7	33.6	20.0	18.8	15.7

资料来源：中国农村贫困监测报告 2016。

第三，从贫困状态看，“三区三州”的贫困表现为：其一，贫困发生率高，贫困程度深，脱贫难度大，脱贫的边际投入高（表 13－2）。其二，多重致贫原因叠加，多维贫困与贫困的代际传递严重（如表 13－3 和表 13－4）。贫困虽然在经济结果方面直接表现为收入低，但导致收入低的因素却是多方面叠加的，在空间层面如地理不利环境（“我穷是因为大家穷”），在家庭层面如受教育程度低、因病因残等因素导致的发展能力缺乏等（“我穷是因为父母穷”），这意味着贫困的单维治理效果差，必须进行贫困的综合治理。其三，少数民族的贫困。“三区三州”均是我国少数民族地区，在这些地区的绝对贫困人口中，少数民族人口占比较高。例如，南疆四地州片区是一个以维吾尔族为主体的少数民族高度聚居区，90% 以上是少数民族人口，其中维吾尔族人口占南疆四地州片区总人口的比例超过 88%。临夏回族自治州有回、汉、土、藏等 31 个民族。2015 年底，怒江州有 21 个贫困乡镇、181 个贫困村，主体民族傈僳族是全省 4 个特困民族之一，90% 以上的怒族、89% 以上的普米族群众处于贫困状态，白族支系“拉玛人”“勒墨人”，景颇族支系“茶山人”整体处于深度贫困状态，全州因灾、因病、因学返贫现象突出[①]。

① 怒江州 2016 年脱贫攻坚综述：摘贫穷之帽 奔小康之道[DB/OL]. http://www.yn.xinhuanet.com/2016ynnews/20170227/3666911_c.html.

表 13-3　连片特困地区及西藏、四省藏区和南疆的多维贫困:农户层面

地区	居住竹草土坯房的农户比重(%)	使用照明电的农户比重(%)	使用管道供水的农户比重(%)	使用经过净化处理自来水的农户比重(%)	饮水无困难的农户比重(%)	独用厕所的农户比重(%)	炊用柴草的农户比重(%)
全部片区	6.1	99.8	61.2	34.7	84.0	93.0	55.5
西藏	2.5	93.8	50.0	25.5	65.8	71.5	64.9
四省藏区	9.5	92.0	62.8	23.9	76.9	78.4	50.6
南疆三地州	15.1	99.8	88.7	83.4	85.4	97.7	63.1

资料来源:中国农村贫困监测报告2016。

表 13-4　连片特困地区及西藏、四省藏区和南疆的多维贫困:村组层面

地区	通电的自然村比重(%)	通电话的自然村比重(%)	通宽带的自然村比重(%)	主干道路面经过硬化处理的自然村比重(%)	通客运班车的自然村比重(%)	有卫生站(室)的行政村比重(%)	拥有合法行医证/卫生员的行政村比重(%)	有幼儿园或学前班的行政村比重(%)	有小学且就学便利的行政村比重(%)
全部片区	99.7	97.7	53.2	71.7	47.5	95.5	90.8	57.1	66.2
西藏	92.1	89.5	8.5	57.7	29.1	69.6	73.1	38. 3	27. 9
四省藏区	90.7	90.9	25.5	61.4	43.5	78.0	76.5	30. 5	35.4
南疆三地州	99.9	99.9	50.1	88.1	88.9	83.4	68. 2	78. 5	79.8

资料来源:中国农村贫困监测报告2016。

13.3　禀赋与贫困:深度贫困地区的贫困致因的诊断性分析

关于国家深度贫困地区——“三区三州”深度贫困的原因已有很多调查和分析,这里再从新结构经济学(林毅夫,2014)和新经济地理学(Masahisa Fujita, Paul Krugman, Anthony J. Venables,2000)角度对禀赋与贫困的关系进行分析。

13.3.1　一般性认识

一个地区的禀赋及其结构定义为,区域发展所能够利用的自然资源、劳动力、人力资本和物质资本的相对丰裕程度,包括内部禀赋和外部禀赋,这决定区域发展的基础潜力。内部禀赋包括该地区所处的地理区位、自然环境、自然资源,称之为地理第一性,也包括这个地区的历史基础、社会形态、人口、民族等人文因素，称之为地理第二性。外部禀赋是指这个地区发展面临的外部环境，可以从多方面进行分析，如周边环境、国家环境和全球环境，区域发展关键因素之一是市场范围，一个区域面临的市场范围可以划分为本地市场、外地市场，这里的外地市场就是这个区域的外部禀赋。

从地理第一性（自然地理）角度看，自然地理禀赋不利是“三区三州”陷入贫困陷阱的基础性因素。“三区三州”的地理第一性可以概括为：

高，平均海拔 3500 ~ 4000 米以上，气压低，供氧不足，人类劳动效率低，从生计角度看，传统经济类型单一，主要是畜牧业。

寒，气候寒冷，生长期短，人类有效劳动时间短，生物生产力低，结果农牧产品单产低，游牧成为高寒草原传统的生计方式。

大，地域辽阔，经济交易成本高，交易效率低。

岖，山地环境，山高谷深，地表破碎，耕地稀少，土壤贫瘠，区际区内不方便。

远，远离政治核心区和经济核心区，处于边缘地带。

边，从国内行政区划看，“三区三州”基本都位于沿边地区，如四省藏区位于四川、云南、西藏、甘肃和青海的交界地区，临夏回族自治州位于黄河上游的甘肃省和青海省交接地区，怒江傈僳族自治州位于云南西北部怒江州。从国际看，怒江是中缅滇藏的结合部，有长达 449.5 千米的国界线；南疆四地州位于新疆维吾尔自治区西南部、塔克拉玛干沙漠西南边缘，周边与 6 国接壤，边境线长达 2622 公里，占新疆全区边境线总长的 46.8%；西藏与印度、尼泊尔、不丹、缅甸等国接壤，边界线超过 4000 公里。

综合起来，这样的自然地理环境导致这些地区以自然经济和传统农牧业生产方式为主。

从地理第二性看，社会发育水平低是“三区三州”贫困的第二性因素。民主改革时这些地区所处的社会阶段对后期的发展有严重制约作用。“一步跨千年”带来了社会发展阶段的跨越，但有一些历史惯性因素难以完全适应变化了的社会基础（历史的路径依赖）。例如，在宗教信仰方面，个别民族的宗教信仰中的一些禁忌，不利于交易经济的发展；长期的赠与式援助带来这些地区对政府和政策的严重依赖，形成“等靠要”观念（政策依赖）；一些传统习俗如“婚丧嫁娶”等的攀比和炫耀式消费，带来财富积累缓慢；等等。这些因素作用的结果是“三区三州”自我发展能力积累不足(人力资本积累不足,物质资本积累不足)。

从密度—距离—分割看,“三区三州”的地理第一性和地理第二性综合作用的结果是:

密度低,本地市场小;

距离远,区际联系和区内联系不方便,时间长,成本高;

分割重,地表破碎,区内分割严重,集聚力弱小。

发展上的表现就是地理不利因素叠加,产生空间贫困陷阱(space poverty trap)。

13.3.2 集聚力与分散力

经济活动在空间上的分布是不平衡的,呈现出核心—边缘结构,此种结构的形成是集聚力与分散力相互作用的结果(如表 13 –5 所示)。集聚力来源于本地市场效应、价格指数效应,分散力来自竞争效应和拥挤效应。对于处于欠发达省区的最不发达地区的“三区三州”来讲,破碎和分割带来的分散力远远大于集聚力,导致集聚不足。而集聚是一个地区在初始阶段实现发展的有效空间组织形式。

表 13 –5 “三区三州”的集聚力与分散力

	集聚力	分散力
第一天性	丰裕的自然资源: 旅游资源,碳汇资源,康养资源	1. 面积大,区内距离大; 2. 破碎的地表,地质灾害频发,区域开发成本高; 3. 距核心区距离远,交易成本高
第二天性	民族多样性: 民族文化资源	1. 人口密度低,收入低,本地市场小; 2. 人口文化水平低,集聚动力不足; 3. 城镇化水平低,集聚力弱; 4. 经济基础薄弱,基础设施滞后,交易成本高; 5. 民族构成复杂,冲突与心理距离大
分散力大于集聚力,抑制经济发展:从供给方面看,要素集聚能力弱,表现为劳动力外流和资金外流(资金的二元困境);从需求方面看,市场集聚能力弱,人口密度低,人均收入低,本地市场小;交易成本高,商品和服务的流入和流出有限;市场范围小,分工程度低,发展面临双重弱集聚,工业化程度低,城镇化水平低⇒处于贫困的边缘地区		

资料来源:作者绘制。

13.3.3　边缘性、多样性与统一性

"三区三州"的边缘性表现在行政边缘、地理边缘、经济边缘、公共服务边缘、基础建设边缘和社会网络边缘;"三区三州"的多样性表现为自然环境多样,多民族分布,文化多样;"三区三州"的统一性是指历史人文和资源环境的地缘联系,"三区三州"形成独具特色的经济文化区(见表 13 –6)。具体而论:

自然地理。为两个或两个以上大地貌区交汇,山地环境,江河源头。这至少有三方面的意义:一是生态脆弱与生态屏障并存,在全国生态地理格局中位置极端重要,而在主体功能区格局中处于限制与禁止开发区;二是自然环境多样,旅游资源、康养资源及碳汇资源丰裕;三是走廊状地表结构,决定了经济活动沿走廊呈现出带状分布。

政治地理。省际结合部,远离政治核心,部分地区与多个(最)不发达国家接壤,国界线长。这样的政治地理位置对于减贫与发展的影响是多方面的。其一,一般而言,远离国内政治核心区,政治上受重视程度低(除非发生重大政治事件),如果有行政区划调整预期,更会导致投资不足(女儿地区);其二,地处省际结合部,同级政府间区域协调合作机制建立困难(合作的困境),政府的行政管理区与经济活动区域不一致;其三,"三区三州"独特的空间区位和地形地势,为中国中、东部地区提供了重要的战略屏障和战略依托,是国家重要的安全屏障,是"稳边兴边富边"的重要战略区域,是反恐维稳任务最艰巨的区域。

经济地理。从宏观上看,在全国宏观发展格局中,"三区三州"在各时期,均处于国家区域战略的末梢;虽然与"一带一路"建设有关系,但无法体现出其特殊性和不可替代性。从微观上看,远离经济核心区,处于经济边缘,虽然资源富足,但其价值随经济发展程度而变化。

文化地理。文化区的交汇、多民族多宗教是"三区三州"的重要特征之一,例如临夏全州有回、汉、土、藏等 31 个民族,州内伊斯兰教、佛教、道教、基督教、天主教五大宗教并存。"三区三州"多民族聚居,民族文化多姿多彩,是中华文化多样性的传承与创新区,是原生态民族文化发源地和传承地。

表 13－6 “三区三州”的边缘性、多样性与统一性

	行政	地理	生态	民族	经济与公共服务	统一性
三区	西藏、四川、青海、甘肃、云南、新疆	地势第一级阶梯与第二级阶梯 青藏高原/四川盆地、河西走廊、塔里木盆地	生态屏障/限制开发区/禁止开发区	汉、藏、回、维吾尔、彝羌、傈僳、哈萨克、白、怒、独龙等等	远离核心区,基础设施滞后,通达性差,市场获得(market access)不足	文化与生态具有统一性
三州	甘肃、四川、云南	地势第一级阶梯与第二级阶梯 青藏高原/四川盆地	生态屏障/限制开发区/禁止开发区	汉、回、藏、彝、怒、傈僳等		

资料来源:作者绘制。

13.3.4 禀赋结构升级

一个地区的禀赋结构不是静态的,而是动态的、变化的,因而是可以改变的。禀赋结构的改变会带来要素相对价格的变化,进而带来一个地区比较优势的变化,和产业结构、产品结构、收入结构和经济绩效的变化。

对于“三区三州”来讲,最近10多年最重要的禀赋结构变化是外部禀赋的变化带来内部禀赋结构的变化。以全国经济发展为例,改革开放以来,我国经济发展在高速的经济增长带动下,产业结构、城乡居民收入发生了重大变化,特别是城乡居民收入变化带来消费结构的变化,由此带来“三区三州”内部禀赋的变化。经验研究表明:

当人均收入突破800美元时,国内旅游爆发式增长,以山地环境为主的“三区三州”,旅游潜在价值上升。

当人均收入突破3000美元时,营养和康养需求加速增长,“三区三州”环境资源的潜在康养价值上升。

当人均收入突破3000～5000美元时,国民的文化素养提高,“三区三州”的多民族文化价值上升。

随着人均收入的台阶式提升,国民对环境质量的需求提升加快,“三区

三州”茂密的森林和草原的环境生态价值和潜在的碳汇价值上升，同时“三区三州”脆弱的生态，都将带来国土空间开发格局的变化。

从“三区三州”内部看，西部大开发以来，大规模骨干基础设施建设，加强了“三区三州”与内地和经济中心的区际联系，与区外的通达性大大改进，使得因外部禀赋变化而带来的内部资源潜在价值得以实现，这将推动产业结构升级和经济发展，城乡居民收入增加，从而带来贫困减缓。但是，由于内部基础设施建设滞后，村组基础设施严重落后，制约了域内一体化和本地市场的扩大。村组基础设施薄弱地区，区域发展不足，贫困面大，贫困程度深。

13.4 支持“三区三州”脱贫攻坚与可持续发展的政策建议

13.4.1 关于区域发展方面的建议

“三区三州”区域发展与精准扶贫同样重要，现阶段“三区三州”区域发展的主要任务是提升禀赋结构。以村组为例：

(1)不异地搬迁的村组，就地发展，全面实施村组脱贫攻坚基础设施三年大决战，到2020年实现公路、电力、水、通信网路“通组入户”，彻底改善深度贫困村组的基础设施状态。

“三区三州”村组基础设施建设投入要根据实际情况，因地制宜，不能依据省区平均水平搞一刀切。如修公路，在平原75万元修一公里路应该没有问题，但在山区，75万元可能只能修几十米。

(2)切实提高农村幼儿教育、基础教育与职业教育水平。目前“三区三州”的农村基础教育和职业教育硬件有了较大改善，但幼儿教育严重滞后，缺地方、缺设备、缺合格老师；即使是基础教育和职业教育，教育水平不高，效果不佳。研究表明，一个地区人民的早期教育对后期的发展有重要影响，而职业技术教育对当期的发展至关重要(Stephen Machin and Sandra McNally,2006)。制约“三区三州”农村教育的主要因素在教师收入低、晋升难。因此，切实提高“三区三州”教师工资福利待遇，使其工资水平超过所在省区城市平均教师工资水平的25%～30%，才能实现进得来、留得住、能干事。同时，对于高寒地区，必须完善外地教师回得去、能晋升的机制。

(3)产业发展对区域发展和减贫都很重要,从中央到地方政府的诸多重要文件对此均有强调,而且也是各地着力推进的重要工作。但是,要弄清楚产业发展的下面问题:

发展主体:政府还是企业?或者政府包办代替还是农牧民自愿而为?实践证明,通过政府的正确引导,充分发挥企业和贫困人口的能动性和主体地位,是产业发展减贫效应的基础。

产业选择:供给导向还是需求导向?农产品还是加工产品?产业发展和产业结构演变的一般规律是要通过产业发展取得减贫的效果,产业发展必定是面向市场的,或者说以市场为导向的,而市场是可以设计、创造和开拓的(这需要引入恰当的商业模式);随着收入水平提高,农业的比重(产值比重和就业比重)在下降,非农产业的比重在上升。

发展方式:规模至上还是私人定制?专业化还是多样化?理论上,产业发展获得的净收益等于总收益减总成本,如果设π为净收益,TR 为总收益,TC 为总成本,P 是产品价格,Q 是产品数量,于是有

$$\pi = TR - TC = PQ - TC$$

给定总成本,简单推导得到,$d\pi/dQ = P(1+1/e)$;$d\pi/dP = Q(1+e)$

其中 e 是产品的需求价格弹性,如果产品是缺乏弹性的,$|e|<1$,$d\pi/dQ<0$,而 $d\pi/dP>0$;如果产品是富有弹性的,$|e|>1$,$d\pi/dQ>0$,而 $d\pi/dP<0$。对于初级农产品,需求是缺乏弹性的,扩大规模会带来价格下降幅度超过产量增加幅度,从而带来净收益减少(谷贱伤农,增产不增收),因此要通过发展农业达到持续减贫与发展的效果,要么稳定产量,从而稳定价格,而稳定产量的基本方法就是稳定播种面积;要么提高产品品质,或者延长产品链,稳定并使价格有所提升,因此传统的追求规模至上的发展方式并不是持续减贫与促进发展的。有的地区的产业发展也搞"一刀切",不尊重当地的自然规律和经济规律,片面强调规模面积,但到头来受损的依然是贫困人口。

另一方面,消费者的需求(偏好)是多样化的,这种多样化既表现在产品种类的多样化,还表现在同种产品内的多样化,而且从土地利用来讲,多样化对于保持土地肥力和提高综合产出是有益的。综合起来,若要通过发展农业达到减贫与持续发展的效果,必须提升农产品的附加值,而私人定制和

多样化是价值提升的重要手段。

民族文化产业:分散还是集聚?“三区三州”文化资源特别富集,具有发展民族文化产业的禀赋优势。通过开发民族文化资源发展民族文化产业,集聚(集群)发展是重要选择。例如,建立民族文化产业园,使得民族文化载体集聚,促进产业化发展和民族文化传承与保护,这是因为产业的集聚发展会产生集聚效应,表现为共享基础设施和信息,各种文化资源互补和匹配,及相互学习积累产生溢出效应。

(4)易地搬迁异地发展,有个别村组所处的自然环境极端恶劣,在目前条件下移民搬迁是较好的选择,在移民搬迁过程中,是只搬贫困人口还是整村组搬迁?建议整村组搬迁,这样可以集中居住,带来民族文化资源载体的集聚。

搬迁方式是集中居住还是分散居住?建议集中居住,形成聚落随后就是集镇,获得集聚效应[共享基础设施;技艺匹配;相互学习(溢出)]。

搬往何处?建议搬迁与景区建设相结合(搬往景区附近或者搬迁到能够形成旅游景区的地方)、与城镇化相结合(搬往建制镇,构成建制镇的常住居民,或者能够形成集聚的地方)、与特色小镇建设相结合,这样可以实现“挪穷窝”“断穷根”。

搬迁地的产业支撑,把民族文化融入异地搬迁,实现产业化,发展民族文化和旅游产业等。

(5)区域发展的资金来源,根据资金来源和资金性质,进行整合和利用。如财政涉农资金整合利用,主要用于基础设施和公共服务项目;整合社会援助资金,主要用于公益性事业发展;设立“三区三州”脱贫攻坚与可持续发展投资基金,主要用于非公益性设施和经营性项目。

(6)集中均衡发展模式(郑长德,2016),要引导经济活动向中心城镇集聚(工业园区/城镇),而基本公共服务产品的供给均等化,让各族人民享有基本均等的基本公共服务,共享经济社会发展成果。

13.4.2　关于完善精准扶贫政策方面的建议

(1)精准扶贫政策设计要考虑激励相容,可以考虑贫困家庭振兴计划(有条件转移支付计划),比如:

劳动收入奖励计划,对贫困家庭的劳动所得给予补贴奖励,基本思想是对低收入家庭的劳动所得给予一定的现金奖励。它能够结合社会救助与劳动激励,对具有劳动能力的家庭采取“以奖代补”的扶助形式,鼓励其通过增加劳动供给来增加家庭收入。

青少年教育促进计划,对贫困家庭小孩的学习成绩的提高予以奖励。旨在对达到某一事先约定的学习目标(如学期出勤率、作业完成情况、学习成绩)的学生及任课教师给予现金奖励。针对不同的学习目标,设置奖项(如学习进步奖、优秀作业奖、优秀学生奖等)。

智力扶贫工程,“治贫先治愚,扶贫先扶智”,弘扬正气,树文明新风,提升正能量。五好家庭、好媳妇、好女婿、脱贫能手等,大加褒扬。

劳务输出工程,现阶段务工收入依然是大多数农村的主要收入来源,政府的职责在于一是信息中介,连接供求双方,促进职能匹配;二是权益保障,切实保障本地外出务工人员的合法权益。

资产收益支持政策,通过林地、承包地及宅基地确权,盘活存量资产,进行农村资源变资产、资金变股金、农民变股东的“三变”改革。

征收炫耀(攀比)性消费税,抑制基于文化或传统制度因素形成的婚丧嫁娶等红白喜事及节庆日的消费攀比和炫耀性消费(大操大办),同时加强文化建设,移风易俗。

(2)理解贫困群众行为逻辑,体现精准帮扶的因势利导和顺势而为(单德朋,2017)。部分贫困群众不主动作为,自我发展意愿不强有其内在行为逻辑,只有理解“穷人的理性”,才能在帮扶措施上体现顺势而为。贫困群众属于风险厌恶者,对风险抵御能力极弱。因此,对于新的帮扶措施和产业选择,贫困群众往往选择等待,而非积极主动参与。另外,对于收益周期相对较长的产业,贫困群众也往往会选择观望态度。因此,基于风险规避的内在活力不足,有其内在的行为逻辑,相关帮扶措施可以强调非贫困户的示范效应,另外也可以通过保险产品的引入,降低贫困群众积极参与的风险。

(3)社会保障/保险。社会保障/保险的作用一是兜底,二是保障,保障又可以区分为公共性强的基本保障/保险和非公共性的商业保障/保险。这样的情况下,可划分为四类:

第一层次，社会救助（面向特定人群，如残疾人、鳏寡孤独等），作为公共品理应由政府供给；

第二层次，基本保障/保险（面向所有人），由政府、企业、个人共同出资，包括养老保险、失业保险、基本医疗保险等；

第三层次，商业保障/保险，如大病医疗保险等，由商业企业（保险公司）提供，私人购买，或者对于贫困群体，可以由政府和个人共同出资，有了这个保障，不会出现因病致贫；

第三方救助，面向特定群体，由社会企业提供。

本章参考文献

[1]张江. 决战深度贫困：临夏之方[J]. 中国扶贫，2017(15).

[2]林毅夫. 新结构经济学：反思经济发展与政策的理论框架：增订版[M]. 北京：北京大学出版社，2014：9 - 37.

[3]郑长德. 中国少数民族地区包容性绿色发展研究[M]. 北京：中国经济出版社，2016：225.

[4]单德朋. 四川深度贫困地区脱贫攻坚精准施策与大扶贫格局构建的思考[Z]. 中国西部民族经济研究中心 2017 年工作论文.

[5]黄康生. 加大力度推进“三区三州”深度贫困地区脱贫攻坚[N]. 人民政协网，2017 - 08 - 29.

[5]新华社. 习近平主持召开深度贫困地区脱贫攻坚座谈会并发表重要讲话[DB/OL]http：//news. xinhuanet. com/photo/2017-06/24/c_112120 4250. htm.

[5]新华社. 国务院扶贫办：采取超常规方法让深度贫困地区脱贫[DB/OL]http：//news. xinhuanet. com/politics/2017 - 07/05/c_1121270531. htm.

[6]Masahisa Fujita，Paul Krugman，Anthony J. Venables. The Spatial E-conomy：Cities，Regions，and International Trade[M]. The MIT Press，2000.

[7]Stephen Machin and Sandra McNally. “Education and Child Poverty：A Literature Review” [DB/OL]. https：//www. jrf. org. uk/report/education - and - child - poverty - literature-review.